DI FRONTE E

18

Dello stesso Autore
presso Jaca Book

Il conflitto delle interpretazioni, 1977, Ult. Rist. 1986
La metafora viva, Ult. Rist. 1987
La semantica dell'azione, 1986
Tempo e racconto. Volume 1, 1986, Ult. Rist. 1991
Tempo e racconto. Volume 2. La configurazione nel racconto di finzione, 1987, Ult. Rist. 1994
Tempo e racconto. Volume 3. Il tempo raccontato, 1988, Ult. Rist. 1994
Dal testo all'azione. Saggi di ermeneutica, 1989, Ult. Rist. 1994
Sé come un altro, 1993
Ideologia e utopia, in prep.

Paul Ricoeur

TEMPO E RACCONTO

Volume secondo

LA CONFIGURAZIONE NEL RACCONTO DI FINZIONE

Jaca Book

titolo originale
Temps et récit II
La configuration dans le récit de fiction

traduzione
Giuseppe Grampa

prima edizione italiana
febbraio 1987

prima ristampa
aprile 1994

copertina e grafica
Ufficio grafico Jaca Book

in copertina
La donna e il moschettiere,
disegno a matita di P. Picasso, 1967

ISBN 88-16-40183-4

per informazioni sulle opere pubblicate e in programma
ci si può rivolgere a Editoriale Jaca Book SpA - Servizio Lettori
Via Gioberti 7, 20123 Milano, telefono 46.99.044

finito di stampare nel mese di febbraio 1994
dalla tipografia Archimede - Milano

INDICE

AVVERTENZA

Il secondo volume di *Tempo e racconto* non richiede una speciale introduzione. Questo volume contiene la terza parte di un'opera unica il cui programma è presentato all'inizio del primo volume. Inoltre questa terza parte, svolgendo il tema della *configurazione del tempo nel racconto di finzione*, riprende puntualmente il tema della seconda parte, *la configurazione del tempo nel racconto storico.* La quarta parte, che sarà svolta nel terzo e ultimo volume, raccoglierà sotto il titolo del *Tempo raccontato* il triplice contributo che fenomenologia, storia e finzione forniscono alla capacità propria del racconto, preso in tutta la sua ampiezza e unità, di *rifigurare il tempo.*

Questa breve avvertenza mi offre l'occasione di aggiungere, ai ringraziamenti formulati all'inizio del primo volume di *Tempo e racconto,* l'espressione della mia gratitudine per la Direzione del *National Humanities Center* nella Carolina del Nord. Le ricerche pubblicate in questo volume sono state in gran parte rese possibili dalle eccezionali condizioni di lavoro che tale Centro mette a disposizione dei suoi *fellows.*

LA CONFIGURAZIONE DEL TEMPO NEL RACCONTO DI FINZIONE

In questa terza parte, il modello narrativo che abbiamo indicato come *mimesis* II [1] viene sottoposto a verifica in un nuovo ambito del campo narrativo che, per distinguerlo da quello del racconto storico, indico con il termine *racconto di finzione*. A questo vasto sotto-insieme appartiene tutto quel materiale che la teoria dei generi letterari colloca sotto l'etichetta del racconto popolare, dell'epopea, della tragedia e della commedia, del romanzo. Tale elencazione sta semplicemente ad indicare quali testi prenderemo in esame con particolare attenzione per la loro *struttura temporale*. Non soltanto non ritengo completa l'elencazione di tali generi letterari, ma tale provvisoria denominazione non mi obbliga a seguire una determinata e vincolante classificazione dei generi letterari, e questo nella misura in cui il nostro obbiettivo specifico ci esonera da una presa di posizione circa i problemi relativi alla classificazione e alla storia dei generi letterari [2]. Ci serviremo, a tale proposito, delle nomen-

1 Cfr. *Temps et Récit*, t. I (tr. it. *Tempo e Racconto*, vol. I, Jaca Book, Milano 1986), cap. III, in particolare pp. 94-108.

2 T. Todorov definisce in rapporto vicendevole le tre nozioni di letteratura, di discorso e di genere; cfr. « La notion de littérature » in *Les Genres du discours*, Ed. du Seuil, Paris 1978, pp. 13-26. Si può obiettare che le singole opere trasgrediranno qualsiasi categorizzazione? Resta il fatto che « ogni trasgressione per esistere come tale, ha bisogno di una legge che verrà trasgredita puntualmente » (« L'origine des genres », *ibid.*, p. 45). Questa legge consiste in una determinata codificazione di proprietà discorsive preliminari, ossia in una istituzionalizzazione di determinate « *trasformazioni* che alcuni atti di parola subiscono per produrre un determinato genere

clature abitualmente in uso, tutte le volte che la problematica ce lo consentirà. Per contro, dobbiamo fin d'ora giustificare la scelta di raccogliere questo sotto-insieme narrativo sotto il termine di racconto di finzione. Restando fedele alla scelta compiuta nel primo volume[3], dò al termine finzione una ampiezza minore di quella fatta propria da non pochi autori che lo considerano come sinonimo di configurazione narrativa. Tale identificazione tra configurazione e finzione non manca di valide ragioni, nella misura in cui l'atto configurante è una operazione compiuta dalla immaginazione produttrice, nell'accezione kantiana del termine. Riservo l'uso del termine finzione per quelle creazioni letterarie che non hanno l'ambizione—propria del racconto storico—di dar vita ad un racconto vero. Effettivamente, se consideriamo come sinonimi configurazione e finzione, non abbiamo più a disposizione un termine capace di esprimere il diverso rapporto che questi due modi narrativi hanno nei confronti del problema della verità. Racconto storico e racconto di finzione hanno in comune il fatto di fare ricorso alle medesime operazioni configuranti che abbiamo posto sotto il segno di *mimesis* II. Per contro, ciò che oppone queste due forme di racconto non riguarda l'attività strutturante operante nelle strutture narrative in quanto tali, bensì la pretesa di attingere la verità, pretesa grazie alla quale si definisce la terza relazione mimetica.

È opportuno sostare lungamente al livello di quella che è, tra azione e racconto, la seconda relazione mimetica. Vedremo così precisarsi convergenze e divergenze inattese e che riguardano il destino della configurazione narrativa nei due ambiti del racconto storico e del racconto di finzione.

I quattro capitoli che compongono questa terza parte costituiscono le tappe di un unico itinerario: si tratta, dilatando, approfondendo, arricchendo, spalancando la nozione di costruzione di intrigo[4] recepita dalla tradizione aristotelica, di diversificare la nozione di temporalità propria della tradizione agostiniana, senza uscire dalla cornice rappresentata

letterario » (*ibid.*, p. 54). In questo modo vengono preservate, ad un tempo, la filiazione fra i generi letterari e il discorso ordinario, e l'autonomia della letteratura. Per le prime analisi della nozione di genere letterario proposta da Todorov vedere la sua *Introduction à la littérature fantastique*, Ed. du Seuil, Paris 1970.

3 Cfr. p. 108.

4 Per l'uso dei termini « intrigo » e « costruzione di intrigo » si rimanda alla Prefazione, nota 1 di *Tempo e Racconto* vol. I, Milano 1986.

dalla nozione di configurazione narrativa, quindi senza oltrepassare i confini di *mimesis* II.

1. *Dilatare* la nozione di costruzione di intrigo vuol dire, anzitutto, riconoscere la capacità, propria del *muthos* aristotelico, di passare per un processo di metamorfosi senza smarrire la propria identità. La forza dell'intelligenza narrativa deve essere commisurata a tale capacità di mutamento propria della costruzione di intrigo. Diversi interrogativi sono, a questo proposito, sottintesi: *a*) Un genere narrativo nuovo come il romanzo moderno, per esempio, conserva ancora con il *muthos* tragico—sinonimo per i Greci di costruzione di intrigo—un rapporto di filiazione tale che consenta di situarlo entro la categoria formale di discordanza concordante con la quale abbiamo caratterizzato la configurazione narrativa? *b*) Attraverso le sue mutazioni, la costruzione di intrigo ci offre una stabilità tale da poterla collocare entro quei paradigmi che custodiscono lo stile di tradizionalità proprio della funzione narrativa, almeno nell'area culturale occidentale? *c*) A partire da quale soglia critica le deviazioni più estreme rispetto a questo stile di tradizionalità impongono di fare intervenire l'ipotesi non solo di una sorta di scisma in rapporto alla tradizione narrativa, ma addirittura di una morte della stessa funzione narrativa?

In questa prima ricerca, il problema del tempo è sollevato solo marginalmente, a partire dai concetti di *innovazione*, *stabilità*, *declino*, concetti grazie ai quali cerchiamo di caratterizzare l'*identità* della funzione narrativa, senza cedere ad alcuna forma di essenzialismo.

2. *Approfondire* la nozione di costruzione di intrigo vuol dire confrontare l'intelligenza narrativa, forgiata attraverso la frequentazione dei racconti trasmessi dalla nostra cultura, con la razionalità alla quale fa ricorso oggi la narratologia [5] e, in particolare, la semiotica narrativa tipica dell'approccio strutturale. Il dibattito volto a fissare se la priorità spetti alla intelligenza narrativa o alla razionalità semiotica, dibattito nel quale dovremo prendere posizione, presenta una evidente analogia

[5] Strettamente parlando, si dovrebbe chiamare narratologia la scienza delle strutture narrative, senza considerare la distinzione fra racconto storico e racconto di finzione. Tuttavia, secondo l'uso contemporaneo del termine, la narratologia si concentra sul racconto di finzione, senza escludere incursioni nel campo della storiografia. È in funzione di questa ripartizione *di fatto* dei ruoli che qui confronto la narratologia e la storiografia.

con quello, da noi esposto nella seconda parte, a proposito dell'epistemologia della storiografia contemporanea. È in effetti al medesimo livello di razionalità che possono essere collocate la spiegazione nomologica, che certi teorici della storia hanno preteso di poter sostituire all'arte ingenua del racconto, e l'individuazione, nella semiotica narrativa, di strutture profonde del racconto, rispetto alle quali le regole di costruzione di intrigo altro non sarebbero che strutture di superficie. Il problema è quello di sapere se possiamo dare, a questo conflitto circa la priorità, la stessa risposta data nel dibattito analogo a proposito della storia, e cioè che spiegare di più vuol dire meglio comprendere.

Il problema del tempo è ancora una volta presente, ma in modo meno periferico del caso precedente: nella misura in cui la semiotica narrativa riesce a dare uno statuto *acronico* alle strutture profonde del racconto, si pone il problema di sapere se il mutamento di livello strategico compiuto dalla semiotica narrativa consente ancora di dare conto adeguato degli elementi più originali della temporalità narrativa che abbiamo indicato, nella prima parte, in termini di concordanza discordante, operando una sorta di lettura incrociata delle analisi del tempo in Agostino e di quelle del *muthos* in Aristotele. Il destino della diacronia entro la narratologia farà da rivelatore delle difficoltà proprie di questo secondo ciclo di problemi.

3. *Arricchire* la nozione di costruzione di intrigo e quella connessa di tempo narrativo vuol dire prendere in esame certe risorse della configurazione narrativa che sembrano proprie del racconto di finzione. Le ragioni di tale privilegio per il racconto di finzione risulteranno chiare solo più avanti, quando saremo in grado di costruire il contrasto tra tempo storico e tempo di finzione sulla base di una fenomenologia della coscienza temporale più ampia di quella tentata da Agostino.

Nell'attesa del grande dibattito triangolare tra vissuto, tempo storico e tempo di finzione, ci baseremo su quella notevole proprietà dell'*enunciazione* narrativa di presentare, nel discorso stesso, taluni segni specifici che la distinguono dall'enunciato delle cose raccontate. Ne deriva, per il tempo, una parallela disponibilità a sdoppiarsi in tempo dell'atto di raccontare e tempo delle cose raccontate. Le discordanze tra queste due modalità temporali non rimandano più all'alternativa tra logica acronica e svolgimento cronologico, alternativa nella quale la discussione precedente rischiava costantemente di finire impigliata. Queste discordanze presentano effettivamente taluni aspetti non cronometrici che invitano a leggervi una dimensione originale, *riflessiva* in un certo senso, della distensione del tempo agostiniano, che lo sdoppiamento tra enunciazione e enunciato ha il privilegio di mettere in risalto nel racconto di finzione.

4. *Spalancare* la nozione di costruzione di intrigo e quella di tempo che le è adeguata, vuol dire, da ultimo, seguire il movimento di trascendenza grazie al quale qualsiasi opera di finzione, verbale o plastica, narrativa o lirica, proietta fuori di sé un mondo che possiamo chiamare *mondo dell'opera*. Così l'epopea, il dramma, il romanzo proiettano sul modo proprio della finzione certe maniere di abitare il mondo che sono come in attesa di una ripresa da parte della lettura a sua volta capace di approntare uno spazio di confronto tra il mondo del testo e il mondo del lettore. I problemi di rifigurazione, che rimandano a *mimesis* III, cominciano, a rigore, solo entro e grazie a questo confronto. Ecco perché la nozione di mondo del testo ci sembra dipenda ancora dal problema della configurazione narrativa, anche se prepara la transizione da *mimesis* II a *mimesis* III.

A questa nozione di mondo del testo corrisponde una nuova relazione tra tempo e finzione. Ed è, a nostro avviso, la relazione decisiva. Senza alcuna esitazione, parliamo a questo proposito e nonostante il paradosso evidente di una siffatta espressione di *esperienza immaginaria del tempo*, per dire gli aspetti più propriamente temporali del mondo del testo e dei modi di abitare il mondo proiettati dal testo al di fuori di sé [6]. Lo statuto di questa nozione di esperienza immaginaria è assai incerto: da un lato i modi temporali di abitare il mondo restano immaginari nella misura in cui essi esistono solo nel testo e grazie al testo; dall'altro costituiscono una sorta di *trascendenza nell'immanenza*, che permette appunto il confronto con il mondo del lettore [7].

6 Abbiamo scelto di dedicarle tre studi di testi letterari: *Mrs. Dalloway* di Virginia Woolf, *Der Zauberberg* di Thomas Mann, *A la recherche du temps perdu* di Marcel Proust (ved. più avanti il cap. IV).

7 La mia interpretazione del ruolo della lettura nell'esperienza letteraria è vicina a quella di Mario Valdés in *Shadows in the Cave. A Phenomenological Approach to Literary Criticism Based on Hispanic Texts*, University of Toronto Press, Toronto 1982: « *In this theory, structure is completely subordinated to function and* (...) *the discussion of function shall lead us back ultimately into the reintegration of expression and experience in the intersubjective participation of readers across time and space* » (p. 15). Mi approssimo anche all'intenzione principale dell'opera di Jacques Garelli, *Le Recel et la Dispersion. Essai sur le champ de lecture poétique*, Gallimard, Paris 1978.

Capitolo primo
LE METAMORFOSI DELL'INTRIGO

La preminenza della *comprensione narrativa* nell'ordine epistemologico, così come sarà difesa nel capitolo seguente nei confronti delle ambizioni razionaliste della narratologia, può essere affermata e difesa solo se le si riconosce un'ampiezza tale da meritare d'essere considerata come l'originale che la narratologia mira a simulare. Ora il compito non è affatto facile: la teoria aristotelica dell'intrigo è stata concepita in un'epoca nella quale gli unici 'generi' riconosciuti e degni della riflessione del filosofo erano la tragedia, la commedia e l'epopea. Ma nuovi tipi sono apparsi all'interno dei generi tragico, comico o epico, tipi che sollevano il dubbio che una teoria dell'intrigo adeguata alla pratica poetica degli Antichi possa ancora valere per opere nuove come *Don Chisciotte* o *Amleto*. Inoltre sono apparsi nuovi generi, in particolare il romanzo, che hanno trasformato la letteratura in un immenso cantiere di sperimentazione, dal quale sono state bandite, prima o poi, tutte le convenzioni consolidate. Possiamo allora chiederci se l'intrigo non sia a sua volta diventato una categoria di portata limitata e di stile superato come il romanzo costruito sull'intrigo. Anzi, l'evoluzione della letteratura non si limita a fare apparire nuovi tipi nei generi antichi e nuovi generi nella costellazione delle forme letterarie. La sua avventura sembra condurla fino a confondere il confine stesso tra i generi e a contestare il principio stesso d'*ordine* che è la radice dell'idea di intrigo. Quel che oggi è in questione è il rapporto medesimo tra questa o quell'opera singolare e i paradigmi consolidati [1]. L'intrigo non è forse sul punto di svanire

[1] Il termine paradigma è qui un concetto che dipende dall'intelligenza narrativa

dall'orizzonte letterario mentre scompaiono i confini della distinzione fondamentale, quella della composizione mimetica, tra tutti i modi di composizione?

È quindi urgente mettere alla prova la capacità di metamorfosi dell'intrigo, al di là della sua prima sfera di applicazione nella *Poetica* di Aristotele e identificare la soglia al di là della quale il concetto smarrisce ogni valore discriminante.

Tale ricerca dello spazio all'interno del quale il concetto di intrigo resta valido, trova una guida nell'analisi che di *mimesis* II è stata proposta nella prima parte di quest'opera [2]. Tale analisi contiene talune regole di generalizzazione del concetto di intrigo che dobbiamo ora esplicitare [3].

1. *Al di là del* muthos *tragico*

Anzitutto, la costruzione di intrigo è stata definita, al livello più *formale*, come un dinamismo integratore che *da* una varietà di accadimenti ricava una storia, una e completa; in altri termini trasforma queste diversità molteplici *in* una storia, una e completa. Tale definizione formale apre il campo a trasformazioni regolate che meritano d'essere chiamate intrighi, fino a quando possono essere distinte dalle totalità temporali che operano una sintesi dell'eterogeneo tra circostanze, fini, mezzi, interazioni, risultati voluti o non voluti. È così che uno storico come Paul Veyne ha potuto assegnare ad una nozione di intrigo notevolmente dilatata il compito di integrare componenti tanto astratte del mutamento sociale quanto quelle che sono state messe in risalto dalla storia non

di un lettore competente. È all'incirca sinonimo di quello di regola di composizione. L'ho scelto come termine generale per coprire i tre livelli, quello dei principi più *formali* di composizione, quello dei principi *generici* (il genere tragico, il genere comico, ecc.), infine quello dei *tipi* più specifici (la tragedia greca, l'epopea celtica, ecc.). Il suo contrario è l'*opera* singolare, considerata nella sua capacità di innovazione e di devianza. Preso in questo senso, il termine paradigma non deve essere confuso con la coppia del paradigmatico e del sintagmatico che dipende dalla razionalità semiotica che simula l'intelligenza narrativa.

2 *Tempo e racconto*, vol. I, pp. 102-117.

3 Bisogna essere grati a Robert Scholes e Robert Kellogg, in *The Nature of Narrative*, Oxford University Press, 1966, d'aver fatto precedere il loro studio delle categorie narrative, tra le quali quella di intrigo (*plot*), da una rassegna delle tradizioni narrative arcaiche, antiche, medievali, ecc. fino ai tempi moderni.

événementielle e anche dalla storia seriale. La letteratura deve poter esibire delle espansioni della medesima ampiezza. Lo spazio di manovra è aperto dalla gerarchia dei paradigmi precedentemente ricordati: tipi, generi e forme. È possibile formulare l'ipotesi secondo la quale le metamorfosi dell'intrigo consistono in sempre nuovi investimenti del principio formale di *configurazione temporale* entro generi, tipi e opere singolari inedite.

È proprio nell'ambito del romanzo moderno che la pertinenza del concetto di costruzione di intrigo sembra dover subire le maggiori contestazioni. Il romanzo moderno, in effetti, si presenta, fin dal suo sorgere, come il genere proteiforme per eccellenza. Chiamato a rispondere ad una domanda sociale nuova e in rapida mutazione [4], esso è stato immediatamente sottratto al controllo paralizzante dei critici e dei censori. Ora è proprio il romanzo che, negli ultimi tre secoli, ha rappresentato un prodigioso cantiere di sperimentazione nell'ambito della composizione e dell'espressione del tempo [5].

Il principale ostacolo che il romanzo doveva dapprima eludere e che poi doveva chiaramente aggirare era rappresentato da una concezione dell'intrigo doppiamente erronea. Erronea una prima volta, perché era semplicemente ripresa da due generi già costituiti, l'epopea e il dramma; erronea una seconda volta, perché l'arte classica, principalmente in Francia, aveva imposto a questi due generi una visione mutilata e dogmatica delle regole della *Poetica* di Aristotele. Basterebbe ricordare, da un lato, l'interpretazione limitativa e vincolante che si dava della regola circa l'unità di tempo, così come si riteneva di leggerla al capitolo VII della *Poetica*; dall'altro, il rigido vincolo che imponeva di cominciare *in medias res*, come Omero nell'*Odissea*, per poi ritornare indietro, al fine di spiegare la situazione presente, e questo per distinguere chiaramente il racconto letterario dal racconto storico che si ritiene vincolato a discendere lungo il corso del tempo, a condurre i suoi personaggi sen-

[4] Il caso del romanzo inglese è particolarmente significativo. Cfr. Jan Watt, *The Rise of the Novel. Studies in Defoe, Richardson and Fielding*, Chatto and Windus, London 1957; University of California Press 1957, 1959. L'Autore descrive il rapporto tra la crescita del romanzo e quella di un nuovo pubblico di lettori, così come la nascita di un nuovo bisogno di espressione per l'esperienza privata. Sono problemi che ritroveremo nella quarta parte quando valuteremo il posto della *lettura* entro il percorso di senso dell'opera narrativa.

[5] A.A. Mendilow, *Time and the Novel*, Peter Nevill, London e New York 1952; Humanities Press, New York 1972².

za soluzioni di continuità dalla nascita alla morte, colmando tutti gli intervalli della durata con la narrazione.

Posto sotto il controllo di tali regole, codificate in formule didattiche pedantemente minuziose, l'intrigo finiva per essere necessariamente considerato come una forma facilmente leggibile, chiusa su se stessa, simmetricamente disposta a partire da un punto culminante, basata su una connessione causale, facile da identificare, tra intreccio e suo svolgimento, in una parola come una forma entro la quale gli episodi sarebbero chiaramente tenuti al loro posto grazie alla configurazione.

Un importante corollario di tale concezione angusta dell'intrigo ha contribuito ad occultare il principio formale della costruzione di intrigo: mentre Aristotele subordinava i personaggi rispetto all'intrigo, considerato come il concetto comprensivo rispetto agli accadimenti, ai personaggi e ai pensieri, noi vediamo, nel caso del romanzo moderno, che la nozione di personaggio prima si emancipa da quella di intrigo, successivamente le fa concorrenza e finisce per farla del tutto scomparire.

Una tale rivoluzione trova, nella storia del genere, ragioni valide. Effettivamente è proprio sotto l'etichetta del personaggio che è possibile collocare tre notevoli espansioni del genere romanzesco.

Anzitutto, sfruttando l'intuizione del romanzo picaresco, il romanzo dilata in modo notevole la *sfera sociale* nella quale si svolge l'azione romanzesca. Non si tratta più di ripercorrere le imprese o i misfatti di personaggi leggendari o celebri, bensì le avventure di uomini o di donne della vita d'ogni giorno.

Il romanzo inglese del XVIII secolo sta ad attestare questa sorta di invasione della letteratura da parte della gente del popolo. Al tempo stesso, la storia raccontata sembra disporsi piuttosto sul versante più propriamente episodico, grazie alle interazioni che sopraggiungono in un tessuto sociale singolarmente più differenziato, mediante le innumerevoli implicazioni del tema dominante dell'amore con il denaro, la reputazione, i codici sociali o morali, in una parola mediante una *praxis* infinitamente sciolta (cfr. Hegel nella *Fenomenologia dello Spirito* a proposito di *Le Neveu de Rameau*).

La seconda espansione del personaggio, a spese, si direbbe, dell'intrigo, è illustrata dal *romanzo d'iniziazione*[6] che raggiunge il suo ver-

[6] Robinson Crusoe, senza essere all'altezza di personaggi come don Chisciotte, Faust o don Giovanni—eroi mitici dell'uomo moderno dell'Occidente—può essere considerato come l'eroe, *ante litteram*, del romanzo di iniziazione; posto in condizioni di solitudine senza eguali nella vita reale, mosso dalla sola preoccupazione

tice con Schiller e Goethe e si prolunga fino agli anni Trenta di questo secolo. Il cardine sembra essere rappresentato dal maturare dell'autocoscienza del personaggio principale. È anzitutto la conquista della propria maturità che fornisce la trama del racconto; successivamente sono i dubbi, la confusione, le difficoltà che il personaggio ha a situarsi e a darsi unità, che determinano la deriva del personaggio stesso. Ma, lungo tutto questo sviluppo, ciò che viene richiesto alla storia raccontata è tessere insieme complessità sociale e complessità psicologica. Questa nuova dilatazione deriva direttamente dalla precedente. Infatti la tecnica romanzesca, nel periodo aureo del romanzo, il XIX secolo, da Balzac a Tolstoj, l'aveva anticipata, ricavando tutte le possibili risorse offerte da una formula narrativa assai antica, che consiste nell'approfondire un personaggio raccontando di più e ricavando dalla ricchezza di un personaggio l'esigenza di una più grande complessità episodica. In tal senso, personaggio e intrigo si condizionano reciprocamente [7].

Una nuova sorgente di complessità è apparsa, principalmente nel XX secolo, con il romanzo del *flusso di coscienza*, stupendamente illustrato da Virginia Woolf, della quale studieremo più avanti un vero e proprio capolavoro dal punto di vista della percezione del tempo [8]: ciò che ora

del profitto e dalla sola preoccupazione dell'utilità, diventa l'eroe di una ricerca nella quale il suo isolamento perpetuo agisce come la *nemesis* segreta del suo apparente trionfo sulle avversità. Innalza così a livello di paradigma la solitudine, considerata come condizione universale dell'uomo. Ora, non solo il personaggio non si sottrae all'intrigo, si può invece dire che lo produce; il tema del romanzo, quello che abbiamo appena chiamato la ricerca dell'eroe, reintroduce un principio d'ordine più sottile rispetto agli intrighi convenzionali del passato. A tale proposito, tutto ciò che distingue il capolavoro di Defoe da un semplice racconto di viaggio e d'avventura e lo colloca nello spazio nuovo del romanzo può essere attribuito all'emergere di una configurazione in cui la 'favola' è tacitamente guidata dal suo 'tema' (facciamo qui allusione alla traduzione del '*muthos*' aristotelico con *fable and theme*, da parte di Northrop Frye).

7 Questo svolgimento simultaneo delle due spirali del personaggio e dell'azione non è un procedimento assolutamente nuovo. Frank Kermode, in *The Genesis of Secrecy*: *On the Interpretation of Narrative*, Harvard University Press, Cambridge, Mass. 1979, lo mostra presente nell'arricchimento che del personaggio di Giuda troviamo da un Vangelo all'altro e, correlativamente, nell'arricchimento del dettaglio degli avvenimenti raccontati. Prima di lui, Auerbach aveva già mostrato in *Mimesis* a che punto i personaggi biblici, Abramo, l'apostolo Pietro, differiscono da quelli omerici: tanto questi ultimi sono descritti in modo piatto e senza profondità, quanto i primi sono ricchi di sfondo e quindi suscettibili di sviluppi narrativi.

8 *Alla ricerca del tempo perduto*, opera alla quale dedicheremo un'ampia analisi,

cattura l'interesse è l'incompiutezza della personalità, la diversità dei livelli di coscienza, di subconscio e di inconscio, il brulichio dei desideri informi, il carattere incoativo ed evanescente delle formazioni affettive. La nozione di intrigo sembrerebbe, a questo punto, a mal partito. Si può ancora parlare di intrigo quando l'esplorazione degli abissi della coscienza sembra rivelare l'impotenza del linguaggio stesso a far unità e a prendere forma?

Eppure niente, in queste successive dilatazioni del personaggio a spese dell'intrigo, sfugge al principio *formale* di configurazione, e quindi al concetto di costruzione di intrigo. Anzi, arriverei a dire che in nessun modo usciamo dalla definizione aristotelica del *muthos* mediante l'« imitazione di un'azione ». Se si dilata il campo dell'intrigo, parallelamente si dilata quello dell'azione. Per azione si deve poter intendere più che il comportamento dei protagonisti che produce cambiamenti visibili della situazione, dei rovesci di fortuna, quello che potrebbe esser detto il destino esterno delle persone. È ancora azione, in un senso allargato, la trasformazione morale di un personaggio, la sua crescita, la sua formazione, la sua iniziazione alla complessità della vita morale e affettiva. Infine, sono riferibili all'azione, in un senso ancora più sottile, dei cambiamenti puramente interiori che segnano lo stesso succedersi temporale delle sensazioni, delle emozioni, anche al livello meno previsto, meno cosciente che l'introspezione possa raggiungere.

Il concetto di imitazione di azione può così essere dilatato al di là del 'romanzo d'azione', nel senso stretto del termine, e così includere il 'romanzo di carattere' e il 'romanzo di pensiero', grazie al potere inglobante dell'*intrigo* rispetto alle categorie rigidamente definite di accadimento, di personaggio (o di carattere) e di pensiero. La sfera delimitata dal concetto di *mimesis praxeos* si estende quanto si estende la capacità del racconto di 'rendere' il proprio oggetto mediante strategie narrative che producono totalità singolari in grado di produrre un 'piacere proprio', mediante un gioco di interferenze, di attese e di risposte emozionali, da parte del lettore. In questo senso, il romanzo moderno ci insegna a dilatare la nozione di azione imitata (o rappresentata) fino a poter dire che un principio *formale* di composizione presiede all'assemblaggio dei cambiamenti in grado di segnare esseri simili a noi, esseri individuali o collettivi, esseri che hanno un nome proprio, come nel romanzo mo-

può essere considerata sia come un romanzo d'iniziazione che come un romanzo del flusso di coscienza. Cfr. più avanti nel IV cap.

derno del XIX secolo, o semplicemente indicati con una iniziale (K...) come avviene nei lavori di Kafka, o anche esseri al limite innominabili, come nei lavori di Beckett.

La storia del genere-romanzo non ci obbliga, quindi, a rinunciare al termine di intrigo per designare il correlato dell'intelligenza narrativa. Ma non bisogna stare a queste considerazioni storiche a proposito dell'estensione del genere romanzesco per comprendere quella che ha potuto essere interpretata come una sconfitta dell'intrigo. C'è una ragione più nascosta per spiegare la riduzione del concetto di intrigo a quello di semplice filo della storia, di schema o di semplice riassunto degli accadimenti. Se l'intrigo, ridotto a questa sorta di scheletro, è potuto sembrare un condizionamento estrinseco, anzi artificiale e, in ultima analisi, arbitrario, ciò dipende dal fatto che con la nascita del romanzo e fino alla fine del suo periodo aureo, fino al XIX secolo, un problema ben più urgente rispetto a quello dell'arte di comporre si è posto in primo piano: quello della *verosimiglianza*. La sostituzione di un problema con l'altro è stata facilitata dal fatto che la conquista della verosimiglianza è avvenuta nel segno della lotta contro le 'convenzioni' e in primo luogo contro ciò che si intendeva allora per intrigo, in rapporto all'epopea, alla tragedia e alla commedia nelle loro forme antica, elisabettiana o classica (nella accezione che tale termine ha nell'uso francese). Lottare contro le convenzioni e per la verosimiglianza finiva così per essere un'unica battaglia. Proprio questa preoccupazione realistica, nel senso appunto d'essere fedeli alla realtà, di un'arte che trascrivesse la vita, ha contribuito in modo decisivo ad occultare i problemi di composizione narrativa.

Eppure tali problemi non erano affatto aboliti: cambiavano solo posizione. Basterebbe riflettere sulla varietà delle procedure romanzesche messe in atto al margine del romanzo inglese per soddisfare l'intento di rappresentare la vita nella sua verità quotidiana. Così, Defoe in *Robinson Crusoe*, fa ricorso alla pseudo-autobiografia, mediante l'imitazione di innumerevoli diari, memorie, autobiografie autentiche redatte in quella stessa epoca da uomini formatisi nella disciplina calvinista dell'esame di coscienza. Dopo di lui, Richardson, con *Pamela* e *Clarissa*, ritiene di poter descrivere con maggiore fedeltà l'esperienza intima—per esempio i conflitti tra l'amore romantico e l'istituzione del matrimonio—facendo ricorso ad un procedimento artificiale quale è quello dello scambio epistolare[9]; nonostante i suoi evidenti inconvenienti: una debole for-

[9] Da *Pamela* a *Clarissa*, vediamo anche come si va raffinando il procedimento epi-

za selettiva, il prevalere dell'insignificanza e della chiacchiera, una sterile ripetitività. Ma agli occhi di un romanziere come Richardson i vantaggi dovevano essere senza dubbio prevalenti. Rappresentandoci la sua eroina intenta alla scrittura, il romanziere poteva darci l'impressione di una estrema prossimità tra scrittura e sentimento. Inoltre il far ricorso al tempo presente contribuiva a dare questa idea di immediatezza, a vantaggio della trascrizione quasi simultanea dei sentimenti vissuti e delle loro circostanze. Al tempo stesso venivano cancellate le difficoltà insolubili della pseudo-autobiografia, affidate alle sole risorse di una memoria incredibile. Da ultimo, tale procedimento consentiva di fare condividere al lettore la situazione psicologica che era presupposta dallo stesso ricorso allo scambio epistolare, vale a dire il sottile intreccio di ritrosia e di apertura che abita l'animo di chi decide di confidare alla penna l'espressione dei suoi più intimi sentimenti—a cui corrisponde da parte del lettore un intreccio non meno sottile tra l'indiscrezione di uno sguardo attraverso il buco della serratura e l'impunità di una lettura solitaria.

Ciò che ha impedito a questi romanzieri di riflettere sull'artificio delle convenzioni—era questo il prezzo da pagare sulla via della ricerca del verosimile—è la convinzione che essi condividevano con i filosofi empiristi del linguaggio, da Locke a Reid: convinzione in forza della quale il linguaggio potrebbe essere depurato da qualunque elemento figurativo, considerato come puramente decorativo, e ricondotto alla sua primitiva vocazione, quella, secondo Locke, di « trasmettere la conoscenza delle cose » (*to convey the knowledge of things*). Tale fiducia nella funzione spontaneamente referenziale del linguaggio, ricondotto al suo uso letterale, non è meno importante della volontà di ricondurre il pensiero concettuale alla sua origine presunta nell'esperienza del particolare. In verità, tale volontà si accompagna a questa fiducia: come è infatti possibile restituire mediante il linguaggio l'esperienza del particolare, se il linguaggio non può essere ricondotto alla pura referenzialità

stolare: invece di una corrispondenza semplice, come nel primo romanzo, tra l'eroina e suo padre, *Clarissa* tesse insieme due scambi di lettere tra l'eroina e la sua confidente, tra l'eroe e il suo confidente. Lo svolgimento parallelo delle due corrispondenze attenua gli svantaggi del genere, grazie alla moltiplicazione dei punti di vista. Possiamo a buon diritto chiamare intrigo questa sottile combinatoria epistolare che alterna la visione femminile e quella maschile, il riserbo e la volubilità, la lentezza degli sviluppi e l'immediatezza degli episodi violenti. L'autore, ad un tempo consapevole e padrone della sua arte, ha potuto vantarsi del fatto che nella sua ope-

congiunta con quella che si ritiene essere la sua valenza letterale?

Sta di fatto che, trasposto nell'ambito letterario, questo ritorno all'esperienza e al linguaggio semplice e diretto ha condotto alla creazione di un nuovo genere [10], definito dall'intento di fissare la corrispondenza la più esatta possibile tra l'opera letteraria e la realtà che essa imita. Soggiace a tale progetto la riduzione della *mimesis* all'imitazione-copia, secondo una accezione del tutto estranea alla *Poetica* di Aristotele. Non meraviglia allora il fatto che né la pseudo-autobiografia, né la formula epistolare non abbiano fatto problema per coloro che se ne servivano. La memoria non è investita dal sospetto di falsificare e questo sia che l'eroe racconti a cose avvenute, sia nel momento stesso in cui avvengono. Anche per Locke e Hume, la memoria è il supporto della causalità e dell'identità personale. Così restituire l'orditura della vita quotidiana, nella sua massima aderenza, è considerata una operazione praticabile e in ultima analisi niente affatto problematica.

Non è un paradosso insignificante che proprio la riflessione sul carattere decisamente *convenzionale* del discorso romanzesco così fatto abbia in seguito condotto a riflettere sulle condizioni formali dell'illusione che inerisce alla prossimità e, per tale via, abbia portato a riconoscere lo statuto fondamentalmente *di finzione* del romanzo stesso. Dopo tutto, la trascrizione istantanea, spontanea e senza orpelli dell'esperienza, come è nel caso della letteratura epistolare, non è meno convenzionale rispetto alla raccolta che del passato opera una memoria ritenuta infallibile, come nel caso del romanzo pseudo-autobiografico. Il genere

ra non vi siano digressioni che non procedano dal soggetto e non vi contribuiscano, ed è ciò che definisce *formalmente* l'intrigo.

10 Non è senza una ragione che il romanzo inglese sia stato denominato *novel*. Mendilow e Watt citano dichiarazioni stupefacenti di Defoe, Richardson e Fielding, che attestano la loro persuasione d'essere gli inventori di un genere letterario inedito, nel senso proprio del termine. Così il termine originale, che nel Medio Evo denotava ciò che è esistito fin dal principio, comincia a significare ciò che è non derivato, indipendente, di prima mano, in una parola « *novel or fresh in character or style* » (Jan Watt).

La storia raccontata dovrà essere nuova e i personaggi degli esseri particolari posti in situazioni particolari. Non è esagerato ricondurre a questa fiducia nella lingua semplice e diretta la scelta sopra menzionata di personaggi di modesta estrazione, a proposito dei quali Aristotele aveva detto che non sono né migliori né peggiori di noi, ma simili a noi. Bisogna inoltre considerare come un corollario della volontà di fedeltà all'esperienza l'abbandono degli intrighi tradizionali, attinti dal tesoro della mitologia, della storia o della letteratura anteriore, e l'invenzione di personaggi senza passato leggendario, di storie senza una precedente tradizione.

epistolare suppone, in effetti, che sia possibile trasferire mediante la scrittura, senza perdita di efficacia persuasiva, la forza di rappresentazione che è propria della parola viva o dell'azione scenica. Alla credenza, espressa da Locke, nel valore referenziale diretto del linguaggio spoglio di ornamenti e di figure, s'aggiunge la credenza nell'autorità della cosa stampata e che supplisce alla mancanza della viva voce [11]. Occorrerebbe, forse, che in un primo tempo il dichiarato proposito d'essere verosimile sia stato confuso con quello di 'rappresentare' la realtà della vita perché scompaia una concezione ristretta e artificiale dell'intrigo e che, in un secondo tempo, i problemi di composizione vengano posti in primo piano grazie ad una riflessione sulle condizioni formali di una rappresentazione veridica. In altri termini, bisognava forse abbandonare le convenzioni in nome del verosimile per scoprire che il prezzo da pagare è un intervento più sofisticato a livello della composizione, quindi l'invenzione di intrighi sempre più complessi e, in tal senso, sempre più distanti dal reale e dalla vita [12]. Senza entrare nel merito di questa presunta astuzia della ragione nella storia del genere romanzesco, resta il paradosso secondo il quale proprio l'elaborazione sempre più sofisticata della tecnica narrativa, suscitata dalla preoccupazione d'essere fedeli alla

[11] A proposito di questo corto-circuito tra ciò che è intimo e ciò che è stampato, e l'incredibile illusione di identificare eroe e lettore, cfr. Jan Watt, *The Rise of the Novel*, *op. cit.*, pp. 196-197.

[12] Nella storia del romanzo inglese, *Tom Jones* di Fielding occupa un posto eccezionale. Se a lungo gli è stato preferito *Pamela* o *Clarissa* di Richardson, ciò derivava dal fatto che si trovava in questi ultimi una descrizione più elaborata dei personaggi, a spese dell'intrigo inteso nel senso ristretto del termine. La critica moderna restituisce a *Tom Jones* una certa preminenza in ragione del suo trattamento molto elaborato della struttura narrativa dal punto di vista del gioco tra tempo adoperato per raccontare e tempo raccontato. L'azione centrale, nel romanzo, è relativamente semplice ma suddivisa in una serie di unità narrative relativamente indipendenti e di diversa misura, dedicate ad episodi separati da intervalli più o meno lunghi e che ricoprono a loro volta periodi di tempo molto variabili: in totale tre gruppi di sei sotto-insiemi che fanno otto volumi e venti capitoli. L'autore si trovava di fronte a notevoli problemi di composizione che esigevano una grande varietà di procedimenti, dei mutamenti continui, dei contrappunti sorprendenti. Non è per caso che Fielding è stato più sensibile alla continuità tra il romanzo e le forme antiche della tradizione narrativa rispetto a Defoe e Richardson, sprezzante nei confronti dell'epopea di origine omerica, e ha assimilato il romanzo ad una « epopea comica in prosa ». Jan Watt, che riferisce la formula, la avvicina alla espressione di Hegel nell'*Estetica*, secondo la quale il romanzo sarebbe una manifestazione dello spirito dell'epopea influenzata da un concetto moderno e prosaico della realtà (*The Rise of the Novel*, *op. cit.*, p. 239).

realtà quotidiana, avrebbe richiamato l'attenzione su ciò che Aristotele chiamava, in senso lato, imitazione di una azione grazie alla connessione dei fatti nell'intrigo. Quante convenzioni, quanti artifici sono necessari per scrivere la vita, cioè comporne, mediante la scrittura, un simulacro persuasivo!

Certo, è un grande paradosso—che troverà il suo pieno svolgimento solo nella meditazione che dedicheremo al legame tra configurazione e rifigurazione—che il primato delle convenzioni sia dovuto crescere in proporzione all'ambizione rappresentativa del romanzo, nel corso della sua più lunga stagione che fu quella del realismo romanzesco. In tal senso, le tre tappe che abbiamo sopra sommariamente tracciato—romanzo d'azione, romanzo di carattere, romanzo di pensiero— scandiscono una duplice storia: quella della conquista di nuove regioni da parte del principio formale di configurazione, ma anche quella della scoperta del carattere sempre più convenzionale di tale impresa. Questa seconda storia, questa storia in forma di contrappunto, è quella della presa di coscienza del romanzo come *arte della finzione*, riprendendo il ben noto titolo di Henry James.

In una prima fase, la vigilanza formale resta subordinata alla motivazione realista che l'aveva prodotta; anzi è nascosta nell'intenzione rappresentativa. La verosimiglianza è ancora una provincia del vero, sua immagine e somiglianza. È ciò che è maggiormente verosimile che stringe da vicino ciò che è familiare, ordinario, quotidiano, in contrapposizione al meraviglioso della tradizione epica e al sublime del dramma classico. Il destino dell'intrigo si gioca allora in questo tentativo quasi disperato per avvicinare in maniera asintotica l'artificio della composizione romanzesca ad un reale che si spoglia in proporzione delle esigenze formali di composizione che moltiplica. Tutto avviene come se solo delle convenzioni sempre più complesse potessero restituirci il naturale e il vero; e come se la complessità crescente di tali convenzioni facesse arretrare in un orizzonte inaccessibile questo stesso reale che l'arte ha l'ambizione di raggiungere e di 'restituirci'. Ecco perché l'appello a ciò che è verosimile non poteva più oltre nascondere il fatto che la verosimiglianza non è soltanto somigliare al vero ma parvenza del vero. Sottile differenza che si trasformerà in abisso. E in effetti, nella misura in cui il romanzo si conosce meglio come arte della finzione, la riflessione sulle condizioni formali della produzione di tale finzione entra in aperta concorrenza con la motivazione realistica dietro la quale s'era, in un primo tempo, nascosta. L'età d'oro del romanzo del XIX secolo può essere caratterizzata grazie ad un equilibrio precario tra l'intenzione sempre più fortemente ribadita di fedeltà alla realtà e la coscienza sempre più acuta dell'artificio di una composizione riuscita.

Tale equilibrio doveva, un giorno, essere infranto. Se, in effetti, la verosimiglianza non è altro che somiglianza del vero, che cosa è allora la finzione sottoposta al criterio di tale somiglianza, se non l'abilità di un fare-credere, grazie al quale l'artificio è *preso per* una testimonianza autentica circa la realtà e la vita? L'arte della finzione si manifesta allora come arte dell'illusione. Ormai la consapevolezza dell'artificio minerà dall'interno la motivazione realistica fino a rivolgersi contro di essa e distruggerla.

Si sente dire oggi che solo un romanzo senza intrigo, né personaggio, né organizzazione temporale precisa, è più autenticamente fedele ad una esperienza a sua volta frammentata e inconsistente rispetto al romanzo tradizionale del XIX secolo. Ma, allora, la presa di posizione a favore di una finzione frammentata e inconsistente ha una giustificazione analoga a quella a favore della letteratura naturalista. L'argomentazione basata sulla verosimiglianza è stata semplicemente collocata altrove: e se in passato era la complessità sociale che esigeva l'abbandono del paradigma classico, oggi è la presunta incoerenza della realtà che richiede l'abbandono di qualsiasi paradigma. Per conseguenza, la letteratura, reduplicando il caos della realtà mediante quello della finzione, riconduce la *mimesis* alla sua funzione più debole, quella di esser replica del reale, copiandolo. Per fortuna, resta il paradosso secondo il quale è moltiplicando gli artifici che la finzione sancisce la sua capitolazione.

Possiamo allora chiederci se il paradosso iniziale non venga ad essere rovesciato: all'inizio era l'intenzione rappresentativa che motivava la convenzione. Al termine del percorso, è la coscienza dell'illusione che sovverte la convenzione e motiva il tentativo di liberarsi da qualsiasi paradigma. Il problema dei limiti e forse quello dell'esaurirsi delle metamorfosi dell'intrigo sono esiti di tale rovesciamento.

2. *Perennità: un ordine dei paradigmi?*

La discussione precedente s'è occupata della capacità di espansione del principio formale di figurazione mediante intrigo, al di là della sua prima esemplificazione nella *Poetica* di Aristotele. La dimostrazione ha richiesto un certo ricorso alla storia letteraria, in particolare quella del romanzo. Si vuol dire che la storia letteraria può avere funzione critica? A mio avviso, la critica non può né identificarsi con essa e nemmeno ignorarla. Essa non può eliminarla, perché è la familiarità con le opere, così come sono apparse nella successione delle culture di cui noi siamo gli eredi, che istruisce l'intelligenza narrativa, prima che la narratologia ne costruisca un simulacro intemporale. In tale senso, l'intelligenza narrativa conserva, integra e ricapitola la propria storia. La critica, comunque, non può limitarsi a registrare, nella sua pura contingenza, la comparsa delle singole opere. Sua funzione propria è quella di discernere uno stile di sviluppo, un ordine in movimento, che fa di tale serie di eventi una eredità significativa. L'impresa merita, quanto meno, d'essere tentata, se è vero che la funzione narrativa possiede già una sua intelligibilità propria, prima che la razionalità semiotica non si metta a riscriverne le regole. Nel capitolo programmatico della prima parte, ho proposto di istituire la comparazione tra questa intelligibilità pre-razionale e quella dello schematismo dal quale procedono, secondo Kant, le regole del giudizio categoriale. Ma tale schematismo non è temporale. Procede, a sua volta, dalla sedimentazione di una pratica che ha una storia specifica. È tale sedimentazione che conferisce allo schematismo lo stile storico unico che ho chiamato tradizionalità.

Per tradizionalità intendiamo questo fenomeno, irriducibile a qualsiasi altro, che permette alla critica di stare a metà strada tra la contingenza di una semplice storia dei 'generi', dei 'tipi' o delle 'opere' singolari che dipendono dalla funzione narrativa e una eventuale logica dei possibili narrativi che sfuggirebbe a qualsiasi storia. L'ordine che si può ricavare da tale auto-strutturazione della tradizione non è né storico né a-storico, bensì transtorico, nel senso che attraversa la storia secondo un modulo cumulativo più che semplicemente additivo. Anche se comporta delle rotture, dei mutamenti improvvisi di paradigmi, tali rotture non sono, a loro volta, semplicemente dimenticate e nemmeno fanno dimenticare ciò che le precede e ciò da cui ci separano: anch'esse fanno parte del fenomeno di tradizione e del suo stile cumulativo [13].

[13] In questo senso, né la nozione di cambiamento di paradigma secondo Kuhn né quella di rottura epistemologica secondo Foucault contraddicono in modo radicale una analisi della tradizione secondo Gadamer. Le rotture epistemiche diventerebbero insignificanti—nel senso proprio del termine—se non caratterizzassero lo stile

Se il fenomeno di tradizione non comportasse tale capacità ordinatrice, non sarebbe neppure possibile apprezzare i fenomeni di scarto che prenderemo in considerazione nel paragrafo seguente e nemmeno porre il problema della morte dell'arte narrativa per esaurimento del suo dinamismo formatore. Questi due fenomeni di scarto e di morte sono soltanto il rovescio del problema che poniamo ora: quello di un ordine dei paradigmi, a livello dello schematismo dell'intelligenza narrativa e non della razionalità semiotica.

È tale considerazione che mi avvicina all'*Anatomia della critica* di Northrop Frye [14]. La teoria dei *modi* che leggiamo nel suo primo Saggio e più ancora quella degli *archetipi* che leggiamo nel suo terzo Saggio sono incontestabilmente sistematiche. Ma la sistematicità che qui viene messa in opera non è dello stesso grado della razionalità tipica della semiotica narrativa. Essa rimanda allo schematismo dell'intelligenza narrativa nella sua tradizionalità. Essa mira solo a ricavare una tipologia di tale schematizzazione che è sempre in via di formazione. Ecco perché non può farsi forte della sua coerenza o delle sue capacità deduttive, ma soltanto della sua capacità di dare conto, mediante un processo induttivo aperto, del maggior numero possibile di opere comprese nella nostra eredità culturale. Ho tentato altrove [15] una ricostruzione dell'*Anatomia della critica*, che illustra la tesi secondo la quale il sistema delle configurazioni narrative proposte da Northrop Frye dipende dallo schematismo transtorico dell'intelligenza narrativa e non dalla razionalità astorica della semiotica narrativa. Qui mi limito a ricavarne alcuni frammenti che servono alla mia dimostrazione.

Consideriamo, anzitutto, la teoria dei *modi*, che corrisponde meglio a quello che qui chiamo schematismo narrativo: tra questi modi fermiamoci a quelli che l'Autore chiama modi *di finzione* per distinguerli dai modi *tematici*, nel senso che riguardano solo le relazioni strutturali in-

stesso della tradizionalità, il modo unico in cui questa si è auto-strutturata. È secondo il modo della rottura che noi siamo ancora sottoposti all'efficacia della storia, secondo la forte espressione di Gadamer, *Wirkungsgeschichte*, che prenderemo in esame diretto nella quarta parte.

[14] Northrop Frye, *The Anatomy of Criticism, Four Essays*, Princeton University Press, 1957; tr. it., Einaudi, Torino 1969.

[15] « Anatomy of Criticism or the order of Paradigms », in *Center and Labyrinth. Essays in Honour of Northrop Frye*, University of Toronto Press, Toronto, Buffalo, London 1983, pp. 1-13.

terne alla favola, escludendo il suo obiettivo [16]. La distribuzione dei modi di finzione si regola in funzione di un criterio di base, cioè l'efficacia d'azione dell'eroe che può essere, l'abbiamo letto nella *Poetica* di Aristotele, più grande della nostra, inferiore alla nostra o analoga alla nostra.

Frye applica tale criterio su due piani paralleli previ, quello del tragico e quello del comico, che non sono, a ben vedere, dei modi, ma classi di modi. Nei modi tragici, l'eroe è isolato dalla società (a questo corrisponde una distanza estetica analoga sul versante dello spettatore, come si vede nelle emozioni 'raffinate' del terrore e della pietà); nei modi comici, l'eroe è reincorporato nella sua società. È quindi su questi due piani del tragico e del comico che Frye applica il criterio dei gradi di potenza dell'azione. Distingue così, su ognuno dei due piani, cinque modi ripartiti in cinque colonne. Nella prima colonna, quella del mito, l'eroe ci è superiore quanto alla natura (*in kind*): i miti sono, all'incirca, le storie degli dei; sul piano del tragico, abbiamo i miti dionisiaci, che celebrano degli dei morenti; sul piano del comico, abbiamo dei miti apollinei, nei quali l'eroe divino viene accolto nella società degli dei. Nella seconda colonna, quella del meraviglioso (*romance*), la superiorità dell'eroe non è più sul piano della natura, bensì del livello in rapporto agli altri uomini e al loro ambiente circostante: a tale categoria appartengono le favole e le leggende; sul piano tragico, abbiamo il racconto meraviglioso di tono elegiaco: morte dell'eroe, del santo martire, ecc. —ad esso corrisponde, sul versante dell'ascoltatore, una qualità speciale di timore e di pietà adeguata al meraviglioso; sul piano comico, abbiamo il racconto meraviglioso di tono idilliaco: la pastorale, il *western*. Nella terza colonna, quella del mimetico elevato (*high mimetic*), l'eroe non è più superiore agli altri uomini, né al loro ambiente, come è dato vedere nell'epopea e nella tragedia; sul piano tragico, il poema celebra la caduta dell'eroe: la *catharsis* corrispondente riceve dall'*hamartia* tragica la sua nota specifica di pietà e di timore; sul piano comico, abbiamo la commedia antica di Aristofane: rispondiamo al ridicolo mediante una miscela di simpatia e di riso punitivo. Nella quarta colonna, quella del mimetico basso, l'eroe non è più superiore né al suo ambiente né

16 Il parallelismo tra modi di finzione e modi tematici è assicurato dal legame tra *muthos* e *dianoia* nella *Poetica* di Aristotele, completata dal trattato sul Sublime di Longino. *Fable and theme* presi insieme costituiscono la storia raccontata (*story*), mentre la *dianoia* designa *the point of the story*.

agli altri uomini: è a loro uguale; sul piano tragico, troviamo l'eroe patetico, isolato all'esterno e all'interno, dall'impostore (*alazon*) fino al 'filosofo' ossessionato di sé, come Faust e Amleto; sul piano comico abbiamo la nuova commedia di Menandro, l'intrigo erotico, a base di incontri fortuiti e di riconoscimenti, la commedia domestica, il romanzo picaresco che racconta l'ascesa sociale dello scroccone; è qui che va collocata la finzione realista che abbiamo descritto nel precedente paragrafo. Nella quinta colonna, quella dell'ironia, l'eroe ci è inferiore in termini di potenza e di intelligenza: lo guardiamo dall'alto; appartiene a questo stesso modo anche l'eroe che finge per apparire inferiore rispetto a quel che è in verità, che si dà da fare per dire meno e significare di più; sul piano tragico abbiamo tutta una collezione di modelli che rispondono in modo vario alle vicissitudini della vita mediante un umore che manca di passione e che si prestano allo studio dell'isolamento tragico in quanto tale: la gamma è vasta, dal *pharmakos* o vittima espiatoria, passando per l'eroe sottoposto ad una condanna inevitabile (Adamo nel racconto della Genesi, il Signor K. nel *Processo* di Kafka), fino alla vittima innocente (il Cristo degli Evangeli e, nel medesimo ambito, tra l'ironia dell'inevitabile e l'ironia dell'incongruo, Prometeo); sul piano della commedia, abbiamo il *pharmakos* espulso (Shylock, Tartufo), il comico punitivo che non finisce nel linciaggio solo grazie alla barriera del gioco, e tutte le parodie dell'ironia tragica, di cui il romanzo poliziesco o il romanzo di fantascienza sfruttano le diverse risorse.

Due tesi annesse correggono quell'impressione di rigidità tassinomica che una classificazione del genere esibisce. Secondo la prima, la finzione, in Occidente, non finisce di spostare il proprio centro di gravità dall'alto verso il basso, vale a dire dall'eroe divino verso l'eroe della tragedia e della commedia ironica, ivi compresa la parodia dell'ironia tragica. Tale legge di discesa non è necessariamente una legge di decadenza, se ne consideriamo la contropartita. Anzitutto, a misura che decresce il sacro della prima colonna e il meraviglioso della seconda, vediamo crescere la tendenza mimetica, sotto la forma del mimetico elevato, poi del mimetico basso, e crescere i valori di plausibilità, poi di verosimiglianza (pp. 69-70). Riprendiamo a questo punto un aspetto importante della nostra analisi precedente circa il rapporto tra convenzione e verosimiglianza. Inoltre, grazie alla diminuzione di potenza dell'eroe, i valori dell'ironia si liberano e si danno libero corso. In un senso, l'ironia è potenzialmente presente dal momento che vi è un *muthos* in senso largo:

ogni *muthos*, in effetti, implica un 'ritrarsi ironico fuori dal reale'. Questo spiega l'ambiguità apparente del termine mito: nel senso di mito sacro il termine designa la regione di eroi superiori a noi da qualsiasi punto di vista; nel senso aristotelico del *muthos*, esso coincide con l'intero regno della finzione. I due sensi sono congiunti mediante l'ironia. L'ironia che inerisce al *muthos* risulta allora legata all'insieme dei modi della finzione. Essa è implicitamente presente in ogni *muthos*, ma diventa un 'modo distinto' solo grazie al declino del mito sacro. Solo a questo prezzo l'ironia costituisce un 'modo terminale' secondo la legge di discesa sopra menzionata. Questa prima tesi annessa, come si vede, introduce un certo orientamento nella tassonomia.

In base alla seconda tesi, l'ironia, in un modo o nell'altro, riconduce al mito (pp. 59-60; pp. 66-67). Northrop Frye è preoccupato di individuare, al livello più basso della scala della commedia ironica, attraverso l'ironia vuoi del *pharmakos*, vuoi dell'inevitabile, vuoi dell'incongruo, l'indizio di un ritorno al mito, sotto le forme di quello che chiama il 'mito ironico'.

Tale orientamento della tassonomia, secondo la prima tesi, così come la sua circolarità, in base alla seconda, stanno a definire lo stile della tradizionalità europea e occidentale secondo Northrop Frye. A ben vedere queste due regole di lettura sembrerebbero totalmente arbitrarie, se la teoria dei *modi* non trovasse la propria chiave ermeneutica nella teoria dei *simboli*, che occupa gli altri tre grandi Saggi dell'*Anatomia della critica*.

Un simbolo letterario è essenzialmente una 'struttura verbale ipotetica', in altri termini una supposizione e non una asserzione, nella quale l'orientamento 'verso l'interno' prevale rispetto all'orientamento 'verso l'esterno', che è quello proprio dei segni che hanno una vocazione all'estroversione e al realismo [17].

Il simbolo così inteso fornisce una chiave ermeneutica per l'interpretazione della catena ad un tempo discendente e circolare dei modi di finzione. Ricollocati nei contesti letterari adeguati, i simboli passano in effetti attraverso una serie di 'fasi', analoghe ai quattro sensi dell'esege-

[17] A questo proposito il romanzo realista può essere accusato di confondere simbolo e segno. L'illusione romanzesca, almeno all'inizio, nasce dalla fusione di due imprese eterogenee in linea di principio: comporre una struttura verbale autonoma, rappresentare la vita reale.

si medievale, così come è stata magnificamente ricostruita per noi dal padre de Lubac [18].

La prima fase, detta *letterale*, corrisponde al primo senso dell'ermeneutica biblica. Si definisce in modo assai preciso per il fatto di prendere sul serio il carattere ipotetico della struttura poetica. Comprendere un poema alla lettera, vuol dire comprendere quel tutto che il poema costituisce così come si presenta; vuol dire, nonostante il paradosso apparente, leggere il poema come poema. A questo proposito, il romanzo realista è quello che meglio soddisfa questo criterio della fase letterale del simbolo.

Con la seconda fase, detta *formale*, che richiama il senso allegorico dell'ermeneutica biblica, il poema riceve una struttura dalla sua imitazione della natura senza perder nulla della sua qualità ipotetica; dalla natura il simbolo ricava un *dispositivo di immagini* che pone l'intera letteratura in un rapporto obliquo, indiretto, con la natura, grazie al quale essa può non solo piacere ma istruire [19].

La terza fase è quella del simbolo come *archetipo*. Non bisogna affrettarsi a voler denunciare in termini negativi lo 'junghismo' apparente della critica archetipa propria di questo stadio. Ciò che anzitutto si vuole sottolineare con questo termine, è la ricorrenza delle medesime forme verbali, derivate dal carattere eminentemente comunicabile dell'arte poetica, che altri hanno designato con il termine di intertestualità; è tale ricorrenza che contribuisce all'unificazione e all'integrazione della nostra esperienza letteraria [20]. In tale senso, riconosco nel concetto di archetipo un equivalente di ciò che qui chiamo lo schematismo derivante dalla sedimentazione della tradizione. Inoltre l'archetipo integra entro un ordine convenzionale stabile l'imitazione della natura che caratterizza la seconda fase; quest'ultima apporta quelle che sono le sue ri-

this might be useful

[18] Henri de Lubac, *Exégèse médiévale. Les quatre sens de l'Ecriture*, Aubier, Paris 1959-1962; tr. it., ed. Paoline, Roma 1962.

[19] Il mio tentativo per non separare se non per astrazione la *configurazione* dalla *rifigurazione*, si basa su una concezione vicina a quella che Northrop Frye ha a proposito delle *fasi* del simbolo. La rifigurazione, in effetti, è per molti aspetti una ripresa a livello di *mimesis* III di aspetti del mondo dell'azione precompresi a livello di *mimesis* I, attraverso la loro configurazione narrativa (*mimesis* II), in altri termini attraverso i modi « di finzione » e « tematici » di Northrop Frye.

[20] « I poemi si fanno a partire da altri poemi, i romanzi a partire da altri romanzi. La letteratura si auto-configura » (*Poetry can only be made out of other poems, novels out of other novels. Literature shapes itself...*) (p. 97).

correnze proprie: il giorno e la notte, le quattro stagioni, la vita e la morte, ecc. Vedere l'ordine della natura come imitato mediante un corrispondente ordine di parole è operazione perfettamente legittima, se si è consapevoli che tale ordine è costruito sulla concezione mimetica dell'immagine, la quale si costruisce a partire dalla concezione ipotetica del simbolo [21].

L'ultima fase del simbolo è quella del simbolo come *monade*. Tale fase corrisponde al senso anagogico dell'antica esegesi biblica. Col termine monade, Frye intende la capacità dell'esperienza immaginaria di totalizzarsi a partire da un centro. Non v'è dubbio che l'intera impresa di Northrop Frye è legata alla tesi secondo la quale l'intero ordine archetipo rinvia ad un « centro dell'ordine delle parole » « *center of the order of words* » [p. 118]. L'intera nostra esperienza letteraria guarda a tale centro. Pure ci si ingannerebbe completamente circa la portata della critica degli archetipi, e più ancora a proposito di quella della critica anagogica, se la si intendesse nei termini di una forma di dominio, alla maniera delle ricostruzioni razionalizzanti. Al contrario, gli schemi che dipendono da queste due ultime fasi attestano un ordine non dominabile perfino nella sua composizione ciclica. In effetti, il dispositivo di immagini di cui si cerca di discernere l'ordine segreto—per esempio l'ordine delle quattro stagioni—è dominato complessivamente dal dispositivo di immagini apocalittiche che, con forme difficili da enumerare, si muove attorno al motivo della riconciliazione nell'unità: unità di Dio uno e trino, unità dell'umanità, unità del mondo animale nel simbolo dell'Agnello, del mondo vegetale in quello dell'Albero della vita, del mondo minerale in quello della Città celeste. Inoltre, tale simbolismo ha il suo rovescio demoniaco nella figura del Satana, del tiranno, del mostro, del fico sterile, del 'mare primitivo' simbolo del 'caos'. Da ultimo, questa struttura polare è, a sua volta, unificata dalla potenza del *Desiderio* che configura ad un tempo l'infinitamente desiderabile e il suo contrario, l'infi-

21 La critica archetipa, in tal senso, non differisce fondamentalmente da quella praticata da Bachelard nella sua teoria dell'immaginazione 'materiale', regolata sugli 'elementi' della natura—acqua, aria, terra, fuoco—di cui Frye continua la metamorfosi nell'ambito del linguaggio; è ugualmente vicina al modo in cui Mircea Eliade ordina le ierofanie secondo le dimensioni cosmiche del cielo, dell'acqua, della vita, ecc., che continuano ad essere accompagnate da rituali parlati o scritti. Anche per Northrop Frye il poema, nella sua fase archetipa, imita la natura in quanto processo ciclico espresso nei riti (p. 178). Ma è la civiltà che si pensa allora in questo tentativo di estrarre dalla natura una « forma umana totale ».

nitamente detestabile. In una prospettiva archetipa e anagogica, qualsiasi dispositivo di immagini letterarie è al tempo stesso carente rispetto a tale dispositivo d'immagini apocalittiche di compimento e alla ricerca di esso [22]. Il simbolo dell'Apocalisse può polarizzare le imitazioni letterarie del ciclo delle stagioni, poiché, una volta rotto a questo livello il nesso con l'ordine naturale, quest'ultimo non può che essere imitato, in modo da diventare una immensa riserva di immagini. L'intera letteratura può così esser globalmente caratterizzata come ricerca, sia secondo i moduli del meraviglioso, del mimetico elevato e del mimetico basso, sia secondo il modulo ironico rappresentato dalla satira [23]. È a questo titolo di ricerca che ogni nostra esperienza letteraria ha a che fare con questo « ordine d'insieme del verbo » [24].

Per Northrop Frye, la progressione dall'ipotetico verso l'anagogico è un'approssimazione mai compiuta della letteratura come sistema. È questo *telos* che, a ritroso, rende plausibile un ordine archetipo che configura l'immaginario e, da ultimo, organizza l'ipotetico in forma di sistema. È stato questo, in un certo senso, il sogno di Blake e più ancora quello di Mallarmé, quando affermava: « Tutto ciò che esiste nel mondo ha per vocazione di diventare libro» [25].

[22] Ricollocata sotto il simbolo principale dell'Apocalisse, la mitica delle quattro stagioni, nella quale questo simbolo si investe volentieri, perde definitivamente ogni caratteristica naturalistica. Nella fase archetipa del simbolo la natura è ancora ciò che contiene l'uomo. Nella sua fase anagogica, l'uomo è colui che contiene la natura, sotto il segno dell'infinitamente Desiderabile.

[23] Discuto nel saggio precedentemente citato il tentativo di Northrop Frye di fare corrispondere i modi narrativi ai miti della Primavera, dell'Estate, dell'Autunno e dell'Inverno.

[24] « Quando l'arte di Dante o quella di Shakespeare raggiunge i suoi vertici, come ne *La tempesta*, abbiamo l'impressione d'essere vicini a cogliere il soggetto e la ragione dell'intera nostra esperienza, l'impressione d'essere penetrati fino al centro profondamente placato dell'ordine verbale (*into the still center of the order of words*) » [p. 117].

[25] Quando Northrop Frye scrive: « *The conception of a total Word is the postulate that there is such a thing as an order of words...* » [p. 126], sarebbe un grave errore conferire risonanza teologica a questa formula. Per Northrop Frye la religione è troppo rivolta a ciò *che è*, e la letteratura a ciò che *può essere* perché letteratura e religione possano confondersi. La cultura e la letteratura che l'esprime trovano la loro autonomia precisamente secondo il modulo immaginario. Questa tensione tra il possibile e l'effettivo non consente a Northrop Frye di conferire al concetto di finzione l'ampiezza e il potere inglobante che invece gli conferisce Frank Kermode nell'opera che più avanti discuteremo, in cui l'Apocalisse occupa un po-

Al termine di tale rassegna di una delle più imponenti operazioni di ricapitolazione della tradizione letteraria dell'Occidente, compito del filosofo non è quello di discuterne l'esecuzione, ma, considerandola plausibile, riflettere sulle condizioni di possibilità di un siffatto passaggio dalla storia letteraria alla critica e alla anatomia della critica.

Tre punti relativi alla nostra ricerca sulla costruzione dell'intrigo e sul tempo meritano d'essere sottolineati.

In primo luogo, una ricerca d'*ordine* è possibile proprio perché le culture hanno prodotto delle opere che consentono l'istituzione di nessi, per così dire, parentali tra di loro secondo somiglianze di famiglia, funzionanti nel caso dei moduli narrativi, allo stesso livello della costruzione di intrigo. In secondo luogo, tale ordine può essere assegnato all'immaginazione produttrice, costituendone lo schematismo. Infine, in quanto ordine dell'immaginario, esso comporta una dimensione temporale irriducibile quella della tradizionalità.

Ciascuno di questi tre punti fa vedere nella costruzione dell'intrigo il correlato di un'autentica intelligenza narrativa che precede, di fatto e di diritto, qualsiasi ricostruzione del narrare ad un livello secondo di razionalità.

3. *Declino: fine dell'arte di raccontare?*

Siamo andati fino all'estremo dell'idea secondo la quale lo schematismo che regge l'intelligenza narrativa si dispiega in una storia che conserva uno stile identico. Bisogna ora esplorare l'idea opposta: tale schematismo consente delle devianze che, oggi, introducono in tale stile variazioni tali da renderne irriconoscibile l'identità. Bisogna allora comprendere entro lo stile di tradizionalità del racconto la possibilità della sua morte?

Appartiene all'idea stessa di tradizionalità—cioè alla modalità epistemologica del 'fare tradizione'—che identità e differenza vi siano inseparabilmente unite. L'identità di stile non è l'identità di una struttura logica acronica; essa caratterizza lo schematismo della intelligenza narrativa, così come si costituisce entro una storia cumulativa e sedimentata. Ecco perché tale identità è transtorica e non intemporale. Diventa

sto analogo a quello che Northrop Frye le attribuisce nella sua critica degli archetipi (Terzo Saggio).

per conseguenza pensabile che i paradigmi deposti grazie a tale autoconfigurazione della tradizione abbiano prodotto e continuino a produrre delle variazioni che minacciano l'identità di stile fino al punto di annunciarne la morte.

I problemi posti dall'arte di *terminare* l'opera narrativa sono, a tale proposito, una eccellente pietra di paragone. Siccome i paradigmi di composizione sono, al tempo stesso, nella tradizione occidentale, paradigmi di conclusione, ci si può aspettare che l'eventuale esaurimento dei paradigmi si veda nella difficoltà di concludere l'opera. È ancora più legittimo congiungere i due problemi, dal momento che il solo aspetto formale che deve essere conservato della nozione aristotelica di *muthos*, al di là dei suoi successivi utilizzi in taluni 'generi' (tragedia, romanzo, ecc.) e in taluni 'tipi' (tragedia elisabettiana, romanzo del XIX secolo, ecc.) è il criterio di unità e di completezza. Il *muthos*, come è noto, è l'imitazione di una azione, una e completa. Ora una azione è una e completa se ha un inizio, uno svolgimento e una fine, vale a dire se l'inizio introduce lo svolgimento, se lo svolgimento—peripezia e riconoscimento—conduce alla fine e se la fine conclude lo svolgimento. Allora la configurazione prevale sull'episodio, la concordanza sulla discordanza. È quindi legittimo considerare come sintomo della fine della tradizione della costruzione di intrigo, l'abbandono del criterio di completezza, e quindi il deliberato proposito di non terminare l'opera.

È anzitutto importante intendersi chiaramente circa la natura del problema e non confondere due problemi, il primo dei quali dipende da *mimesis* II (configurazione) e il secondo da *mimesis* III (rifigurazione). A tale proposito, un'opera può essere *chiusa* quanto alla sua configurazione e *aperta* quanto alla penetrazione che è in grado di realizzare nel mondo del lettore. La lettura, come diremo nella quarta parte, è precisamente l'atto che assicura la transizione tra l'effetto di chiusura secondo la prima prospettiva e l'effetto di apertura in base alla seconda prospettiva. Nella misura in cui ogni opera agisce, essa aggiunge al mondo qualche cosa che non vi era in precedenza; ma il puro eccesso che è possibile attribuire all'opera in quanto atto, il suo potere di interrompere la ripetizione, come dice Roland Barthes nell'*Introduzione all'analisi strutturale del racconto*, non contraddice il bisogno di chiusura. I modi per terminare 'cruciali' [26] sono forse quelli che sommano nel miglior

[26] John Kucich, « Action in the Dickens Ending: *Bleak House* and *Great Expectations* », *Narrative Endings*, numero speciale di XIXth *Century Fiction*, University

modo i due effetti. Non è un paradosso dire che una finzione ben chiusa apre un abisso nel nostro mondo, vale a dire nella nostra apprensione simbolica del mondo.

Prima di volgerci all'opera magistrale di Frank Kermode, *The Sense of an Ending*, non è inutile dire qualche parola circa le difficoltà, forse insormontabili, con le quali deve misurarsi qualsiasi ricerca di un *criterio* di chiusura in ambito poetico.

Taluni, come J. Hillis Miller, ritengono tale problema insolubile [27]. Altri, come Barbara Herrstein Smith, hanno cercato un punto di appoggio nelle soluzioni proposte al problema della chiusura per l'ambito, connesso, della poesia lirica [28]. Le regole di chiusura sono in tal caso

of California Press, 1978, p. 88. L'autore chiama 'cruciali' le conclusioni nelle quali la rottura operata suscita quel tipo di attività che Georges Bataille caratterizza come *dépense.* L'autore esprime inoltre il suo debito nei confronti dell'opera di Kenneth Burke, principalmente *A Grammar of Motives*, Braziller, New York 1955, University of California Press, Berkeley 1969 e *Language as Symbolic Action. Essays on Life, Literature and Method*, University of California Press, Berkeley 1966. Notiamo l'ultima osservazione di Kucich: « *In all crucial endings, the means of causing that gap to appear is the end* » (*art. cit.*, p. 109).

27 J. Hillis Miller, « The Problematic of Ending in Narrative » in *Narrative Endings*, dichiara: « *No narrative can show either its beginning nor its ending* » (*art. cit.*, p. 4). E ancora: « *The aporia of ending arises from the fact that it is impossible even to tell whether a given narrative is complete* » (p. 5). È vero che l'autore assume come referenza il rapporto tra intreccio (*desis*) e scioglimento (*lusis*) nella *Poetica* di Aristotele, e moltiplica con brio le aporie dell'intreccio. Ora il posto di questo testo nella *Poetica* è assai discusso, nella misura in cui l'operazione di annodare e di sciogliere sfugge al criterio del principio e della fine chiaramente posto nel capitolo appositamente dedicato da Aristotele all'intrigo. Gli accadimenti raccontati possono essere interminabili e lo sono di fatto nella vita; il racconto in quanto *muthos* è terminabile. Ciò che avviene dopo la fine non è pertinente per la configurazione del poema. Ecco perché esiste un problema della corretta chiusura e, come diremo più avanti, dell'anti-chiusura.

28 È uno dei numerosi meriti dell'opera di Barbara Herrstein Smith, *Poetic Closure, A Study of How Poems End*, The University of Chicago Press 1968, quello di offrire alla teoria del racconto non solo un notevole modello di analisi, ma delle suggestioni precise per estendere alla *poetic closure* in generale le sue osservazioni limitate alla *lyric closure.* La trasposizione si giustifica facilmente: si tratta in entrambi i casi di opere che si elevano a partire dal fondo delle transazioni del linguaggio ordinario, per interromperle; si tratta, inoltre, nei due casi, di opere *mimetiche*, in questo senso particolare del termine che esse imitano una 'enunciazione' quotidiana: argomentazione, dichiarazione, lamentazione, ecc.; ora, il racconto letterario imita non soltanto l'azione, ma il racconto ordinario preso entro le transazioni della vita quotidiana.

più facili da identificare e descrivere; è il caso con le forme di conclusione di tipo gnomico, sentenzioso o epigrammatico; inoltre, l'evoluzione del poema lirico, dal sonetto rinascimentale fino al verso libero e al poema visuale d'oggi, passando attraverso il poema romantico, permette di seguire con precisione il destino di tali regole; infine le soluzioni tecniche offerte dalla poesia lirica al problema della chiusura si lasciano rapportare alle *attese* del lettore create dal poema, attese alle quali la chiusura apporta « un sentimento di compiutezza, di stabilità, di integrazione » (*op. cit.*, p. VIII). La conclusione ha tale effetto solo se l'esperienza di configurazione è non solo dinamica e continua, ma suscettibile di riaggiustamenti retrospettivi, che fanno apparire la risoluzione stessa come l'approvazione finale che sigilla una buona forma.

Ma, per quanto illuminante sia il parallelismo tra chiusura poetica e legge di buona forma, esso trova il proprio limite nel fatto che, nel primo caso, la configurazione è un'opera di linguaggio e il sentimento di compiutezza può essere ottenuto con mezzi differenti; ne deriva che si danno diverse varianti di tale compiutezza; occorre integrarvi la sorpresa: ora è ben difficile dire quando una conclusione inattesa si giustifica. Una fine deludente può ugualmente convenire alla struttura dell'opera se quest'ultima è destinata a lasciare il lettore con residue attese. È ugualmente difficile dire in quale caso la delusione è esigita dalla stessa struttura dell'opera piuttosto che una fine 'debole' di chiusura.

Trasposto sul piano narrativo, il modello lirico suggerisce uno studio attento del rapporto tra il modo di terminare un racconto e il grado di integrazione del racconto, che concerne l'aspetto più o meno episodico dell'azione, l'unità dei personaggi, la struttura argomentativa e quella che chiameremo più avanti la strategia di persuasione che costituisce la retorica della finzione. L'evoluzione della chiusura lirica trova ugualmente il suo parallelo nella chiusura narrativa: dal racconto d'avventura al romanzo molto elaborato, successivamente al romanzo sistematicamente frammentato, il principio strutturale opera un ciclo completo che in un certo modo riconduce, secondo una modalità assai sottile, all'episodico. Le risoluzioni prodotte da questi cambiamenti strutturali sono, per conseguenza, assai difficili da identificare e classificare. Una difficoltà proviene dalla confusione sempre possibile tra fine dell'azione imitata e fine della finzione in quanto tale. Nella tradizione del romanzo realista, la fine dell'opera tende a confondersi con quella dell'azione rappresentata; essa tende allora a simulare la messa in stato di riposo del sistema di interazioni che costituisce la trama della storia raccontata. La maggior parte dei romanzieri del XIX secolo si è impegnata in questa forma di conclusione. È allora relativamente facile, confrontando il problema di composizione e la sua soluzione, dire se la fine è riuscita o no. Ben diversamente allorquando l'artificio letterario, grazie alla riflessività di cui abbiamo precedentemente parlato, fa ritorno sul suo carattere di finzione; la conclusione dell'opera è allora quella della stessa operazione di finzione. Tale rovesciamento di prospettiva caratterizza la letteratura contemporanea. Il criterio di buona conclusione è, in tal caso, molto più difficile da amministrare, in particolare quando quest'ultima deve accordarsi con il tono di irrisolutezza dell'intera opera. Infine il soddisfacimento delle attese create dal dinamismo dell'opera assume, anche in questo caso, forme diversificate, se non opposte. Una conclusione inattesa può frustrare le nostre attese modellate da antiche convenzioni, ma rivelare un principio d'ordine più profondo. Se è vero che ogni conclusione risponde a delle attese, non è detto che necessariamente le esaudisca pienamente. Essa può lasciare delle attese residue. Un modo di terminare non conclusivo s'addice ad un'opera che volutamente solleva un problema che l'autore considera insolubile; ed è anche un modo di terminare deliberato e concertato che mette in risalto, in modo riflessivo, il carattere interminabile della tematica dell'intera opera. L'assenza di conclusione dichiara in un certo modo l'assenza di soluzione del problema posto [29]. Ma sono d'accordo con Barbara Herrstein Smith quando afferma che l'*anti-chiusura* [30] incontra una soglia al di là della quale siamo

29 Barbara Herrstein Smith parla a questo proposito di *self-closural reference* (*Poetic Closure, op. cit.*, p. 172). L'opera si riferirebbe a se stessa in quanto opera, grazie al suo modo di concludere o di non concludere.

30 Barbara Herrstein Smith distingue tra l'*anti-closure*—che mantiene ancora un nesso con il bisogno di concludere mediante l'applicazione delle risorse riflessive del linguaggio all'incompiutezza tematica dell'opera e il suo ricorso a forme sempre più sottili di conclusione—e il *beyond closure*. Con l'*anti-closure* e le sue tecniche di sabotaggio del linguaggio, si può dire: « Se il traditore—il linguaggio—non può essere esiliato, possiamo disarmarlo e farlo prigioniero » (p. 254). Con il *beyond closure*, bisogna dire: « Il traditore—il linguaggio—è stato qui messo in ginocchio: non solo disarmato, ma decapitato » (p. 266). Ciò che trattiene l'autore dall'oltrepassare questo limite, è la sua convinzione che come imitazione d'*utterance*, il linguaggio poetico non può sfuggire alla tensione tra linguaggio letterario e linguaggio non letterario. Quando, per esempio, l'aleatorio viene sostituito alla sorpresa deliberata, quando, nella poesia concreta, non c'è più niente da leggere, ma solo da guardare, allora il critico si trova a doversi misurare con un messaggio di inti-

posti nell'alternativa: o escludere l'opera dalla sfera dell'arte, oppure rinunciare al presupposto fondamentale della poesia, quello secondo il quale la poesia è una imitazione degli usi non letterari del linguaggio, tra i quali l'uso ordinario del racconto come arrangiamento sistematico degli accadimenti della vita. A mio avviso bisogna osar scegliere la prima opzione: al di là di qualsiasi sospetto, bisogna prestar fiducia al linguaggio, a questa formidabile istituzione. È una scommessa che ha in se stessa la sua giustificazione.

È questa alternativa—e, nel senso proprio del termine, questa questione di fiducia—che Frank Kermode affronta di petto nella sua opera giustamente famosa, *The Sense of an Ending*[31]. Senza volerlo egli riprende il problema là dove Northrop Frye l'aveva lasciato quando istituiva il rapporto tra il *Desiderio* di completezza dell'universo del discorso e il *tema apocalittico*, preso a livello della critica anagogica. È anche a partire dalle trasformazioni del tema apocalittico che Kermode si impegna a riprendere, ad un livello più elevato, la discussione sull'arte di concludere, sulla quale la pura critica letteraria ha seri problemi a pervenire ad una conclusione. Ma l'ambito è ormai quello di una teoria della finzione ben diversa rispetto alla teoria del simbolo e dell'archetipo di Northrop Frye.

Ammettendo che siano certe attese, specifiche del lettore, a regolare il nostro bisogno di conferire una fine sensata all'opera poetica, Kermode si volge verso il mito dell'Apocalisse che, nelle tradizioni dell'Occidente, ha contribuito in massimo grado a strutturare tali attese, pronto a dare al termine di finzione una ampiezza che deborda da ogni lato l'ambito della finzione letteraria: teologica attraverso l'escatologia giudeo-cristiana, storico-politica attraverso l'ideologia imperiale fino alla caduta del Sacro romano-germanico Impero, epistemologica attraverso la teoria dei modelli, letterari attraverso la teoria dell'intrigo. A prima vista, tale serie di accostamenti può sembrare impertinente: l'Apocalisse non è anzitutto un modello di mondo, mentre la *Poetica* di Aristotele propone semplicemente il modello di un'opera verbale? Il passaggio da

midazione che gli dice: « A questo punto ogni bagaglio linguistico deve essere deposto » (p. 267). Ma l'arte non può rompere con l'*istituzione formidabile del linguaggio*. Ecco perché la sua ultima parola annuncia lo *yet... however* che leggeremo in Frank Kermode circa la resistenza dei paradigmi all'erosione: « *Poetry ends in many ways, but poetry, I think, has not yet ended* » (p. 271).

[31] Frank Kermode, *The Sense of an Ending, Studies in the Theory of Fiction*, Oxford University Press, 1966.

un piano all'altro, e in particolare da una tesi cosmica ad una poetica, trova comunque una giustificazione parziale nel fatto che l'idea di fine del mondo ci deriva da quello scritto che, nel canone biblico recepito nell'Occidente cristiano, conclude la Bibbia. L'Apocalisse ha potuto così rappresentare al tempo stesso e la fine del mondo e la fine del Libro. La congruenza tra mondo e libro va ancora oltre: il principio del libro concerne il Principio e la fine del libro concerne la Fine; in tale senso la Bibbia è il grandioso intrigo della storia del mondo, e ogni intrigo letterario è una sorta di miniatura del grande intrigo che congiunge l'Apocalisse alla Genesi. Così il mito escatologico e il *muthos* aristotelico si ricongiungono nel loro modo di legare un inizio e una fine e di proporre all'immaginazione il trionfo della concordanza rispetto alla discordanza. Non è infatti fuori luogo istituire una affinità tra la *peripeteia* aristotelica e le sofferenze degli Ultimi giorni che troviamo nell'Apocalisse.

È precisamente nel punto di giunzione tra discordanza e concordanza che le trasformazioni del mito escatologico possono illuminare il nostro problema della chiusura poetica. Notiamo anzitutto la notevole capacità, a lungo attestata attraverso l'apocalittica, di sopravvivere a qualsiasi smentita portata dall'avvenimento: l'Apocalisse, a tale proposito, offre il modello di una predizione continuamente infirmata eppure mai screditata, e quindi modello di una fine a sua volta continuamente aggiornata. Inoltre e per implicazione, la smentita della predizione concernente la fine del mondo ha suscitato una trasformazione propriamente qualitativa del modello apocalittico: da imminente la fine è diventata immanente. L'Apocalisse, da quel momento, sposta le risorse del suo dispositivo di immagini sugli Ultimi Tempi—tempi di Terrore, di Decadenza e di Rinnovazione—per diventare un mito della Crisi.

Tale trasformazione radicale del paradigma apocalittico ha il suo equivalente nella crisi che segna la composizione letteraria. E questa crisi si gioca sui due piani della chiusura dell'opera e dell'usura del paradigma di concordanza.

Frank Kermode coglie il segno premonitore di tale sostituzione della *Crisi*, diventata una *peripeteia* indefinitamente distesa, alla fine imminente, nella tragedia elisabettiana. Quest'ultima gli sembra caratterizzata da radici più profonde nell'apocalittica cristiana piuttosto che nella *Poetica* di Aristotele. Anche se Shakespeare può ancora essere considerato come « *the greatest creator of confidence* » (p. 82), il tragico in lui sta ad attestare il momento in cui l'Apocalisse si muove dall'imminenza all'immanenza: « La tragedia fa proprie certe figure dell'Apocalisse, della morte e del giudizio, del cielo e dell'inferno, ma il mondo passa nelle mani di sopravvissuti estenuati » (p. 82). La restaurazione finale dell'ordine sembra debole se confrontata con i Terrori che la precedono. È piuttosto il tempo della Crisi che riveste i caratteri di quasi-eternità [32] che, nell'Apocalisse, appartengono solo alla Fine, per diventare l'autentico tempo drammatico. Così *Re Lear*: il suo supplizio tende verso una fine continuamente rimandata; al di là del peggio, v'è ancora di peggio; e la fine stessa altro non è che una immagine dell'orrore della Crisi; *Re Lear* è in tal modo la tragedia del sempiterno nell'ordine della sventura. Con *Macbeth*, la peripezia diviene una parodia dell'ambiguità profetica, « *a play of prophecy* ». L'equivoco, anche in questo caso, devasta il tempo; conosciamo il verso famoso nel quale l'eroe avverte le decisioni da prendere « *all meeting together in the same juncture of time* » [33]. Il fatto è che « *the play of Crisis* » genera un tempo della Crisi che porta ancora una volta i segni del sempiterno, anche se tale eternità—« *between the acting of a dreadful thing/And the first motion* »— non è altro che il simulacro e l'usurpazione dell'Eterno Presente. Non c'è bisogno di richiamare a che punto *Amleto* può essere considerato come « *another play of protracted crisis* ».

Tale transizione dall'Apocalisse alla tragedia elisabettiana [34] mette sulla via che è quella di una parte della cultura e della letteratura contemporanea, per la quale la Crisi ha preso il posto della Fine, la Crisi è diventata transizione senza fine. L'impossibilità di concludere diviene così il sintomo della messa in forse del paradigma stesso. È nel romanzo

32 Rinvio alle annotazioni chiarificatrici di Frank Kermode sull'*Aevum*, il perpetuo, il sempiterno. L'autore discerne nel tempo tragico il « terzo ordine di durata » (« *The Sense of an Ending*, *op. cit.*, pp. 70ss.), tra il tempo e l'eternità, che la teoria medievale attribuiva agli angeli. Per parte mia, ricondurrò, nella quarta parte, queste qualità temporali ad altri tratti del tempo narrativo che segnano la liberazione di questo ultimo, rispetto alla semplice successione rettilinea.

33 Frank Kermode accosta molto giustamente questa orribile lacerazione del tempo nel *Macbeth* alla *distentio* agostiniana, così come l'autore delle *Confessioni* l'ha vissuta nella prova della conversione sempre differita: « Tra quanto tempo? Tra quanto tempo? Domani, sempre domani » (*Quamdiu, Quamdiu, cras et cras*; VIII, 12, 28). Ma, nel *Macbeth*, questa quasi-eternità della decisione differita è l'inverso della pazienza di Cristo nel Giardino degli Ulivi, nell'attesa del suo *kairos*—« *a significant season* » (p. 46). Questa opposizione tra *chronos*—tempo rettilineo—e *kairos*—tempo sempiterno—ci rinvia al tema della nostra quarta parte.

34 L'insistenza dell'autore su questo punto è significativa (pp. 25, 27, 28, 30, 38, 42, 49, 55, 61 e soprattutto 82, 89).

contemporaneo che meglio si coglie la congiunzione dei due temi: declino dei paradigmi, quindi fine della finzione—e impossibilità di concludere il poema, quindi distruzione della finzione della fine [35].

Tale descrizione della situazione contemporanea, peraltro ben nota, è meno importante rispetto al giudizio che il critico può esprimere nei suoi confronti alla luce del destino dell'Apocalisse. La finzione della Fine, si è detto, è stata continuamente infirmata ma non è mai stata screditata. Tale destino è anche quello dei paradigmi letterari? Anche in questo caso, Crisi vuole ancora dire per noi Catastrofe e Rinnovamento? È questa la convinzione profonda di Kermode che io condivido pienamente.

La Crisi non segna l'assenza di qualsiasi fine [36], bensì la conversione della fine imminente in fine immanente. Secondo l'autore non si può estendere la strategia dell'infirmazione e della *peripeteia* fino al punto in cui la questione della chiusura perderebbe ogni senso. Ma, ci si chiederà, che cos'è una fine immanente quando la fine non è più un modo di metter termine?

Il problema conduce l'intera analisi ad un punto di perplessità. Questo punto sarebbe insuperabile se si considerasse soltanto la *forma* dell'opera e si trascurassero le *attese* del lettore. Infatti è proprio qui che il paradigma di consonanza trova rifugio, dal momento che è qui che ha origine. Ciò che sembra insuperabile, in ultima istanza, è l'attesa del lettore che qualche consonanza finalmente prevalga. Tale attesa implica che tutto non sia *peripeteia*, col rischio che la stessa *peripeteia* divenga insignificante, dal momento che in tale caso la nostra attesa di ordine sarebbe frustrata in tutti i sensi. Perché l'opera catturi ancora l'interesse del lettore, bisogna che la dissoluzione dell'intrigo sia compresa

35 Si veda il quarto studio di Kermode, *The Modern Apocalypse.* Vi si troveranno descritte e discusse la pretesa della nostra epoca a credersi speciale, la sua convinzione d'essere entrata in una crisi perpetua. Vi si troverà discusso il paradosso che costituisce la pretesa 'tradizione del Nuovo' (Harold Rosenberg). Per ciò che concerne più particolarmente il romanzo contemporaneo, noto che il problema della fine dei paradigmi si pone in termini inversi rispetto a quelli degli esordi del romanzo. All'inizio, la sicurezza della rappresentazione realista mascherava l'insicurezza della composizione romanzesca. All'altra estremità del percorso, l'insicurezza messa a nudo dalla convinzione che il reale è informe si rivolta contro l'idea stessa di composizione ordinata. La scrittura diventa il suo problema e la sua impossibilità.

36 « *Crisis, however facile the conception, is inescapably a central element in our endeavours towards making sense of our world* » (p. 94).

come un segnale rivolto al lettore perché co-operi all'opera, perché sia lui stesso a costruire l'intrigo. Solo chi si attende di trovare un qualche ordine può essere deluso di non trovarne; e tale delusione produce soddisfazione solo se il lettore, prendendo il posto dell'autore, costruisce l'opera che l'autore s'è ingegnato a disfare. La frustrazione non può essere l'ultima parola. Certo, occorre che il lavoro di composizione da parte del lettore non sia reso impossibile. Infatti, il gioco dell'attesa, della delusione e del lavoro di rimessa in ordine resta praticabile solo se le condizioni del suo successo sono integrate nel contratto tacito o espresso che l'autore stabilisce con il lettore: io disfo l'opera e voi la rifate, nel miglior modo possibile. Ma perché il contratto non sia a sua volta un inganno, è necessario che l'autore, lungi dall'abolire ogni convenzione di composizione, introduca nuove convenzioni più complesse, più sottili, più nascoste, più astute di quelle del romanzo tradizionale, in una parola convenzioni che derivano ancora da queste ultime grazie alla via dell'ironia, della parodia, della derisione. In tal modo gli attacchi più audaci contro le attese paradigmatiche non escono dal gioco di 'deformazione regolata', grazie al quale gioco l'innovazione si è posta come replica alla sedimentazione. Un salto assoluto al di fuori di qualsiasi attesa paradigmatica è impossibile.

Tale impossibilità è particolarmente notevole nel modo di considerare il *tempo*. Il rifiuto della cronologia è una cosa; il rifiuto di qualsiasi principio sostitutivo di configurazione è un'altra. Non è pensabile che il racconto possa fare a meno di ogni forma di configurazione. Il tempo del romanzo può rompere con il tempo reale: è la legge stessa dell'entrare nel mondo della finzione. Esso non può non configurarlo secondo nuove norme di organizzazione temporale che siano ancora avvertite dal lettore come temporali, a vantaggio di nuove attese circa il tempo della finzione che esploreremo nella quarta parte. Credere d'aver definitivamente chiusi i conti con il tempo della finzione per il fatto che abbiamo spinto, disarticolato, rovesciato, invertito, sfondato, reduplicato le modalità temporali alle quali i paradigmi del romanzo 'convenzionale' ci avevano abituato, vuol dire credere che l'unico tempo concepibile sia appunto il tempo cronologico. Vuol dire dubitare delle risorse che la finzione possiede per inventare le proprie misure temporali, e vuole dire dubitare che tali risorse possano incontrare nel lettore talune attese, concernenti il tempo, infinitamente più sottili di quelle rapportate alla successione rettilinea [37].

[37] Faccio qui allusione alle pagine che Frank Kermode consacra a Robbe-Grillet

Bisogna quindi fare nostra la conclusione che Frank Kermode ricava dalla fine del suo primo studio e che trova conferma nel quinto studio e cioè che attese di portata analoga a quelle prodotte dall'Apocalisse hanno la forza di persistere, ma che comunque esse cambiano e cambiando ritrovano una nuova pertinenza.

Tale conclusione illumina in modo singolare la mia tesi circa lo stile di tradizionalità dei paradigmi. Essa offre, inoltre, un criterio per la « discriminazione dei modernismi » (p. 114). Per il modernismo più antico, quello di Pound, di Yeats, di W. Lewis, di Eliot e persino di Joyce (si vedano le pagine illuminanti su Joyce, pp. 113-114), il passato resta una sorgente di ordine, anche quando è messo in ridicolo e calunniato. Per il modernismo più nuovo, che l'autore chiama scismatico, l'ordine è ciò che deve essere contestato. A tale proposito Beckett segna la svolta verso lo scisma, « *the shift towards schism* » (p. 115). È « il teologo perverso di un mondo che ha sofferto una caduta, fa l'esperienza di una incarnazione che muta tutti i rapporti tra passato, presente e futuro, ma che non vuole essere riscattato » (p. 115). In tale senso, mantiene un legame che ha il tono dell'ironia e della parodia con i paradigmi cristiani, ed è questo ordine, rovesciato grazie all'ironia, che preserva l'intelligibilità. « Ora, qualsiasi cosa preservi l'intelligibilità previene lo scisma » (p. 116). « Lo scisma è privo di senso al di fuori di qualsiasi referenza ad un qualche stato anteriore; l'assolutamente Nuovo è semplicemente inintelligibile, anche a titolo di novità » (*ibid.*). « ... la novità per sé implica l'esistenza di ciò che non è nuovo—un passato » (p. 117). In tale senso, « la novità è un fenomeno che segna la totalità del passato; niente per sé solo può essere nuovo » (p. 120). E.H. Gombrich lo ha detto meglio di chiunque altro: « *The innocent eye sees nothing* » (*op. cit.*, p. 102).

Queste forti affermazioni ci portano sulla soglia di quella che ho chiamato la questione di fiducia (vedremo più avanti che non è possibile dire meglio): perché non si può—perché non si deve—sottrarsi a qualche paradigma d'ordine per quanto raffinato, artificioso e labirintico sia?

Frank Kermode non s'è impegnato a facilitare la risposta, nella misura in cui la sua concezione del rapporto tra la finzione letteraria e il mito religioso nell'apocalittica rischia di minare alle fondamenta la sua

e alla scrittura labirintica (pp. 19-24). Frank Kermode sottolinea, giustamente, il ruolo intermedio svolto dalle tecniche narrative di Sartre e Camus, ne *La nausea* e *Lo straniero*, sulla via della dissidenza rivendicata da Robbe-Grillet.

fiducia nella sopravvivenza dei paradigmi che reggono l'attesa di chiusura da parte del lettore. Il passaggio dalla fine imminente alla fine immanente è, in effetti, a suo giudizio, opera dello 'scetticismo dei chierici', in contrapposizione alla credenza ingenua nella realtà della Fine attesa. Lo statuto di fine immanente, per conseguenza, è quello di un mito demitologizzato, nel senso inteso da R. Bultmann, oppure direi anche, nel senso di un mito spezzato, secondo Paul Tillich. Se riportiamo sulla letteratura il destino del mito escatologico, qualunque finzione, compresa quella letteraria, riveste altresì la funzione del mito spezzato. Il mito divenuto letterario ne conserva certamente l'intenzione cosmica, come abbiamo visto in Northrop Frye; ma la credenza che li sostiene è corrosa dallo 'scetticismo dei chierici'. A questo punto la differenza tra Frye e Kermode è totale. Anche là dove il primo scorgeva l'orientamento dell'intero universo del discorso verso il 'centro profondamente placato dell'ordine verbale', Kermode avanza il sospetto, di stile nietzschiano, di un bisogno di consolazione di fronte alla morte che trasforma, poco o tanto, la finzione in un inganno [38]. È un tema insistente che attraversa l'intera opera, tema secondo il quale le finzioni della fine, sotto forme diverse—teologiche, politiche e letterarie—hanno a che fare con la morte nello stile della consolazione. Di qui la tonalità ambigua e inquietante—l'*Unheimlichkeit*, direi—che fa il fascino di *The Sense of an Ending* [39].

Si instaura in tal modo un divorzio tra veracità e consolazione. Ne consegue che il libro continuamente oscilla tra il sospetto invincibile secondo il quale le finzioni mentono e ingannano, nella misura in cui consolano [40], e la convinzione, altrettanto invincibile, che le finzioni non sia-

[38] L'espressione *the consoling plot* (p. 31) diventa un quasi-pleonasmo. Non meno importante dell'influsso di Nietzsche è qui quello del poeta Wallace Stevens, in particolare nell'ultima sezione delle sue *Notes toward a Supreme Fiction.*

[39] Di qui la surdeterminazione del termine stesso di *Ending*, conclusione. La fine è ad un tempo la fine del mondo: l'Apocalisse; la fine del Libro: il libro dell'Apocalisse; la fine senza fine della Crisi: il mito della fine di secolo; la fine della tradizione dei paradigmi: lo scisma; l'impossibilità di dare una fine al poema: l'opera incompiuta; infine la morte: la fine del desiderio. Tale surdeterminazione spiega l'ironia dell'articolo indefinito in *The Sense of an Ending*. Con la fine non s'è mai finito: « *The imagination*—dice il poeta Wallace Stevens—*is always at the end of an era* » (cit., p. 31).

[40] Sarebbe possibile un'altra esplorazione del rapporto tra finzione e mito spezzato, esplorazione rivolta alla funzione di supplenza esercitata dalla finzione letteraria nei confronti dei Racconti che hanno fatto testo nel passato della nostra cultu-

no arbitrarie, nella misura in cui rispondono ad un bisogno di cui non siamo i padroni, il bisogno di imprimere il sigillo dell'ordine sul caos, del senso sul non-senso, della concordanza sulla discordanza [41].

Questa oscillazione spiega il fatto che Kermode risponda all'ipotesi di scisma, che dopo tutto non è che la conseguenza più estrema dello 'scetticismo dei chierici' nei confronti di qualsiasi finzione di concordanza, con un semplice: « e comunque... ». Così dopo avere evocato, con O. Wilde, « *the decay of lying* », esclama: « *And yet, it is clear, this is an exaggerated statement of the case. The paradigms do survive, somehow. If there was a time when, in Steven's words, 'the scene was set', it must be allowed that it has not yet been finally and totally struck. The survival of the paradigms is as much our business as their erosion* » [42] (p. 43).

Se anche Frank Kermode si è rinchiuso in un analogo vicolo cieco, non è forse perché ha imprudentemente posto e prematuramente risol-

ra. Emergerebbe un sospetto d'altro genere: il sospetto che la finzione abbia usurpato l'autorità dei Racconti fondatori e che questa appropriazione di potenza provochi, secondo l'espressione di Edward W. Said, un effetto di *molestation*, intendendo così la ferita che lo scrittore infligge a se stesso quando prende coscienza del carattere illusorio e usurpato dell'autorità che egli esercita in quanto autore (*auctor*), capace non solo di influenzare ma di *sottomettere* al suo potere il lettore (*Beginnings: Intention and Method*, The Johns Hopkins University Press, Baltimora e London 1975, pp. 83-84 e *passim*); per una analisi particolareggiata della coppia autorità-*molestation*, cfr. « Molestation and Authority in Narrative Fiction », in *Aspects of Narrative*, a cura di J. Hillis Miller, Columbia University Press, New York 1971, pp. 47-68.

41 Bisognerebbe sottolineare lo scacco, a questo proposito, di una giustificazione semplicemente biologica o psicologica del desiderio di concordanza, anche se risulta che quest'ultimo trova un *supporto* nel gestaltismo percettivo, come s'è visto in Barbara Herrstein Smith, e come suggerisce Frank Kermode partendo dal semplice rintocco dell'orologio: « Ci chiediamo che cosa dice e riconosciamo che dice *tic-tac*. Mediante tale finzione lo umanizziamo, gli facciamo parlare il nostro linguaggio... *tic è* una modesta genesi, *tac* una debole apocalisse; e *tic-tac* è comunque come un intrigo ». I ritmi biologici e percettivi ci rimandano impietosamente al linguaggio: un *supplemento* di intrigo e di finzione si insinua dal momento in cui facciamo *parlare* l'orologio e con questo supplemento viene « il tempo del romanziere » (p. 46).

42 « Eppure la cosa è chiara, il proposito è esagerato. Infatti i paradigmi sopravvivono, in un modo o nell'altro. Se vi fu un tempo in cui, secondo l'espressione di Stevens, 'la scena venne messa a punto', bisogna però riconoscere che il colpo ultimo, il colpo fatale non è ancora stato messo a segno. La sopravvivenza dei paradigmi così come la loro erosione è ugualmente affare nostro ».

to il problema dei rapporti tra 'finzione e realtà' (un intero studio gli è dedicato), invece di tenerlo in una certa misura come sospeso e come tentiamo di fare qui, isolando i problemi di configurazione, sotto il segno di *mimesis* II, rispetto ai problemi di rifigurazione, sotto il segno di *mimesis* III? Northrop Frye nel complesso più prudente nella posizione del problema, accordando al mito dell'Apocalisse solo uno statuto letterario, senza pronunciarsi sul significato religioso che esso può assumere nella prospettiva escatologica di una storia della salvezza. Northrop Frye sembra, però, più dogmatico di Frank Kermode con la sua definizione del mito escatologico come 'centro tranquillo...'. E, infine, è più riservato di quest'ultimo non consentendo alla letteratura e alla religione di mescolarsi: è a partire dall'ordine ipotetico dei simboli, abbiamo detto, che si edifica il loro incontro anagogico. In Frank Kermode, la costante contaminazione della finzione letteraria da parte del mito spezzato costituisce al tempo stesso la forza e la fragilità del libro: la sua forza, grazie all'ampiezza conferita al regno della finzione, la sua fragilità, in ragione del conflitto tra la fiducia nei paradigmi e lo 'scetticismo dei chierici', alimentato dall'accostamento tra la finzione e il mito spezzato. Quanto alla soluzione, la considero prematura, nel senso che nessuna altra prospettiva è lasciata al disegno di dare senso alla vita se non quella sostenuta da Nietzsche ne *L'Origine della tragedia*, e cioè la necessità di stendere un velo apollineo sul fascino dionisiaco del caos, se non si vuole morire per aver osato contemplare il nulla. Mi sembra legittimo, a questo livello della nostra meditazione, tenere in riserva altri possibili rapporti, tra la finzione e la realtà dell'agire e del patire umano, senza ridursi alla consolazione, intesa solo come menzogna vitale. Sia il trasfigurare che lo sfigurare, sia la trasformazione che la rivelazione, hanno il loro diritto che deve essere mantenuto.

Se quindi ci si limita a parlare del mito apocalittico solo in termini di finzione letteraria, occorre trovare al bisogno di configurare il racconto altre radici che non siano l'orrore per ciò che è informe. Ritengo, a mio avviso, che la ricerca di concordanza fa parte dei presupposti insuperabili del discorso e della comunicazione [43]. O il discorso coerente, o

[43] Iouri Lotman, *Struktura khudožestvenogo teksta*, Mosca 1970, tr. it., Mursia, Milano 1972. L'autore dà una soluzione propriamente strutturale al problema della perennità delle forme di concordanza. Disegnamo con lui la serie dei cerchi concentrici che si stringono progressivamente attorno all'ultimo, quello di 'soggetto', nel senso di intrigo, che ha a sua volta come centro la nozione di avvenimento. Partiamo dalla definizione la più generale possibile del *linguaggio*, concepito come « sistema di co-

la violenza, diceva Eric Weil nella *Logica della filosofia*. La pragmatica universale del discorso non dice altro: l'intelligibilità continuamente si precede e si auto-giustifica.

Detto questo, è sempre possibile rifiutare il discorso coerente. Anche questo l'abbiamo trovato in Eric Weil. Applicato alla sfera del racconto, tale rifiuto sta ad indicare la morte di qualsiasi paradigma narrativo, la morte del racconto.

È proprio tale possibilità che Walter Benjamin evocava con paura

municazione che utilizza dei segni collegati in modo particolare » (p. 35); otteniamo così la nozione di *testo*, inteso come sequenza di segni trasformati in un unico segno per mezzo di regole speciali; passiamo successivamente alla nozione di *arte*, in quanto « sistema modellizzante secondario », e di arte verbale o letteratura, come uno di questi sistemi secondari costruiti su quello delle lingue naturali. Lungo questa catena di definizioni, vediamo specificarsi gradualmente un principio di *delimitazione*, quindi di inclusione e di non-inclusione, inerente alla nozione di testo. Segnato da una frontiera, un testo è trasformato in una unità integrale di segnali. La nozione di *chiusura* non è lontana: essa viene introdotta con quella di *quadro*, comune alla pittura, al teatro (le luci della ribalta, il sipario), all'architettura e alla scultura. In un senso, il principio e la fine dell'intrigo non fanno che specificare la nozione di quadro in funzione di quella di testo: non c'è intrigo senza un *quadro*, cioè una « frontiera che separa il testo artistico dal non-testo » (p. 299). Considerato da un punto di vista più spaziale che temporale, il quadro fa dell'opera d'arte « uno spazio in un certo modo delimitato, che riproduce nella sua finitezza un oggetto infinito—un mondo esterno in rapporto all'opera » (p. 309). (Non dimenticheremo questa nozione di un *modello finito di un universo infinito* quando affronteremo la nozione di mondo del testo nel nostro quarto capitolo.) La nozione di *avvenimento* raffigura allora il centro di questo gioco di anelli (pp. 324ss.). La determinazione decisiva che fa dell'avvenimento un concetto preciso e, come per contraccolpo, specifica il 'soggetto' (l'intrigo) tra tutti i quadri temporali possibili è abbastanza inattesa e non ha neppure parallelo nella teoria letteraria. Lotman immagina, anzitutto, che cosa sarebbe un testo senza intrigo né avvenimento; sarebbe un sistema puramente classificatorio, un semplice inventario (per esempio di luoghi, come una carta geografica): in termini di cultura, sarebbe un sistema fisso di campi semantici (costruito palesemente secondo uno schema binario: ricco *vs* povero, nobile *vs* vile, ecc.) Quando, allora, vi è avvenimento? « L'avvenimento nel testo è lo spostamento del personaggio attraverso la frontiera del campo semantico » (p. 326). Occorre quindi avere una immagine fissa del mondo perché qualcuno possa trasgredirne le barriere e i divieti interni: l'avvenimento è questo superamento, questa trasgressione. In tal senso, « il testo a soggetto è costruito sulla base del testo senza soggetto in quanto negazione di quest'ultimo » (p. 332). Non siamo forse di fronte ad un mirabile commento della *peripeteia* aristotelica e della *discordanza* di Kermode? Ed è possibile concepire una cultura che non abbia né campo semantico determinato né superamento di frontiera?

nel suo famoso saggio, *Der Erzähler*[44]. Forse noi siamo al termine di un'epoca nella quale non v'è più spazio per raccontare poiché, diceva Benjamin, *gli uomini non hanno più alcuna esperienza da condividere*. E vedeva nel regno dell'informazione pubblicitaria il segno di tale arretramento senza ritorno del racconto.

Forse, in effetti, noi siamo i testimoni—e gli artefici—di una certa morte, quella dell'arte di raccontare, dalla quale deriva quella della narrazione in tutte le sue forme. Forse lo stesso romanzo è sul punto di morire in quanto narrazione. Niente, infatti, ci permette di escludere che l'esperienza cumulativa che, almeno nell'area culturale dell'Occidente, ha prodotto uno stile storico riconoscibile sia oggi colpita a morte. I paradigmi di cui si è parlato in precedenza sono, a loro volta, nient'altro che i depositi sedimentati della tradizione. Niente quindi esclude che la metamorfosi dell'intrigo s'imbatta da qualche parte in un limite al di là del quale non è più possibile riconoscere il principio formale di configurazione temporale che fa della storia raccontata una storia, una sola e completa. Nondimeno bisogna, *nonostante tutto*, dar credito alla domanda di concordanza che struttura ancor oggi l'attesa dei lettori e credere che nuove forme narrative, che non sappiamo ancora nominare, sono già sul punto di nascere e che attesteranno come la funzione narrativa possa subire una metamorfosi ma non morire[45]. E questo perché non sappiamo che cosa sarebbe una cultura nella quale non si sappia più che cosa significhi *raccontare*.

cultura ⇕ racconto → immaginare

[44] Walter Benjamin, *Der Erzähler, Betrachtungen zum Werk Nikolaj Lesskows* (1936), in *Illuminationen*. Ed. Suhrkamp, Frankfurt a.M. 1960, pp. 409-436; tr. it., in *Angelus Novus*, Einaudi, Torino 1962.

[45] Barbara Herrstein Smith e Frank Kermode si ricongiungono a questo punto: « *Poetry ends in many ways, but poetry, I think, has not yet ended* », scrive Herrstein (*op. cit.*, p. 271); « *The paradigms survive, somehow... The survival of paradigms is as much our business as their erosion* », scrive Kermode (*op. cit.*, p. 43).

Capitolo secondo
I CONDIZIONAMENTI SEMIOTICI DELLA NARRATIVITÀ

Il confronto tra l'*intelligenza* narrativa, frutto di una ininterrotta familiarità attraverso la storia con le modalità di costruzione dell'intrigo, e la *razionalità* rivendicata dalla semiotica narrativa è stato posto nell'introduzione di questo volume sotto il segno dell'*approfondimento*. Con tale termine indichiamo la ricerca delle strutture profonde di cui le configurazioni narrative concrete sarebbero la manifestazione sulla superficie del racconto.

È facile cogliere il perché di tale operazione. Le nostre precedenti analisi ci hanno posti dinanzi ai paradossi dello stile di tradizionalità della funzione narrativa. Se è possibile rivendicare per tali paradigmi un certo carattere di perennità, quest'ultimo è ben lontano dal carattere di intemporalità attribuito alle essenze: resta piuttosto sepolto nella storia delle forme, dei generi e dei tipi. L'evocazione finale di una eventuale morte dell'arte di raccontare ha anche svelato la precarietà che accompagna con la sua ombra questa perennità della funzione narrativa, comunque presente nelle migliaia di culture etniche che l'antropologia culturale ha individuato.

Ciò che motiva la ricerca semiotica, di fronte alla instabilità di ciò che permane, è essenzialmente l'ambizione di fondare la perennità della funzione narrativa su regole del gioco sottratte alla storia. Ai suoi occhi, la precedente ricerca deve apparire segnata da uno storicismo impenitente. Se, grazie al suo stile di tradizionalità, la funzione narrativa può rivendicare il carattere di perennità, occorre fondare tale carattere su condizionamenti acronici. In una parola bisogna abbandonare la storia per la struttura.

In che modo? Mediante una rivoluzione metodologica analoga a quella che, nell'epistemologia della storiografia, ha tentato di sovrapporre una razionalità di tipo logico alla comprensione presente nella produzione stessa dei racconti. Questa rivoluzione metodologica può essere caratterizzata grazie a tre elementi principali.

Si tratta anzitutto di avvicinarsi il più possibile ad una procedura deduttiva sulla base di modelli costruiti in modo assiomatico. Tale scelta trova la propria giustificazione nel fatto che ci troviamo di fronte ad una varietà quasi innumerevole di espressioni narrative (orali, scritte, grafiche, gestuali) e di classi narrative (mito, folclore, fiaba, romanzo, epopea, tragedia, dramma, film, fumetto, per non parlare della storia, della pittura e della conversazione). Questa situazione rende impraticabile qualsiasi approccio induttivo. Resta soltanto la via deduttiva, cioè la costruzione di un modello ipotetico di descrizione, dal quale potrebbero essere derivate talune sotto-classi fondamentali [1].

Ora, in quale altra disciplina concernente i fatti di linguaggio questo ideale di razionalità è meglio soddisfatto se non in linguistica? La seconda caratteristica della semiotica narrativa sarà quindi quella di costruire i propri modelli a partire dalla linguistica. Tale formulazione abbastanza ampia permette di comprendere tentativi assai diversi; tra questi i più radicali s'impegnano a derivare, a partire dalle strutture linguistiche inferiori rispetto alla frase, i valori strutturali delle unità più lunghe rispetto alla frase. Quel che la linguistica, a questo punto, propone si può riassumere così: è sempre possibile ricavare, entro un linguaggio dato, il codice del messaggio, o, per parlare come de Saussure, isolare la *langue* dalla *parole*. È il codice, la *langue* che sono sistematici. Dire che la *langue* è sistematica, vuol dire inoltre ammettere che il suo aspetto sincronico, cioè simultaneo, può essere isolato dal suo aspetto diacronico, vale a dire successivo e storico. Quanto all'organizzazione sistematica, essa può, a sua volta, essere dominata, se è possibile ridurla ad un numero finito di unità differenziali di base, i segni del sistema, e fissare l'insieme combinatorio delle regole che producono tutte le sue relazioni interne. Entro tali condizioni una struttura può essere definita come un insieme chiuso di relazioni interne entro un numero finito di unità. L'immanenza delle relazioni, vale a dire l'indifferenza del sistema rispet-

[1] Roland Barthes, « Introduction à l'analyse structurale des récits », *Communications*, 8, 1966; ripreso in *Poétique du récit*, Ed. du Seuil, Paris 1977. È questa edizione che viene citata qui.

to alla realtà extra-linguistica, è un corollario importante della regola di chiusura che caratterizza una struttura.

Come è noto, questi principi strutturali sono stati applicati con grandissimo successo, anzitutto alla fonologia, poi alla semantica lessicale e alle regole sintattiche. L'analisi strutturale del racconto può essere considerata come uno dei tentativi per estendere o trasporre questo modello a entità linguistiche al di sopra del livello della frase, dato che per il linguista la frase è l'entità ultima. Ora ciò che noi troviamo al di là della frase è il *discorso* nel senso preciso del termine, vale a dire una serie di frasi che presentano a loro volta regole proprie di composizione (per molto tempo una delle funzioni della retorica classica è stata quella di farsi carico di questo aspetto ordinato del discorso). E, come abbiamo appena detto, il racconto è una delle classi più ampie di discorso, cioè di sequenze di frasi sottoposte ad un certo ordine.

Ora, l'estensione dei principi strutturali della linguistica può significare diversi tipi di derivazioni, che vanno dall'analogia vaga alla rigida omologia. Tale seconda possibilità è fortemente difesa da Roland Barthes al tempo della sua *Introduzione alla analisi strutturale dei racconti*: « Il racconto è una grande frase, come tutte le frasi constative è, in un certo modo, l'abbozzo di un piccolo racconto » (p. 12). Portando a fondo il suo pensiero Roland Barthes dichiara: « L'omologia che viene qui suggerita non ha soltanto valore euristico: essa implica una identità tra il linguaggio e la letteratura » (*ibid.*).

Un terzo carattere generale, le cui implicazioni sono immense nel caso del racconto, è il seguente: tra le proprietà strutturali di un sistema linguistico, la più importante è il suo carattere organico. Vogliamo cioè intendere la priorità del tutto sulle parti e la gerarchia di livelli che ne risulta. Bisogna notare, a tale proposito, che gli strutturalisti francesi hanno attribuito una maggiore importanza a tale capacità integrativa dei sistemi linguistici rispetto ai sostenitori di modelli puramente distribuzionalisti dello strutturalismo americano. « Prescindendo dal numero di livelli che si propone e prescindendo dalla definizione che se ne dà, non v'è dubbio che il racconto sia una gerarchia di istanze » [2].

[2] Roland Barthes, « Les niveaux de sens », *Poétique du récit*, p. 14. A proposito dell'omologia presunta tra linguaggio e letteratura, Todorov cita la frase di Valéry: « La letteratura è, e non può essere altro che una sorta di estensione e di applicazione di certe proprietà del linguaggio » (« Langage et Littérature », in *Poétique de la prose*, Ed. du Seuil, Paris 1971, p. 32.) A tale proposito, i procedimenti del-

Questa terza caratteristica è di gran lunga la più importante: essa corrisponde esattamente a ciò che abbiamo descritto a livello dell'intelligenza narrativa come operazione configurante. È questo elemento che la semiotica s'impegna a ricostruire mediante le risorse gerarchiche e integrative di un modello logico. Che si distingua con Todorov il livello della *storia*, che comporta a sua volta due livelli di integrazione, quello delle azioni con la sua logica e quello dei personaggi con la sua sintassi, e quello del *discorso*, che comprende i tempi, gli aspetti e i modi del racconto [3],—oppure con Roland Barthes il livello delle *funzioni*, vale a dire dei segmenti di azione, formalizzati nel senso di Propp e di Bremond [4], poi quello delle *azioni* e degli *attanti* (come vuole Greimas) e infine, ancora con Todorov, quello della *narrazione*, dove il racconto è la posta in gioco di uno scambio tra un donatore e un ricettore del racconto, ciò che in ogni caso è dato per sicuro è che il racconto presenta, così come nel caso della lingua, la medesima combinazione tra due processi fondamentali: articolazione e integrazione, forma e senso [5].

Nelle pagine che seguono ci impegneremo ad esplorare essenzialmente questa convergenza tra articolazione e integrazione, sulla base della rivoluzione metodologica che ha come esito l'eliminazione della storia a vantaggio della struttura. Filo conduttore della nostra ricerca sarà il cammino progressivo compiuto dalla semiotica nella ricostruzione del

lo stile (tra gli altri le figure retoriche) e i procedimenti di organizzazione del racconto, il ruolo cardine delle nozioni di senso e di interpretazione, costituiscono altrettante manifestazioni delle categorie linguistiche nel racconto letterario (*ibid.*, pp. 32-41). L'omologia si precisa quando si tenta di applicare al racconto le categorie grammaticali del nome proprio, del verbo e dell'aggettivo, per descrivere l'agente-soggetto e l'azione-predicato, così come gli stati di equilibrio o di squilibrio. Una grammatica del racconto è quindi possibile. Ma non si dimenticherà che queste categorie grammaticali sono meglio comprese se si conosce la loro manifestazione nel racconto. Cfr. Todorov, « La grammaire du récit », in *Poétique de la prose*, *op. cit.*, pp. 118-128. Vorrei notare che la grammatica del racconto segna la sua originalità in rapporto a quella della lingua quando si passa dalla proposizione (o frase) all'unità sintattica superiore (o sequenza) (*ibid.*, p. 126). È a questo livello che la grammatica del racconto potrebbe mettersi sullo stesso piano dell'operazione di costruzione dell'intrigo.

3 « Les catégories du récit littéraire », *Poétique de la prose*, *op. cit.*, pp. 131-157. Questa distinzione m'è sembrata meglio collocata nel capitolo successivo.

4 Cfr., più avanti, il paragrafo *Per una logica del racconto.*

5 Roland Barthes ritrova qui la distinzione di Benveniste tra la *forma* che produce delle unità per segmentazione e il *senso* che raccoglie queste unità entro unità di livello superiore.

carattere ad un tempo articolato e integrato della costruzione dell'intrigo, ad un livello di razionalità nel quale il rapporto tra forma e senso è disgiunto da qualsiasi referenza alla tradizione narrativa. La sostituzione di condizionamenti 'acronici' allo stile di tradizionalità della funzione narrativa sarà la pietra di paragone di tale ricostruzione. La semiotica narrativa avrà tanto meglio soddisfatto queste tre caratteristiche principali quanto più sarà riuscita, secondo l'espressione di Roland Barthes, a *decronologizzare* e *rilogificare* il racconto. Essa lo farà subordinando ogni aspetto sintagmatico, quindi temporale, del racconto ad un aspetto paradigmatico, quindi acronico, corrispondente[6].

Per comprendere la posta in gioco del dibattito aperto da tale estensione della linguistica alla semiotica narrativa, bisogna cogliere nella sua portata la rivoluzione che costituisce il mutamento strategico di piano operato da tale rivoluzione. Non si sottolineerà mai abbastanza la trasformazione dello stesso oggetto di studio che l'analisi strutturale implica, allorquando essa viene trasferita dalla fonologia o dalla semantica lessicale a racconti quali il mito, la favola, il racconto eroico. Nella sua applicazione a unità inferiori alla frase—dal fonema al monema e al lessema—l'analisi strutturale non si occupa di oggetti già integrati entro dispositivi di una elaborazione simbolizzante. Essa non entra quindi in concorrenza con nessun'altra pratica per la quale l'oggetto di studio fi-

[6] Questa richiesta viene soddisfatta fino alle sue ultime conseguenze da Claude Lévi-Strauss nelle sue *Mythologiques*. I lettori dell'*Anthropologie structurale* non hanno dimenticato il saggio sulla « struttura dei miti » e l'analisi strutturale del mito di Edipo che lì viene proposta (« The Structural Study of Myth », *Journal of American Folklore*, vol. LXVIII, n. 270, X-XII, pp. 418-444; ripubblicato nella raccolta *Myth. A symposium*, Bloomington, 1958, pp. 50-66; versione francese (con alcune aggiunte) con il titolo « La struttura dei miti », in *Anthropologie structurale*, Plon, Parigi 1958, pp. 227-255; tr. it., Milano 1966. Cfr. anche, dello stesso autore, *La Geste d'Asdiwal*, EPHE, Paris, pp. 2-43). Come si sa, il dispiegamento aneddotico del mito vi è abolito a vantaggio di una legge combinatoria che non congiunge insieme delle frasi temporali, ma quelli che l'autore chiama dei pacchetti di relazione, come la sopravvalutazione delle relazioni di sangue in opposizione alla loro sottovalutazione, la relazione di dipendenza dalla terra (autoctonia) in opposizione allo svincolarsi dalla terra. La legge strutturale del mito sarà la matrice logica della soluzione data a queste contraddizioni. Ci asteniamo qui dall'entrare nell'ambito della mitologia e facciamo cominciare il racconto di finzione con l'epopea, prescindendo dalla filiazione e dalla dipendenza dell'epopea nei confronti del mito. Ci comporteremo nello stesso modo quando toccheremo, nella quarta parte, in particolare in occasione del problema del calendario, il problema dei rapporti tra tempo storico e tempo mitico.

gurerebbe già come un oggetto culturale distinto [7]. Il racconto di finzione, per contro, è già stato, in quanto racconto, oggetto di una pratica e di una comprensione ben prima dell'entrata in scena della semiotica. A tale proposito, la situazione è, in questo caso, analoga a quella della storia, dove la ricerca per conquistare uno statuto scientifico è stata preceduta dalla leggenda e dalla cronaca. Ecco perché si impone il confronto tra il significato che la razionalità semiotica può assumere in rapporto all'intelligenza narrativa e la sorte assegnata al modello nomologico in storiografia come abbiamo visto nella nostra seconda parte. La posta in gioco della discussione, nell'ambito della narratologia, riguarda, in effetti, in maniera analoga il grado di autonomia che si deve accordare al processo di logicizzazione e di decronologizzazione in rapporto alla intelligenza dell'intrigo e al tempo dell'intrigo.

Per ciò che concerne la *logicizzazione*, il problema è quello di sapere se una soluzione analoga a quella che è stata proposta per la storiografia valga anche per la narratologia. La nostra tesi, come abbiamo detto, era la seguente: la spiegazione nomologica non poteva sostituirsi alla comprensione narrativa, ma solo essere interpolata, in virtù dell'adagio: spiegare di più vuol dire comprendere meglio. E se la spiegazione nomologica non poteva sostituirsi alla comprensione narrativa, la ragione, dicevamo, sta nel fatto che la prima prende a prestito dalla seconda quei tratti che preservano il carattere irriducibilmente storico della storia. Bisognerà dire, anche a questo proposito, che la semiotica, di cui non è affatto in questione il diritto d'esistere, conserva il suo attributo narrativo solo nella misura in cui lo prende a prestito dalla intelligenza previa del racconto di cui abbiamo visto la forza nel capitolo precedente.

Quanto alla *decronologizzazione*, che è semplicemente il rovescio della logicizzazione [8], essa rimette fondamentalmente in questione il rap-

[7] Monique Schneider, dalla quale prendo a prestito questa importante notazione (« Le temps du conte », in *La Narrativité*. Ed. du CNRS, Paris 1979, pp. 85-87), insiste sulla trasformazione in un oggetto pienamente intelligibile del carattere 'meraviglioso' che la favola deve alla sua inserzione in una pratica iniziatica anteriore, e si propone di « ridestare le capacità che permettono alla favola di resistere alla cattura logica » (*ibid.*). Personalmente non farei tanto affidamento su queste capacità connesse col carattere 'meraviglioso' della favola, quanto piuttosto sulle risorse di intelligibilità che essa possiede già in quanto creazione culturale anteriore.

[8] Nel periodo in cui scrive l'*Introduction à l'analyse structurale des récits*, Roland Barthes dichiarava che « l'analisi attuale tende a 'decronologizzare' il conte-

M1

porto tra tempo e finzione. Non si tratta più soltanto, come nel capitolo precedente, della storicità della funzione narrativa (è quello che abbiamo chiamato il suo stile di tradizionalità), bensì del carattere diacronico della stessa storia raccontata, nel suo rapporto con la dimensione sincronica, o piuttosto *acronica*, delle strutture profonde della narratività. A tale proposito il mutamento di vocabolario concernente il tempo narrativo non è affatto innocente: parlare di sincronia e di diacronia [9] vuol già dire collocarsi nel solco della nuova razionalità che domina l'intelligenza narrativa, la quale s'adattava perfettamente alla caratterizzazione aristotelica così come a quella agostiniana del tempo, inteso come concordanza discordante. Il problema posto dalla logicizzazione ritorna, tale e quale, a proposito della decronologizzazione: la diacronia del racconto si lascia forse reinterpretare solo con gli strumenti della grammatica delle strutture profonde come vorrebbe la semiotica? Oppure essa mantiene con la struttura temporale del racconto descritta nella nostra prima parte il medesimo rapporto di autonomia dichiarata e di dipendenza non detta, analogo a quello che abbiamo cercato di stabilire tra la spiegazione e la comprensione a livello della storiografia?

1. *La morfologia della favola secondo Propp* [10]

Due ragioni mi hanno portato ad aprire la discussione sulla logiciz-

nuto narrativo e a 'rilogificarlo', a sottoporlo a ciò che Mallarmé chiamava, a proposito della lingua francese, « *le folgori primitive della logica* » (p. 27). E aggiungeva, circa il tempo: « Il compito è quello di arrivare a dare una descrizione strutturale dell'illusione cronologica; è la logica narrativa che deve dare conto del tempo narrativo » (*ibid.*). Per il Barthes de l'*Introduction...* è nella misura stessa in cui la razionalità analitica si sostituisce all'intelligibilità narrativa che il tempo narrativo si risolve in « illusione cronologica ». A ben vedere, la discussione di questo asserto ci porta fuori dall'àmbito di *mimesis* II: « Il tempo in effetti non appartiene al discorso propriamente detto, bensì al referente; il racconto e la lingua conoscono solo un tempo semiologico; il 'vero' tempo è una illusione referenziale, 'realista', come fa ben vedere il commento di Propp, ed è a questo titolo che la descrizione strutturale deve occuparsene » (*ibid.*, p. 27). Discuteremo la presunta illusione referenziale nella quarta parte. Tutto quello che diremo in questo capitolo riguarda quanto lo stesso Roland Barthes indica come *tempo semiologico*.

[9] Si ricordi la reticenza da parte dello storico, evocata da Le Goff, nell'adottare il vocabolario della sincronia e della diacronia; cfr., t. I, p. 323.

[10] V.J. Propp, *Morfologija skazki*, coll. « Voprosy poetiki », n. 12, Gosudarstvennyi institut istorii iskusstva, Leningrad 1928; tr. it., Einaudi, Torino 1949. L'ope-

zazione e la decronologizzazione delle strutture narrative mediante uno studio critico della *Morfologia della favola* di Propp. Da un lato, è a partire da una morfologia, cioè da una « descrizione delle favole secondo le parti componenti e le loro relazioni reciproche e col tutto » (p. 25) che l'impresa di logicizzazione viene lanciata dal maestro del formalismo russo. Ora, tale morfologia si rifà apertamente a Linneo [11], cioè ad una concezione tassonomica della struttura, e inoltre, anche se in modo più discreto, a Goethe, cioè ad una concezione organica della struttura [12]. È già possibile, a partire di qui, chiedersi se la resistenza del punto di vista organico rispetto al punto di vista tassonomico non rappresenti forse, entro la morfologia, una presa di posizione a favore di un principio di configurazione irriducibile al formalismo. D'altro lato, la concezione lineare dell'organizzazione della favola proposta da Propp lascia il proprio tentativo a metà strada rispetto ad una completa decronologizzazione della struttura narrativa. Ci si può quindi chiedere se le ragioni che hanno impedito di cancellare la dimensione cronologica della favola non finiscano per coincidere con quelle che hanno impedito l'assorbimento del punto di vista organico in quello tassonomico e quindi hanno impedito alla morfologia di soddisfare ad una esigenza più radicale di logicizzazione.

La morfologia di Propp ha come sua caratteristica essenziale il primato riconosciuto alle *funzioni* rispetto ai personaggi. Per funzione, l'autore intende dei segmenti d'azione, più esattamente degli estratti d'azione, del tipo: distanziamento, interdizione, trasgressione, interrogazione, informazione, inganno, complicità, e ci limitiamo qui alle sette funzioni

ra di Propp che prendiamo qui come punto di partenza per il nostro percorso costituisce di fatto uno dei punti culminanti di quella corrente di studi letterari nota con il nome di formalismo russo (1915-1930). Tzvetan Todorov riassume le principali acquisizioni metodologiche dovute ai formalisti russi e le compara a quelle della linguistica degli anni Sessanta in « L'heritage méthodologique du formalisme », in *Poétique de la prose*, *op. cit.*, pp. 9-29. Notiamo le nozioni di letteralità, di sistema immanente, di livello di organizzazione, di tratto (o segno) distintivo, di motivo e di funzione, di classificazione tipologica. E soprattutto la nozione di trasformazione, che riprenderemo più avanti.

11 L'ambizione di Propp di diventare il Linneo delle favole di magia è chiaramente indicata (p. 21). L'obiettivo dei due studiosi è in effetti identico: scoprire la stupefacente unità nascosta sotto il labirinto delle apparenze (*Prefazione*). Anche il mezzo è il medesimo: subordinare l'approccio storico a quello strutturale (p. 125), i 'motivi', cioè i contenuti tematici, ai tratti formali (p. 13).

12 Goethe offre non meno di cinque eserghi nel corso del libro.

di partenza; tali funzioni ritornano identiche in tutte le favole con innumerevoli rivestimenti concreti, e possono essere definite indipendentemente dai personaggi che compiono tali azioni.

La prima delle quattro tesi fondamentali enunciate all'inizio dell'opera definisce in modo esattissimo questo primato che la funzione ha all'interno della morfologia: « Gli elementi costanti, stabili della favola sono le funzioni dei personaggi, indipendentemente dall'identità dell'esecutore e dal modo di esecuzione. Esse formano le parti componenti fondamentali della favola » (p. 27). Ora, nel commento che segue tale definizione, vediamo spuntare quella sorta di rivalità che ho già annunciato tra punto di vista organico e punto di vista tassonomico: « per funzione intendiamo l'operato di un personaggio determinato dal punto di vista del suo significato per lo svolgimento dell'intrigo » (p. 27). Tale referenza all'intrigo come unità teleologica corregge in anticipo la concezione puramente additiva delle relazioni tra le funzioni all'interno della favola.

Eppure è proprio questa concezione additiva che progressivamente si impone nelle tesi seguenti. Anzitutto nella seconda: « Il numero delle funzioni che compaiono nella favola di magia è limitato » (p. 27). Ci troviamo a questo punto di fronte ad un postulato comune a tutti i formalisti: innumerevoli i modi di manifestazione, mentre i componenti di base sono in numero finito. Lasciamo per il momento il problema dei personaggi, che vedremo più avanti essere in numero assai limitato (Propp li riduce a sette). Propp applica alle funzioni questo principio di enumerazione finita. Solo un elevato grado di astrazione nella definizione delle funzioni permette di ridurne il numero a qualche diecina, esattamente trentuno [13]. A questo punto il nostro problema iniziale si ripresenta sotto nuova forma: qual è il principio della chiusura della serie? Ha a che fare con ciò che abbiamo appena denominato intrigo, oppure con qualche altro fattore di integrazione di tipo seriale?

La terza tesi risolve il problema scegliendo la seconda interpretazione: « La successione delle funzioni è sempre *identica* » (p. 28). L'identità della successione produce quella della favola. È vero che questa tesi indica il posto irriducibile che la cronologia ha nel modello di Propp e che sarà proprio questo aspetto del modello a dividere i suoi successori: gli uni, più vicini a Propp, manterranno nel loro modello un fattore cro-

[13] Questo numero è perfettamente confrontabile con quello dei fonemi in un sistema fonologico.

nologico; gli altri, seguendo piuttosto l'esempio di Lévi-Strauss, cercheranno di ridurre questo fattore ad una combinatoria soggiacente, per quanto possibile sprovvista di caratteristiche temporali. Ma se, in forza della terza tesi, il modello di Propp resta, come abbiamo detto, a metà strada sulla via della decronologizzazione e della rilogicizzazione del racconto, bisogna immediatamente sottolineare che la temporalità conservata al livello stesso del modello resta precisamente una cronologia, nel senso di una successione regolare. Propp non si chiede mai in quale tempo le sue funzioni si succedano; si interessa soltanto dell'assenza di arbitrarietà nella successione. Ecco perché l'assioma della successione è al tempo stesso considerato un assioma di ordine. Una successione identica basta a fondare l'identità della favola.

La quarta tesi completa la terza, affermando che tutte le favole russe, allineando le medesime funzioni, costituiscono un unico e medesimo racconto: « Tutte le funzioni della favola di magia si disporranno in un solo racconto » (p. 29). Per conseguenza, « tutte le favole di magia hanno struttura monotipica » (p. 29). In tale senso tutte le favole russe del *corpus* non sono altro che le varianti di un'unica favola, che è a sua volta una entità singola fatta della successione delle funzioni che, a loro volta, sono essenzialmente generiche. La serie delle trentuno funzioni merita d'essere chiamata la protoforma *della* favola di magia, mentre tutte le favole note non sono altro che delle varianti. Quest'ultima tesi autorizzerà i successori di Propp a contrapporre struttura e forma. La forma è quella dell'unica favola soggiacente a tutte le sue varianti; la struttura sarà un sistema combinatorio molto più indipendente nei confronti degli intrighi, rispetto alla configurazione culturale propria della favola russa [14].

Le quattro tesi di Propp sollevano, ciascuna a modo proprio, il problema del permanere del pensiero organico ereditato da Goethe nel discorso tassonomico ripreso da Linneo; il medesimo problema ritorna, sia che si tratti del rapporto circolare tra la definizione della nozione di

[14] Questa limitazione del campo delle ricerche spiega l'estrema prudenza di Propp nei riguardi di qualsiasi estrapolazione dall'ambito della favola russa. E anche all'interno di questo ambito la libertà di creazione è strettamente misurata dal vincolo rappresentato dalla successione delle funzioni nella serie unilineare. Il narratore è libero soltanto di omettere delle funzioni, di scegliere una certa specie all'interno del genere di azioni definito dalla funzione, di dare questo o quell'attributo ai suoi personaggi, infine di scegliere nel tesoro della lingua i suoi mezzi espressivi.

funzione e lo svolgimento dell'intrigo (prima tesi), del principio di chiusura nell'enumerazione delle funzioni (seconda tesi), del tipo di necessità che comanda la loro connessione (terza tesi), infine dello statuto della protoforma, ad un tempo singolare e tipica, alla quale si riduce la catena unica delle trentuno funzioni (quarta tesi).

La dimostrazione minuziosa che segue l'enunciato delle tesi lascia chiaramente apparire questo conflitto latente tra una concezione più *teleologica* dell'ordine delle funzioni e una più *meccanica* della loro connessione.

È anzitutto sorprendente il fatto che « l'esposizione di una situazione iniziale » (p. 31) non sia considerata una funzione, e « rappresenta tuttavia un importante elemento morfologico » (p. 31). E quale? Appunto quello di aprire il racconto. Ora, tale apertura, che corrisponde a quello che Aristotele chiamava 'inizio', si definisce solo teleologicamente, in rapporto all'intrigo considerato come un tutto. Ecco perché Propp non la conta nella sua enumerazione delle funzioni che dipendono da un rigido principio di segmentazione lineare.

Si può inoltre osservare che le prime sette funzioni sopra elencate sono, ad un tempo, identificate separatamente e definite come costituenti un sotto-insieme, « la parte preparatoria della favola » (p. 37); prese insieme, in effetti, queste funzioni introducono il danneggiamento o il suo corrispettivo, la mancanza. Ora questa nuova funzione non è una funzione qualsiasi: « è con essa che ha inizio l'azione narrativa vera e propria » (p. 37). Tale funzione corrisponde in modo assai preciso a quello che Aristotele chiama il nodo (*desis*) dell'intrigo, che domanda il suo svolgimento (*lusis*). In relazione a tale nodo, « le prime sette funzioni possono essere considerate la parte preparatoria della favola, mentre col danneggiamento si apre l'esordio » (p. 37). A questo titolo il danneggiamento (o la mancanza) costituisce il cardine dell'intrigo considerato come un tutto. Il numero considerevole delle varietà del danneggiamento (Propp ne conta diciannove!) fa pensare che il suo alto grado di astrazione dipenda meno dalla sua estensione generica, più vasta di quella delle altre funzioni, che dalla sua posizione chiave nella svolta dell'intrigo. A tale proposito è notevole che Propp non proponga un termine generico per designare il danneggiamento e la mancanza. Quel che danneggiamento e mancanza hanno in comune è la capacità di dar luogo ad una ricerca. Nei confronti della ricerca, danneggiamento e mancanza hanno la medesima funzione: « Nel primo caso la mancanza è provocata dall'esterno, nel secondo è avvertita dall'interno (...). Questa mancanza può essere paragonata allo zero che in una serie di cifre rappresenta una grandezza determinata » (p. 41). (Immediato e obbligato è il riferimento alla casella vuota secondo Lévi-Strauss nella famosa « Introduzione all'opera di Marcel Mauss »). In effetti, il danneggiamento (o la mancanza) è a suo modo un inizio, un avvio, della ricerca appunto. Ora, a ben vedere, la ricerca non è nessuna delle funzioni in particolare, ma fornisce alla favola quello che abbiamo in precedenza indicato come il suo 'movimento'. La nozione di ricerca ormai non ci abbandonerà più: Propp arriva fino al punto di estendere al sotto-insieme VIII-XI (dall'entrata in scena dell'eroe alla sua partenza) il potere, in precedenza attribuito al danneggiamento, di annodare l'azione: « Questi elementi, nota, rappresentano il nodo dell'intrigo; l'azione si sviluppa successivamente » (p. 46). Tale notazione esprime bene l'affinità tra nodo e ricerca nella connessione delle funzioni. Il sotto-insieme successivo (XI-XIV), dalla prova dell'eroe alla ricezione dell'oggetto magico, drammatizza il pervenire in possesso da parte dell'eroe dell'oggetto in grado di rovesciare il torto subìto; la prima ha valore di preparazione e l'ultima di compimento e molteplici sono le combinazioni per far sì che corrispondano reciprocamente come si vede nella tavola di pag. 52, che annuncia i tentativi di combinatoria del primo modello di Greimas.

Le funzioni che seguono—dal viaggio alla vittoria sull'aggressore (XV-XVIII)—formano, a loro volta, un sotto-insieme per il fatto che conducono alla rimozione (XIX). Propp dice di quest'ultima funzione che « forma coppia col danneggiamento (o la mancanza) dal momento in cui si annoda l'intrigo. È a questo punto che la narrazione raggiunge l'acme » (p. 58). Ecco perché anche il ritorno (XX) dell'eroe non è notato mediante una lettera ma mediante una freccia rovesciata (↓) che corrisponde alla partenza designata con ↑. È difficile dire meglio la prevalenza del principio di unità teleologica rispetto a quello di segmentazione e di semplice successione tra funzioni. Analogamente le successive funzioni (XX-XXVI) non fanno altro che ritardare lo svolgimento mediante nuovi pericoli, nuovi scontri, nuovi aiuti, segnati dall'intervento di un falso eroe e il sottoporsi dell'eroe ad un compito difficile. Tali figure ripetono misfatto, nodo e svolgimento. Quanto alle ultime funzioni, dal segno di riconoscimento dell'eroe (XXVII) alla punizione del falso eroe (XXX), formano un ultimo sotto-insieme che svolge il ruolo di conclusione nei confronti dell'intrigo considerato come un tutto e in rapporto al nodo dell'intrigo: « così termina la narrazione » (p. 69). Ma quale necessità obbliga a concludere così? È strano che Propp parli a questo proposito di « necessità logica e estetica » (p. 69) per caratterizare la concatenazione della serie. È grazie a questa duplice necessità che lo 'schema' costituito da una serie unilineare di trentuno funzioni giocherà il ruolo di « unità di misura » nei confronti delle favole considerate individualmente [15]. Ma che cosa conferisce alla serie una tale unità?

Una parte della risposta sta nel ruolo svolto dai personaggi nella sintesi dell'azione. Per questi ultimi, Propp distingue sette classi: l'antagonista, il donatore (o procacciatore), l'aiutante, il personaggio ricercato, il mandante, l'eroe, il falso eroe. Si ricordi che Propp ha cominciato col dissociare i personaggi dalle funzioni, in modo da definire la favola solo attraverso la connessione delle funzioni. Eppure nessuna funzione può essere definita senza la sua attribuzione ad un personaggio. La ragione sta nel fatto che i sostantivi che definiscono la funzione (divieto, danneggiamento, ecc.) rimandano sempre a verbi di azione che esigono sempre un agente [16]. Inoltre, il modo in cui, nel cuore del racconto, i personaggi si rapportano alle funzioni, va in senso contrario rispetto alla segmentazione che ha guidato la distinzione delle dette funzioni; i personaggi si rapportano a certi raggruppamenti che costituiscono per ciascuno la sua sfera d'azione. Il concetto di *sfera d'azione* introduce conseguentemente un nuovo principio sintetico nella distribuzione delle funzioni: « Molte funzioni si riuniscono logicamente in sfere determinate, che nel complesso corrispondono agli esecutori e rappresentano quindi sfere di azione » (p. 85)... « Il problema della distribuzione delle funzio-

15 Se lo schema può servire da unità di misura per i racconti particolari, ciò dipende dal fatto che la favola di magia non pone alcun problema di devianza analogo a quello che pone il romanzo moderno. Per usare il vocabolario del capitolo precedente relativo alla tradizionalità: nel racconto popolare, paradigma e opera singola tendono a sovrapporsi. È senza dubbio grazie a questa sovrapposizione che la favola di magia offre un terreno tanto fertile per lo studio dei vincoli narrativi, il problema delle 'deformazioni regolate' viene infatti a ridursi all'omissione di talune funzioni oppure alla specificazione di aspetti generici grazie ai quali si definisce una funzione.

16 Di fatto Propp pone in capo alla definizione di ogni funzione una proposizione narrativa che mette in scena almeno un personaggio. Questa notazione, come si vedrà, porterà Claude Bremond alla sua definizione del 'ruolo' come congiunzione di un attante e di una azione. Ma Propp già aveva dovuto scrivere all'inizio della sua opera: « Per funzione, intendiamo l'azione di un personaggio definito dal punto di vista del suo significato nello svolgimento dell'intrigo » (p. 31).

ni può essere risolto sul piano della ripartizione fra i personaggi delle sfere di azione » (p. 86). A questo punto si danno tre possibilità: o la sfera d'azione corrisponde esattamente al personaggio (il donatore invia l'eroe); oppure un solo personaggio abbraccia più sfere di azione (tre per l'antagonista, cinque per l'aiutante, sei per la persona ricercata, quattro per l'eroe, tre per il falso eroe); oppure una sola sfera di azione è ripartita fra più personaggi (così la partenza in vista della ricerca mette in gioco sia l'eroe che il falso eroe).

Sono così i personaggi che mediano la ricerca; che l'eroe soffra dell'azione dell'antagonista nel momento in cui si stringe l'intrigo o si metta a riparare il danneggiamento o a colmare la mancanza, o il donatore per parte sua fornisca all'eroe il mezzo per riparare il torto, in tutti questi casi sono i personaggi che presiedono all'unità del sotto-insieme di funzioni che permettono all'azione d'annodarsi e alla ricerca di svilupparsi. Possiamo chiederci, a tale proposito, se ogni costruzione d'intrigo non derivi da una genesi reciproca tra lo sviluppo di un personaggio e quello di una storia raccontata [17]. Ecco perché non ci si deve meravigliare che Propp indichi ancora altri elementi di congiunzione accanto alle funzioni e ai personaggi: le motivazioni, le forme di apparizione dei personaggi con i loro elementi attributivi o accessori: « queste cinque categorie di elementi determinano non solo la struttura della favola, ma tutta la favola nel suo complesso » (p. 103). Ora, non è forse proprio funzione della costruzione dell'intrigo, a partire dalla definizione del *muthos* data da Aristotele, quella di congiungere elementi tanto diversi in quella che abbiamo chiamato una sintesi dell'eterogeneo, e per la quale la storiografia ci ha fornito esemplificazioni più complesse?

Le considerazioni finali di Propp applicate alla « favola come unità » (pp. 98ss.) confermano la concorrenza che abbiamo rilevato nel corso dell'intera opera tra le due concezioni dell'ordine che abbiamo posto sotto l'egida, rispettivamente, di Goethe e Linneo. La favola è ad un tempo una serie (Propp dice anche schema) e una sequenza (o movimento). Una serie: « La favola di magia è un racconto costruito secondo la successione regolare delle funzioni citate nelle loro differenti forme, con l'assenza di alcune di esse in un certo racconto e ripetizione di

[17] Cfr. la dimostrazione di Frank Kermode, in *The Genesis of Secrecy, On the Interpretation of Narrative*, *op. cit.*, pp. 75-99: da un Vangelo all'altro, si vede il personaggio di Pietro e quello di Giuda precisarsi nella misura in cui si amplificano le sequenze che li riguardano nei racconti successivi della Passione.

certe altre in un altro racconto » (p. 87). Una sequenza (o movimento): « Da un punto di vista morfologico possiamo definire favola di magia qualsiasi sviluppo da un danneggiamento (X) o da una mancanza (X) attraverso funzioni intermedie fino a un matrimonio (N) o ad altre funzioni impiegate a mo' di scioglimento. Questo sviluppo è stato da noi chiamato *movimento*; ogni nuovo danneggiamento, ogni nuova mancanza, dà origine a un nuovo movimento. Ogni favola può constare di più movimenti e nell'analizzare il testo bisogna anzitutto stabilirne il numero [18] » (p. 98). A mio avviso, tale unità di conto—*xod*—che genera una nuova combinatoria [19] non deriva dalla segmentazione in funzioni ma la precede: essa rappresenta la guida teleologica nella distribuzione delle funzioni lungo tutta la catena e regge i sotto-insiemi del tipo: fase preparatoria, nodo dell'intrigo, ritardo, svolgimento. Riferiti a quest'ultimo impulso, i segmenti discontinui della serie svolgono la funzione del rovesciamento, del colpo di scena e del riconoscimento nel *muthos* tragico. In una parola, costituiscono la parte centrale dell'intrigo. E il tempo narrativo non è più la semplice successione di segmenti esterni l'uno all'altro, bensì la durata tesa tra un inizio e una fine.

Non ricavo da questa rassegna critica che la proto-favola di Propp coincida con quello che, fin dall'inizio, chiamiamo un intrigo. La proto-favola ricostruita da Propp non è una favola; come tale non è raccontata da nessuno a nessuno. È un prodotto della razionalità analitica: la frammentazione in funzioni, la definizione generica delle funzioni e la loro collocazione lungo un unico asse di successione, sono tutte operazioni che trasformano l'oggetto culturale di partenza in un oggetto scientifico. Tale trasformazione è patente quando la riscrittura algebrica di tutte le funzioni, facendo scomparire le denominazioni che ancora risentono del linguaggio ordinario, lascia spazio solo ad una pura successione di trentun segni giustapposti. Tale successione non è neppure più una proto-favola, perché non è più una favola: è una serie, vale a dire

[18] Il termine francese *séquence* è la traduzione adeguata del russo *xod*? Noto che il traduttore inglese scrive: « *This type of development is termed by us a move* (xod): *each new act of vilainy, each new lack creates a new move*, etc. » (tr. inglese, p. 92). Il traduttore inglese riserva il termine *sequence* per designare quello che il traduttore francese chiama l'*ordre*, cioè la successione uniforme delle funzioni.

[19] Il seguito del capitolo è dedicato alle diverse maniere con cui il racconto lega insieme le sequenze (*moves*) mediante addizione, interruzione, parallelismo, intersezione, ecc. (pp. 122-127).

la traccia lineare di una sequenza o movimento (o *move*).

In conclusione, la razionalità che produce questa serie a partire dalla frammentazione dell'oggetto culturale iniziale, non può sostituirsi all'intelligenza narrativa che è inerente alla produzione e alla ricezione della favola, poiché *essa continuamente prende a prestito da questa intelligenza per costituirsi.* Nessuna delle operazioni di suddivisione, nessuna delle operazioni di organizzazione in serie delle funzioni può fare a meno di una referenza all'intrigo come unità dinamica e alla costruzione dell'intrigo come operazione strutturante. La resistenza che una concezione organica e teleologica dell'ordine, nello stile di Goethe, oppone ad una concezione tassonomica e meccanica della connessione delle funzioni, nello stile di Linneo, m'è sembrata quasi un sintomo di tale referenza indiretta all'intrigo. Così, nonostante la rottura epistemologica che instaura la razionalità narratologica, è possibile ritrovare tra quest'ultima e l'intelligenza narrativa una filiazione indiretta analoga a quella che abbiamo fatto emergere, nella seconda parte, tra razionalità storiografica e intelligenza narrativa [20].

2. *Per una logica del racconto*

Faremo un passo sul cammino della logicizzazione e della decronologizzazione del racconto, muovendo dai personaggi piuttosto che dalle azioni e formalizzando in modo adeguato i *ruoli* che questi personaggi sono in grado di svolgere in qualsiasi racconto. Sarebbe quindi concepibile una logica del racconto, la quale iniziasse da un inventario sistematico dei principali ruoli narrativi *possibili*, cioè dei posti che potrebbe-

[20] Abbiamo escluso dall'analisi critica tutto quello che concerne il contributo de *La morfologia della fiaba* alla storia del genere « favola di magia ». S'è detto con quale cura Propp, in accordo su questo punto con la linguistica saussuriana, subordini la storia alla descrizione. Nel suo capitolo conclusivo, Propp non si allontana dalla sua riserva iniziale. Tutt'al più si azzarda a suggerire un nesso di filiazione tra la religione e le favole: « Una cultura muore, una religione muore, e il loro contenuto si trasforma in favola » (p. 131). Così la ricerca, tanto caratteristica del racconto, può procedere dal viaggio delle anime nell'altro mondo. Questa osservazione non è forse fuori luogo, se si considera che, a sua volta, la favola è una forma in via d'estinzione. « Ai nostri giorni, le forme nuove non esistono più » (p. 142). Se è proprio così, il momento propizio per l'analisi strutturale non è forse quello in cui un certo processo creatore è arrivato all'esaurimento?

ro essere occupati da personaggi a partire da un qualsiasi racconto. È quello che ha tentato Claude Bremond nella sua *Logique du récit*[21]. Per noi il problema sarà quello dello statuto conferito all'intrigo e alla sua temporalità entro una logica del racconto fondata su di una scelta opposta rispetto a quella di Propp.

La pretesa logica del modello proposto da Claude Bremond deriva infatti da una riflessione critica sull'opera di Propp.

Fondamentalmente l'autore contesta il modo di connessione delle 'funzioni' nel modello di Propp: a suo giudizio tale connessione avviene in modo rigido, meccanico, vincolante, senza la capacità di fare posto a delle alternative e a delle scelte (pp. 18-19). Proprio questo vincolo spiega perché lo schema di Propp vale solo per la favola russa: essa è infatti sequenza di trentuno funzioni identiche. E così il modello di Propp si limita a ratificare le scelte culturali che hanno fatto della favola russa una specie nel campo del 'raccontare'. Per riconquistare la prospettiva formale del modello, bisogna riaprire le alternative chiuse dalla sequenza univoca della favola russa e sostituire, alla traiettoria unilineare che essa percorre, la carta degli itinerari possibili.

Ma come riaprire le alternative chiuse? Mettendo in questione, dice Claude Bremond, la necessità teleologica che risale dalla fine verso il principio: è per poter punire il cattivo che il racconto fa commettere il misfatto. La necessità regressiva di una legge di finalità temporale acceca in un certo senso le alternative che invece una marcia progressiva incontra: la lotta apre o su una vittoria o su una sconfitta. Il modello teleologico conosce solo la lotta vittoriosa (pp. 31-32): « L'implicazione: lotta attraverso vittoria è una esigenza logica; l'implicazione: vittoria attraverso lotta è uno stereotipo culturale » (p. 25).

Se non si vuole restare prigionieri di un intrigo-tipo, come nella serie di Propp, occorre adottare come unità di base quella che Claude Bremond chiama la « sequenza elementare ». È più corta della serie di Propp, ma più lunga della funzione. Perché si possa raccontare qualcosa è necessario e sufficiente che una certa azione venga condotta attraverso tre fasi: una situazione che apre una possibilità, l'attualizzazione di tale possibilità, il compimento dell'azione. Questi tre momenti apro-

[21] Claude Bremond, « Le message narratif », *Communications*, 4, 1964; ripreso in *Logique du récit*, Ed. du Seuil, Paris 1973, pp. 11-47 e 131-134.

no due alternative che lo schema seguente riassume (p. 131):

eventualità { passaggio all'atto { compimento / mancato compimento ; non passaggio all'atto }

Questa serie di opzioni dicotomiche risponde bene alla duplice caratteristica di necessità regrediente e di contingenza progrediente.

Una volta scelta la sequenza elementare come unità narrativa, il problema è quello di passare dalla sequenza elementare alle sequenze complesse. A questo punto finisce la necessità logica e si impone la necessità di « restituire la loro mobilità e la loro massima variabilità ai sintagmi immobilizzati che servono da materiale alla favola russa [22] » (p. 30).

Resta da formulare la nozione di *ruolo* e successivamente da comporre il vasto repertorio dei ruoli *possibili* che dovrebbe sostituire lo schema sequenziale limitato, come avviene in Propp, ad un intrigo-tipo. Tale riformulazione deriva da una riflessione sulla nozione stessa di funzione, cardine dell'intera analisi di Propp. Non abbiamo dimenticato la prima tesi fondamentale di Propp, e cioè che la funzione deve essere definita senza tener conto dei personaggi dell'azione, quindi mettendo in parentesi un agente o un paziente determinato. Ora, dichiara Claude Bremond, l'azione non è separabile da colui che la subisce o la compie. Vengono messe avanti due argomentazioni. Una funzione esprime un interesse o una iniziativa che mettono in gioco un paziente o un agente. Inoltre, vi è concatenazione di molteplici funzioni, se la sequenza concerne la storia di un medesimo personaggio. Bisogna quindi congiungere un nome-soggetto ad un processo-predicato, in un unico termine che è il ruolo. Il ruolo viene quindi così definito: « l'attribuzione ad un soggetto-persona di un predicato-processo eventuale, in atto o compiuto » (p. 134). Come si vede, la sequenza elementare viene incorporata al ruolo grazie all'intermediazione del predicato-processo. In tal modo è completa la revisione del modello di Propp. Possiamo ora sostituire la nozione di « sequenza d'azioni » con quella di una « connessione di *ruoli* » (p. 133).

[22] Così la connessione avviene, sia per semplice giunzione dei due estremi (malevolenza, misfatto, ecc.) sia per 'inclusione' (come la prova dentro la ricerca), sia per parallelismo tra serie indipendenti. Quanto ai legami sintattici che soggiacciono a queste sequenze complesse, sono di grande diversità: pura successione, nesso di causalità, rapporto d'influenza, relazione da mezzo a fine.

A questo punto comincia la *logica* vera e propria del racconto. Essa consiste nell'«inventario sistematico dei ruoli narrativi principali» (p. 134). L'inventario è sistematico in un duplice senso: produce per via di specificazioni (o determinazioni) successive dei ruoli sempre più complessi, la cui rappresentazione linguistica esige un discorso sempre più articolato; inoltre, esso produce per via di correlazione, sovente su base binaria, dei raggruppamenti di ruoli complementari.

Una prima dicotomia oppone due tipi di ruoli: i pazienti, segnati da processi modificatori o conservatori e, per correlazione, gli agenti che danno inizio a tali processi[23]. È notevole che Claude Bremond cominci dai ruoli di paziente, ritenuti come i più semplici: « Definiamo come investita del ruolo di paziente ogni persona che il racconto presenta come segnata, in un modo o in un altro, dal corso degli avvenimenti raccontati » (p. 139). Questi ruoli di paziente non sono soltanto i più semplici ma anche i più numerosi, per il fatto che un soggetto può essere modificato in altri modi e non solo per l'iniziativa di un agente (pp. 174-175)[24].

In forza di una nuova dicotomia, si distinguono due tipi di ruoli di pazienti, secondo i diversi modi con cui tali pazienti sono segnati. Abbiamo da un lato le *influenze* che operano sulla coscienza soggettiva che il paziente ha della propria sorte; si tratta sia di informazioni che determinano la serie: dissimulazione, confutazione, conferma; sia di affetti: soddisfazioni o insoddisfazioni che determinano, mediante l'aggiunta di una variabile di tempo, la speranza o il timore. Abbiamo d'altra parte le *azioni* che si esercitano obiettivamente sulla sorte del paziente, sia per modificarlo (miglioramento o deterioramento), sia per conservarlo nel medesimo stato (protezione o frustrazione).

La nomenclatura degli agenti reduplica per un lato quella dei pazienti: modificatore o conservatore; promotore o degradatore; protettore o frustratore. Ma una serie di tipi specifici di agenti è legata alla nozione di influenza sul versante del paziente. Lo studio di questo gruppo è certamente uno dei contributi più importanti della *Logique du récit* (pp. 242-281). L'influenza si rivolge, nel paziente, all'eventuale agente, nel quale tende a provocare una reazione: persuasione e dissuasione si eser-

23 Circa la correlazione agente-paziente, cfr. *Logique du récit*, *op. cit.*, p. 145.

24 Notiamo fin d'ora che questa prima dicotomia sembra analiticamente contenuta nella nozione di ruolo, in quanto un ruolo lega un soggetto-nome e un verbo-predicato. Non sarà così per le successive specificazioni.

citano sia al livello delle informazioni circa i compiti da svolgere, i mezzi da mettere in atto o gli ostacoli da superare, che a livello degli affetti che colui che esercita un influsso può destare o inibire. Se si aggiunge che l'informazione o la motivazione possono essere bene o mal fondate, si arriva ai ruoli, assai importanti, che gravitano attorno all'inganno e che fanno di colui che esercita un influsso un seduttore e un ingannatore, un simulatore e un falso consigliere.

Questa seconda dicotomia conferisce alla nozione di ruolo molteplici arricchimenti; anzitutto introduce tale nozione di ruolo, mediante le nozioni di miglioramento o di deterioramento, di protezione o di frustrazione, nel campo delle *valorizzazioni*; in tal modo l'agente e il paziente si trovano elevati al rango di persona. Inoltre, una soggettività capace di tenere conto di una informazione e di esserne segnata viene a fare parte di un nuovo campo, quello delle *influenze*. Infine, il ruolo di un agente capace di iniziativa dipende da un nuovo campo, quello delle *azioni* in senso forte.

L'inventario si completa con la presa in considerazione del merito e del demerito; nuovi ruoli appaiono: sul versante del paziente, quelli di beneficiario di merito, di vittima di demerito, e, sul versante dell'agente, quelli di dispensatore di ricompense e di punizioni. Un nuovo campo è così aperto all'esercizio dei ruoli, campo che si aggiunge a quello delle valorizzazioni, delle influenze e delle azioni: il campo delle *retribuzioni*.

È questo, all'incirca, lo schema di questo inventario che mira a definire i ruoli narratori principali (p. 134). Equivale ad una nomenclatura, ad una classificazione di ruoli. In tal senso, il lavoro realizza le promesse: non si tratta di una tavola degli intrighi, come accadeva per Northrop Frye, bensì una tavola dei posti possibili occupati dagli eventuali personaggi di eventuali racconti. È in questo senso che l'inventario costituisce una *logica*.

Al termine di questa breve rilettura della *Logique du récit*, si pone il problema di sapere se una logica dei ruoli riesca meglio di una morfologia delle funzioni a formalizzare il concetto di racconto ad un livello di razionalità superiore rispetto a quello dell'intelligenza narrativa, senza prendere a prestito, più o meno tacitamente al concetto di intrigo, quegli aspetti che garantiscono il carattere propriamente narrativo della logica del racconto.

Confrontata con la morfologia della favola di Propp, la logica dei ruoli raggiunge senza alcun dubbio un grado più elevato di formalità astratta. Mentre Propp resta fedele allo schema di un intrigo-tipo, quello della favola di magia russa, Bremond può vantarsi di poter applicare la sua nomenclatura dei ruoli a qualsiasi specie di messaggio narrativo, compresa la narrazione storica (cfr. Prefazione, p. 7); il suo campo di ricerca è appunto quello dei *possibili* narrativi. Inoltre, il quadro dei ruoli narrativi arriva immediatamente ad una decronologizzazione più completa del racconto, nella misura in cui la nomenclatura dei ruoli equivale a fissare la tavola paradigmatica dei principali posti che possono essere occupati da qualsiasi personaggio del racconto. Il modello di Bremond può rivendicare queste due caratteristiche: una più spinta formalizzazione e una decronologizzazione più completa.

Per contro, possiamo chiederci se l'assenza di qualsiasi forma di considerazione sintagmatica nell'inventario dei ruoli non finisca per privare il ruolo del suo carattere propriamente *narrativo*. In effetti, né la nozione di ruolo né quella di nomenclatura di ruoli hanno, in quanto tali, alcun carattere propriamente narrativo, se non grazie alla referenza tacita alla loro situazione nel racconto, situazione che non è mai tematizzata in maniera esplicita. In assenza di tale collocazione del ruolo entro l'intrigo, la logica dei ruoli dipende ancora da una semantica dell'azione previa alla logica narrativa.

Precisiamo l'argomentazione seguendo l'ordine di esposizione sopra proposto. Come si ricorderà, la nozione di ruolo è preceduta da quella di 'sequenza elementare', che incontra i tre stadi che ogni azione può percorrere, dall'eventualità, all'effettuazione e al successo. Sono d'accordo che questa sequenza costituisca una condizione di narratività che è gravemente carente nel modello di Propp, e questo in forza delle alternative e delle scelte che essa spalanca. Ma una condizione di narratività non equivale ad una componente narrativa. Lo diventa solo se qualche intrigo traccia un percorso, fatto di tutte le scelte compiute tra i corni delle alternative successive. Bremond dice, con ragione, che «il processo fatto proprio dalla sequenza elementare non è amorfo. Possiede già una propria struttura, che è quella di un vettore» (p. 33). Ma tale 'vettorialità', che si impone al narratore quando questi « la assume per farne la materia prima del suo racconto » (*ibid.*), non è forse presa a prestito all'intrigo che trasferisce le condizioni logiche del fare in logica effettiva del racconto? La serie di scelte opzionali, costitutiva della sequenza elementare, non è forse proiettata sulla logica dell'azione grazie alla condotta del racconto?

È vero che Bremond completa la sua nozione di sequenza elementare con quella di serie complesse. Ma a quale condizione queste ultime fanno racconto? Specificare una sequenza mediante un'altra sequenza, come nel caso della connessione per incastro, non vuol dire ancora fare racconto, vuol dire piuttosto costruire una tavola per una logica dell'azione, come nel caso della teoria analitica dell'azione [25]. Per fare racconto, cioè condurre concretamente una situazione e dei personaggi da un inizio ad una fine, occorre la mediazione di ciò che qui viene considerato semplice archetipo culturale (p. 35) e che non è nient'altro che l'intrigo. Costruire l'intrigo vuol dire ricavare una 'buona forma' ad un tempo a livello della consecuzione e della configurazione [26]. A mio avviso, il racconto introduce nel fare dei condizionamenti complementari rispetto a quelli di una logica dei possibili narrativi. O, in altri termini, una logica dei possibili narrativi è ancora solo una logica dell'azione. Per diventare logica del racconto, essa deve volgersi a configurazioni culturalmente riconosciute, a quello schematismo del racconto operante negli intrighi-tipo che la tradizione ha trasmesso. Attraverso tale schematismo soltanto il fare diventa raccontabile. Funzione dell'intrigo è quella di volgere la logica dei *possibili* della prassi verso una logica dei *probabili* narrativi.

Questo dubbio relativo allo statuto propriamente narrativo della sequenza elementare e delle serie complesse, ricade sulla stessa nozione di *ruolo* narrativo, che l'autore avvicina a quella di 'proposizione narrativa' usata da Todorov [27]. È il caso qui di ricordare quel che A. Danto diceva

25 A. Danto, *Analytical Philosophy of Action*, Cambridge University Press, 1973. A.I. Goldman, *A Theory of Human Action*, Prentice-Hall, Englewood Cliffs, N.J. 1970.

26 Bremond applica questa nozione di 'buona forma' alla sequenza-tipo di Propp (p. 38).

27 (Cfr. Tzvetan Todorov, « La grammaire du récit », in *Poétique de la prose*, Ed. du Seuil, Paris 1971, pp. 118-128.) La proposizione narrativa procede dalla congiunzione tra un nome proprio (soggetto grammaticale vuoto di proprietà interne) e due tipi di predicati, l'uno che descrive uno stato di equilibrio o di squilibrio (aggettivo), l'altro il passaggio da uno stato all'altro (verbo). Le unità formali del racconto sono così parallele alle parti del discorso (nome, aggettivo, verbo). È vero che al di là della proposizione le unità sintattiche corrispondenti alla *sequenza* attestano « che non esiste teoria linguistica del discorso » (p. 125). Significa riconoscere che l'intrigo minimo completo, consistente nell'enunciato di un equilibrio, poi di un'azione trasformatrice, infine eventualmente di un nuovo equilibrio, dipende da una grammatica specifica, applicata alle regole di trasformazione narrative (cfr. « Le trasformations narratives », *ibid.*, pp. 225-240).

a proposito delle frasi narrative: perché vi sia un enunciato narrativo, occorre che vengano menzionati due avvenimenti, che uno sia intenzionato e che l'altro fornisca la descrizione a partire dalla quale il primo viene considerato. È quindi solo all'interno di un intrigo che un ruolo è narrativo. Il nesso tra una azione e un agente è il dato più generale di una semantica dell'azione e riguarda la teoria del racconto solo nella misura in cui la semantica dell'azione condiziona evidentemente la teoria del racconto.

Quanto all'inventário sistematico dei ruoli principali, esso riguarda la teoria della narratività nella misura in cui, è lo stesso autore a riconoscerlo, i ruoli inscritti nella tavola « sono quelli che possono apparire non solo in un racconto, ma grazie al racconto e per il racconto: grazie al racconto, nel senso che la comparsa o la messa in parentesi di un ruolo, ad un dato punto della narrazione, è sempre lasciata alla discrezione del narratore, il quale sceglie di tacerla o di parlarne; per il racconto, nel senso che la definizione dei ruoli vi si compie, come ha voluto Propp, dal punto di vista del loro significato nello svolgimento dell'intrigo » (p. 134). Disgraziatamente, l'inventario sistematico dei principali ruoli non ne tiene più alcun conto, senza essere per altro in grado di sostituirvisi [28]. Manca « la sintesi dei ruoli nell'intrigo » (p. 322), di cui l'autore designa soltanto il posto vacante. Ora tale sintesi non dipende più dalla logica del racconto, intesa nel senso del lessico e della sintassi dei ruoli, quindi della grammatica. La sintesi dei ruoli all'interno dell'intrigo non sta al termine di una combinatoria di ruoli. L'intrigo è un movimento; i ruoli sono dei posti, delle posizioni occupate nel corso dell'azione. Conoscere tutti i posti che potrebbero essere occupati—conoscere tutti i ruoli—*non vuol dire ancora conoscere l'intrigo.* Una nomenclatura, per quanto sia ramificata, non fa una storia raccontata. Bisogna ancora connettere cronologia e configurazione, *muthos* e *dianoia.* Questa operazione—faceva notare L. Mink—è un atto di giudizio, del tipo del 'prendere insieme'. Per dirlo con altri termini, l'intrigo dipende da una *praxis* del raccontare, quindi da una pragmatica della parola, non da una grammatica della lingua. Questa pragmatica è supposta ma non può esser costruita nell'ambito della grammatica dei ruoli [29].

[28] « ...La nostra analisi, dopo aver decomposto l'intrigo nei suoi elementi costitutivi, i ruoli, deve verificare il movimento inverso e complementare che realizza la loro sintesi nell'intrigo » (p. 136).

[29] Alla domanda: « È concepibile un altro sistema dei ruoli altrettanto soddisfa-

Da tale scomparsa del nesso tra il ruolo e l'intrigo deriva che le « necessità concettuali immanenti allo sviluppo dei ruoli » (p. 133) dipendono ancora di più da una semantica e da una logica dell'azione che da una logica veramente narrativa. Lo si è potuto costatare: l'arricchimento progressivo della tavola dei ruoli, grazie al gioco combinato delle specificazioni e delle correlazioni che fanno passare successivamente i ruoli dal campo delle valorizzazioni a quello delle influenze, e successivamente delle iniziative, e infine delle retribuzioni, si colloca facilmente sotto l'egida di una semantica dell'azione presa a prestito dal linguaggio ordinario [30]. Ma la scomparsa del nesso tra ruolo e intrigo non arriva fino al punto di abolirlo del tutto: non è forse la disponibilità dei ruoli ad entrare nella costruzione dell'intrigo che orienta segretamente la disposizione del sistema dei ruoli in funzione dei successivi campi nei quali entrano? Non è forse la prassi narrativa operante in ogni costruzione di intrigo che va scegliendo, grazie alla semantica dell'azione, i predicati capaci di definire dei ruoli narrativi, in ragione della loro capacità a fare entrare le strutture dell'agire umano nella prospettiva di tipo narrativo?

Se l'ipotesi è esatta, il lessico dei ruoli narrativi non costituisce affatto un sistema che precede e che supera ogni costruzione di intrigo. E l'intrigo non è il risultato delle proprietà combinatorie del sistema, bensì il principio selettivo che stabilisce la differenza tra teoria dell'azione e teoria del racconto.

cente o forse migliore? », l'autore risponde: « Noi dobbiamo provare che la logica dei ruoli di cui ci serviamo s'impone, dappertutto e sempre, come l'unico principio di una organizzazione coerente degli avvenimenti nell'intrigo » (p. 327). Parlando della metafisica delle facoltà dell'essere umano sulla quale si costruisce il sistema, aggiunge: « È la stessa attività narrativa che ci impone le categorie come condizioni di una messa in forma dell'esperienza narrata » (p. 327).

30 L'autore preferisce un'altra espressione: « L'appoggio a partire da una metafisica delle facoltà dell'essere umano per organizzare l'universo dei ruoli è (...) essenziale al nostro itinerario » (p. 314). Infatti, già presiedeva alla costituzione della sequenza elementare: eventualità, passaggio all'atto, compimento; inoltre ci insegna che noi possiamo essere l'agente o colui che subisce qualsiasi modificazione. Non c'è allora da stupirsi se da essa sono regolate le nozioni di valorizzazione, di influenza, di iniziativa, di retribuzione. Presiede inoltre alla costituzione ulteriore dei legami sintattici che abbiamo in precedenza brevemente ricordato: relazione di semplice coordinamento tra sviluppi successivi, di causa ed effetto, di mezzo rispetto al fine, di implicazione (degradazione implica eventualità di protezione; demerito, eventualità di punizione). L'autore rivendica il diritto di ricorrere alla lingua naturale per « comunicare il sentimento intuitivo dell'organizzazione logica dei ruoli nel racconto » (p. 309).

3. *La semiotica narrativa di A.J. Greimas*

La semiotica narrativa di Greimas, così come la leggiamo in *Du Sens*[31] e in *Maupassant*[32], è stata preparata mediante un primo tentativo di modellizzazione pubblicato nella *Sémantique structurale*[33]. Vi ravvisiamo già operante l'ambizione di costruire un modello rigorosamente acronico, e di derivare gli aspetti irriducibilmente diacronici del racconto, così come noi lo raccontiamo o lo riceviamo, mediante l'introduzione di regole di trasformazione adeguate. Questa ambizione è alla base della prima decisione strategica, quella di non partire, a differenza di Propp, dalle funzioni, cioè da segmenti d'azione formalizzati, che, come abbiamo visto, obbediscono ad un ordine sequenziale, ma partire dagli attori che vengono chiamati *attanti* per distinguerli dai personaggi concreti nei quali si incarnano i loro ruoli. Duplice è il vantaggio di tale scelta: come già si può vedere in Propp, la lista degli attanti è più corta di quella delle funzioni (si ricordi la definizione della favola russa come racconto con sette personaggi); inoltre, le loro interazioni si prestano immediatamente ad una rappresentazione *paradigmatica*, piuttosto che *sintagmatica*.

Diremo più avanti quanto il modello in termini di attanti si sia ad un tempo radicalizzato e arricchito nelle formulazioni ulteriori della semiotica narrativa. Comunque, fin dal suo stadio primitivo, esso lascia apparire le principali difficoltà proprie di un modello acronico quanto al modo di trattare il *tempo narrativo*.

Il modello ha, come prima ambizione, quella di fondare l'inventario dei ruoli degli attanti, elenco che sembra di natura puramente contin-

31 A.J. Greimas, *Du Sens*, Ed. du Seuil, Paris 1970. Il nucleo teorico dell'opera è costituito dai due studi intitolati: « Les jeux des contraintes sémiotiques », in collaborazione con François Rastier (in un primo tempo pubblicato in inglese in *Yale French Studies*, 1968, n. 41, col titolo « The Interaction of Semiotic Constraints » e « Eléments d'une grammaire narrative », pubblicato su *l'Homme*, 1969, IX, 3). I due studi sono ripresi in *Du Sens*, pp. 135-186; tr. it., Bompiani, Milano 1974.

32 *Maupassant*: *la sémiotique du texte, exercices pratiques*, Ed. du Seuil, Paris 1976. Cfr., anche, *Sémiotique, Dictionnaire raisonné de la théorie du langage*, in collaborazione con J. Courtés, Hachette, Paris 1979. Il presente lavoro era terminato quando è stato pubblicato di A.J. Greimas, *Du Sens* II, Ed. du Seuil, Paris 1983.

33 A.J. Greimas, *Sémantique structurale*, Larousse, Parigi 1966; tr. it., Rizzoli, Milano 1969.

gente, su talune caratteristiche universali dell'azione umana. E se non possiamo procedere ad una descrizione esaustiva delle possibilità combinatorie dell'azione umana a livello di superficie, ci occorre trovare nel discorso stesso il principio di costruzione al suo livello profondo. Su questo punto Greimas segue una suggestione del linguista francese Lucien Tesnière, per il quale la frase più semplice è già un piccolo dramma che implica un processo, degli attori e delle circostanze. Queste tre componenti sintattiche producono le classi del verbo, certi nomi (di coloro che prendono parte al processo) e certi avverbi. Questa struttura di base fa della frase « uno spettacolo che l'*homo loquens* rappresenta per se stesso ». Il vantaggio del modello di Tesnière è molteplice; anzitutto è radicato in una struttura di lingua; inoltre offre una grande stabilità e questo grazie alla permanenza della distribuzione dei ruoli tra le componenti sintattiche; infine, presenta un carattere di limitazione e di chiusura che conviene bene alla ricerca sistematica. È così facile tentazione quella di estrapolare dalla sintassi dell'enunciato elementare a quella del discorso, in forza dell'assioma di omologia tra lingua e letteratura che abbiamo precedentemente evocato.

Che un modello in termini di attanti non soddisfi ancora pienamente le esigenze sistematiche dello strutturalismo, lo si scopre nel fatto che l'estrapolazione dalla sintassi dell'enunciato a quella del discorso esige inventari di ruoli ricavati da parte degli analisti precedenti da diversi *corpus* empiricamente dati (la favola russa di Propp, le '200.000 situazioni drammatiche' di Etienne Souriau). Il modello attanziale deriva in tal modo dall'aggiustamento reciproco tra un approccio deduttivo, regolato dalla sintassi, e un approccio induttivo, derivato da precedenti inventari di ruoli. Di qui il carattere composito del modello che mescola la costruzione sistematica e diversi 'arrangiamenti' d'ordine pratico.

Tale reciproco aggiustamento trova il proprio equilibrio in un modello a sei ruoli, basato su tre coppie di categorie attanziali (di cui ciascuna costituisce una opposizione binaria). La prima categoria oppone il soggetto all'oggetto: essa ha una base sintattica nella forma A desidera B; inoltre essa trova appoggio negli inventari consultati: è in effetti nella sfera del desiderio che la relazione transitiva o teleologica funziona (secondo Propp, l'eroe si mette in cerca della persona ricercata). La seconda categoria si fonda sulla relazione di *comunicazione*: un mittente si oppone ad un destinatario; anche in questo caso la base è sintattica: ogni messaggio unisce mittente e ricettore; ritroviamo anche il mandante di Propp (il re incarica l'eroe di una missione, ecc.) e il mandante identificato con l'eroe stesso. Il terzo asse è *pragmatico*: oppone l'aiutante e l'antagonista. Questo asse si compone sia con la relazione del desiderio, sia con quella della comunicazione, che possono essere entrambe aiutate o impedite; Greimas riconosce che la base sintattica è qui meno evidente, anche se certi avverbi (volentieri, nondimeno), certi participi circostanziali o infine le forme del verbo in certe lingue, fanno funzione di base sintattica; nel mondo delle favole di magia, questa coppia è rappresentata da forze benevole e malevole. In una parola, il modello combina tre relazioni: di *desiderio*, di *comunicazione* e di *azione*, ciascuna basata su una opposizione binaria.

Prescindendo dal carattere laborioso di tale schematismo, il modello si raccomanda per la sua semplicità ed eleganza; inoltre, a differenza di quello di Propp, si distingue perché in grado di poter essere applicato entro micro-universi tanto vari che eterogenei. Ma non è tanto a questi investimenti tematici che è interessato chi si occupa di tali studi teorici, quanto piuttosto ai sistemi di relazioni tra i posti investiti.

È sul passaggio dai personaggi alle azioni, o, in termini più tecnici, dagli attanti alle funzioni, che si gioca il destino del modello. Ricordiamo che Propp si era fermato ad un inventario di trentuno funzioni successive, a partire dalle quali definiva le sfere d'azione dei personaggi e gli stessi personaggi. In un modello attanziale, è sulle regole di trasformazione delle tre relazioni di desiderio, di comunicazione e d'azione che si basa l'intera impresa, che Greimas qualifica in termini di un lavoro di 'riduzione' e di 'strutturazione'. Anticipando il secondo modello, quello di *Du Sens,* Greimas propone di caratterizzare tutte le trasformazioni che risultano da una categoria semiotica qualunque, come altrettante specie di *congiunzione* e di *disgiunzione*. Nella misura in cui, nei *corpus* già presi in esame, il racconto risultava sul piano sintagmatico come un processo, derivante dalla messa in atto di un contratto, che poi si dispiega dalla rottura del contratto alla sua ricostituzione, la riduzione dal sintagmatico al paradigmatico è ottenuta mediante l'assimilazione del contratto ad una congiunzione tra ingiunzione e accettazione, la sua rottura ad una disgiunzione tra interdizione e violazione, la sua restaurazione ad una nuova congiunzione (la ricezione dell'aiutante nella prova qualificante, la liquidazione della mancanza nella prova principale, la riconoscenza nella prova glorificante). All'interno di questo schema generale, bisogna introdurre numerose congiunzioni e disgiunzioni in funzione delle tre relazioni di base del desiderio, della comunicazione e dell'azione. Ma, in complesso, tra mancanza e liquidazione della mancanza, non vi sono che « delle identità da congiungere e delle opposizioni da disgiungere » (p. 195). L'intera strategia diventa così una vasta operazione per evitare la diacronia.

Solo che, in un modello puramente attanziale, tale strategia non raggiunge il suo scopo. Essa contribuisce piuttosto a sottolineare il ruolo irriducibile dello sviluppo temporale nel racconto, nella misura in cui essa conferisce particolarmente rilievo alla nozione di prova [34]. Quest'ultima costituisce il momento critico del racconto, caratterizzato a livello diacronico come ricerca. La prova, in effetti, mette in relazione lo scontro e la riuscita. Ora il passaggio dall'uno all'altra mediante la lotta è perfettamente aleatorio; ecco perché la relazione di successione non si lascia ridurre ad una relazione di implicazione necessaria [35]. Discorso analogo si deve fare per la coppia ingiunzione/accettazione, che avvia la ricerca, e analogamente della ricerca considerata nella sua unità.

La ricerca, per parte sua, ricava il suo carattere aleatorio dal carattere fortemente assiologico introdotto dalle nozioni stesse di contratto, di violazione e di restaurazione. In quanto negazione della accettazione, la violazione è una negazione assiologica, così come una disgiunzione logica. Greimas stesso vede in questa rottura un aspetto positivo: « l'affermazione della libertà dell'individuo [36] » (p. 210). Per conseguenza, la mediazione che opera il racconto in quanto ricerca non potrebbe essere solo logica: *la trasformazione dei termini e delle loro relazioni è propriamente storica.* La prova, la ricerca, la lotta [37] non potrebbero essere ri-

[34] « La prova potrebbe essere quindi considerata come il nucleo irriducibile che dà conto della definizione del racconto in diacronia » (p. 205).

[35] Greimas rovescia questa considerazione contro il trattamento da parte di Propp dell'intera catena come una sequenza rigida, mentre la prova rappresenta una certa manifestazione di libertà. Ma la stessa argomentazione non può forse esser rivolta contro qualsiasi costruzione di un modello paradigmatico senza dimensione diacronica originaria? Greimas l'accetta volentieri: « L'intero racconto si ridurrebbe quindi a questa struttura semplice, se non sussistesse un residuo diacronico, sotto forma di una coppia funzionale—avventura *vs* riuscita—che non si lascia trasformare in una categoria semica elementare » (p. 205).

[36] Nello stesso senso: « L'alternativa che il racconto pone è la scelta tra la libertà dell'individuo (cioè l'assenza di contratto) e il contratto sociale accettato » (p. 210).

[37] « È per conseguenza la lotta, unica coppia funzionale non analizzabile in struttura acronica (...) che deve rendere conto della trasformazione stessa » (p. 211).

dotte al ruolo di espressione figurativa di una trasformazione logica; quest'ultima è piuttosto la proiezione ideale di una operazione eminentemente temporalizzatrice. In altri termini, la mediazione operata dal racconto è essenzialmente pratica, sia che, come suggerisce lo stesso Greimas, miri a restaurare un ordine antecedente che è minacciato, sia che essa miri a progettare un nuovo ordine che sarebbe la promessa di una salvezza. Che la storia raccontata spieghi l'ordine esistente o progetti un altro ordine, essa pone, in quanto storia, un limite a tutte le riformulazioni puramente logiche della struttura narrativa. È in questo senso che l'intelligenza narrativa, la comprensione dell'intrigo precedono la ricostruzione del racconto sulla base di una logica sintattica.

La nostra meditazione sul tempo narrativo trova qui un prezioso arricchimento; siccome l'elemento diacronico non si lascia trattare come un residuo dell'analisi, ci si può chiedere quale qualità temporale si nasconda sotto questo termine di diacronia, termine di cui abbiamo sottolineato il rapporto di dipendenza nei confronti di quelli di sincronia e acronia. A mio avviso, il movimento dal contratto alla lotta, dall'alienazione al ristabilimento dell'ordine, movimento costitutivo della ricerca, non implica soltanto un tempo successivo, una cronologia, che si è sempre tentati di decronologizzare e logicizzare, come s'è detto precedentemente. La resistenza dell'elemento diacronico entro un modello di stile essenzialmente acronico mi sembra essere l'indizio di una più fondamentale resistenza, *la resistenza della temporalità narrativa rispetto alla semplice cronologia* [38]. Se la cronologia può essere ridotta ad un effetto di

[38] Questa tesi trova un certo sostegno nell'uso che Todorov fa del concetto di trasformazione narrativa (« Les transformations narratives », in *Poétique de la prose, op. cit.*). Il vantaggio è quello di combinare il punto di vista paradigmatico di Lévi-Strauss e di Greimas e il punto di vista sintagmatico di Propp: tra gli altri effetti, la trasformazione narrativa raddoppia i predicati di azione (fare), andando dalle modalità (dovere, poter fare) agli atteggiamenti (compiacersi di fare). Inoltre, essa rende possibile il racconto, operando la transizione dal predicato d'azione alla sequenza, in quanto sintesi di differenza e somiglianza; in una parola, « essa congiunge due fatti senza che essi possano identificarsi » (*ibid.*, p. 239). Tale sintesi non è altro, a mio avviso, che quella che è già stata operata e compresa come *sintesi dell'eterogeneo*, a livello della comprensione narrativa. Mi ritrovo ancora una volta d'accordo con Todorov, quando oppone trasformazione a successione (« Les deux principes du récit », in *Les genres du discours, op. cit.*). Certo, la nozione di trasformazione sembra dover essere assegnata alla razionalità narratologica, a differenza della mia nozione di configurazione, che io vedo dipendere dall'intelligenza narrativa. A ben vedere si può parlare di trasformazione solo se ne viene data una

superficie, vuol dire che la cosiddetta superficie è stata previamente privata della sua dialettica propria, cioè la competizione tra la dimensione sequenziale e la dimensione configurante del racconto—competizione che fa del racconto una totalità successiva o una successione totale. In termini ancora più fondamentali, il tipo di scarto tra il contratto e la lotta, che soggiace a questa dialettica, rivela quella caratteristica del tempo che Agostino, seguendo Plotino, caratterizzava come distensione dello spirito. Non si dovrebbe allora più parlare di tempo, ma di temporalizzazione. Tale distensione è in effetti un processo temporale che si esprime attraverso le dilazioni, le diversioni, le sospensioni e ogni altra strategia di procrastinazione della ricerca. La distensione temporale si esprime ancora di più mediante le alternative, le biforcazioni, le connessioni contingenti e da ultimo l'impossibilità di prevedere l'esito della ricerca in termini di successo e di scacco. Ora la ricerca è il motore della storia in quanto separa e riunisce la mancanza e la soppressione della mancanza, come la prova è il nodo del processo senza il quale non accadrebbe nulla.

È così che la sintassi attanziale rinvia all'intrigo della *Poetica* di Aristotele e, per questa via, al tempo delle *Confessioni* di Agostino.

La semiotica narrativa secondo *Du Sens* e *Maupassant* non costituisce in senso proprio un nuovo modello, bensì la radicalizzazione e al tempo stesso l'arricchimento del modello attanziale che abbiamo appena discusso. La radicalizzazione, nel senso che l'autore tenta di ricondurre i condizionamenti della narratività alla loro sorgente ultima: i condizionamenti che accompagnano il funzionamento più elementare possibile di qualsiasi sistema semiotico; la narratività sarebbe allora giustificata in quanto attività sottratta al caso. L'arricchimento, nel senso che il movimento di riduzione all'elementare viene compensato da un movimento di dispiegamento verso il complesso. L'ambizione è quindi, sulla via regressiva del percorso, quella di risalire ad un livello semiotico più fondamentale rispetto al livello discorsivo stesso e di trovarvi la narrativi-

formulazione logica. Ma, nella misura in cui il racconto dà luogo ad altre trasformazioni che non sono la negazione, da cui dipendono disgiunzioni e congiunzioni, per esempio il passaggio dall'ignoranza al riconoscimento, la reinterpretazione di avvenimenti già sopraggiunti, la sottomissione a imperativi ideologici (*ibid.*, pp. 67ss.), sembra difficile dare un equivalente logico a tutte le organizzazioni narrative di cui abbiamo acquisito la competenza con l'aiuto della nostra familiarità con gli intrighi tipo ereditati dalla nostra cultura.

tà già situata e organizzata prima ancora della sua manifestazione. Per contro, sulla via progressiva, l'interesse della grammatica narrativa di Greimas è quello di comporre grado per grado le condizioni della narratività a partire da un modello logico il meno complesso possibile e che non comporta inizialmente alcun carattere cronologico.

Il problema è quello di sapere se, per cogliere la struttura dei racconti effettivamente prodotti dalle tradizioni orali e scritte, le aggiunte successive che l'autore compie per arricchire il suo modello iniziale, ricavino la loro capacità propriamente narrativa dal modello iniziale, o da presupposti estrinseci. La scommessa di Greimas è che, nonostante queste aggiunte, l'equivalenza può essere mantenuta dal principio alla fine tra il modello iniziale e la matrice terminale. È questa scommessa che bisogna verificare, teoricamente e praticamente.

Seguiamo quindi l'ordine suggerito dai 'giochi dei condizionamenti semiotici': anzitutto le *strutture profonde* che definiscono le condizioni d'intelligibilità degli oggetti semiotici; poi le strutture mediane, dette *superficiali*, per contrasto con quelle precedenti, in cui la narrativizzazione trova le sue articolazioni effettive; infine le strutture di *manifestazione*, proprie di questa o quella lingua e di questo o quel materiale espressivo.

La prima tappa, quella delle 'strutture profonde', è quella del 'modello costituzionale' [39]. Il problema che Greimas ha voluto risolvere è quello di disporre di un modello che presenta subito un carattere complesso, pur senza essere investito in una sostanza (o un medio) linguistico o anche non linguistico. Deve essere, in effetti, articolato, se deve essere poi narrativizzato. Il colpo di genio—lo si può ben dire—è quello d'aver cercato questo carattere già espresso in una struttura logica la più semplice possibile, e cioè la « struttura elementare della significazione » (*ibid.*). Tale struttura dipende dalle condizioni della presa del senso, qualsiasi senso. Se qualche cosa—quale che sia—significa, ciò non dipenderebbe dal fatto d'avere una qualche intuizione del suo senso, ma perché è possibile dispiegare nel modo seguente un sistema del tutto elementare di relazioni: bianco significa, perché posso articolare tra di loro tre relazioni; una relazione di contraddizione—bianco *vs* non-bianco—, di contrarietà—bianco *vs* nero—, e di presupposizione—non-bianco *vs* nero. Siamo così in possesso del famoso *quadrato semiotico*, la cui

[39] « Les jeux des contraintes sémiotiques », *Du Sens*, *op. cit.*, p. 136.

forza logica presiede a tutti gli ulteriori incrementi del modello [40].

Ci chiediamo come questo modello costituzionale potrà narrativizzarsi almeno a titolo virtuale. Dando una rappresentazione dinamica del modello tassonomico, cioè del sistema di relazioni non orientate costitutive del quadrato semiotico, in una parola trattando le *relazioni* come *operazioni*. Ritroviamo qui il concetto tanto importante di trasformazione, già introdotto mediante il modello attanziale sotto la forma principale della congiunzione e della disgiunzione. Riformulate in termini di operazioni, le nostre tre relazioni di contraddizione, di contrarietà e di presupposizione appaiono come trasformazioni mediante le quali un contenuto viene negato e un altro affermato. La primissima condizione della narratività è appunto la messa in movimento del modello tassonomico mediante operazioni orientate. Questa prima referenza alla narratività sta ad attestare l'attrazione che esercita sull'analisi il fine da raggiungere, che è quello di dare conto del carattere *instabile* del processo narrativo a livello della manifestazione. Ecco perché è tanto importante mettere la struttura in movimento. Ci si può chiedere, comunque, se non sia la competenza appresa nel corso di una lunga frequentazione dei racconti tradizionali, a permetterci, per anticipazione, di chiamare *narrativizzazione* la semplice riformulazione della tassonomia in termini di operazioni, e che esige che noi procediamo dalle relazioni stabili alle operazioni instabili.

La seconda tappa—quella delle strutture 'superficiali', ma non ancora 'figurative'—deriva dall'investimento del modello costituzionale nell'ordine del *fare*. Per parlare di livello figurativo, bisognerebbe considerare degli attori in carne e ossa, che svolgono dei compiti, che subiscono delle prove, che raggiungono degli scopi. A questo livello, ci limitiamo alla grammatica del *fare* in generale. È tale grammatica che introduce il secondo stadio costituzionale. L'enunciato di base è l'*enunciato narrativo semplice*, del tipo: qualcuno fa qualche cosa. Per trasformarlo in *enunciato-programma*, gli si aggiungono modalità diverse che lo potenziano: voler fare, volere (una cosa), voler essere (un valore), voler sapere, voler potere [41].

40 Discuto la questione della struttura logica del quadrato semiotico nelle due lunghe note 4 e 11 del mio articolo, « La grammaire narrative de Greimas », *Documents de recherches sémio-linguistique de l'Institut de la langue française*, Ecole des hautes études en sciences sociales, CNRS, n. 15, Paris 1980.

41 A questo stadio, frasi narrative e frasi di azione non sono distinguibili. Il cri-

Ci si colloca veramente al livello narrativo introducendo successivamente una relazione *polemica* tra due programmi, e quindi tra un soggetto e un anti-soggetto. Basta allora applicare ad una successione sintagmatica di enunciati narrativi le regole di trasformazione derivate dal modello costituzionale per ottenere, per disgiunzione, il confronto, poi, per modalizzazione, il voler-dominare e la dominazione, infine, per congiunzione, l'attribuzione al soggetto della dominazione di un oggetto-valore. Chiameremo *performance* una successione sintagmatica della forma 'confrontazione, dominazione, attribuzione', alla quale si possono, inoltre, applicare tutte le modalità del fare, del voler fare, del saper fare, del poter fare. Parlando di *performance,* come successione sintagmatica unificata, Greimas scrive: « Si tratta probabilmente dell'unità più caratteristica della sintassi narrativa » (*Du Sens*, p. 173). È quindi a questa costituzione complessa della *performance* che si applica il principio di equivalenza tra grammatica profonda e grammatica superficiale; tale equivalenza si fonda interamente sulla relazione di implicazione tra confrontazione, dominazione e attribuzione [42].

La costituzione del modello narrativo si completa mediante l'aggiunta alla categoria polemica della categoria di transfert, presa a prestito alla struttura dello scambio. Riformulata in termini di scambio, l'attribuzione di un oggetto-valore (ultimo dei tre enunciati narrativi costitutivi della *performance*) significa che un soggetto acquisisce ciò di cui un altro è privato. L'attribuzione può così essere decomposta in due operazioni: una privazione, equivalente ad una disgiunzione, e un'attribuzione propriamente detta, equivalente ad una congiunzione. Il loro insieme costituisce il transfert espresso mediante due enunciati traslativi.

Questa riformulazione conduce alla nozione di successione performativa. È in tale successione che dobbiamo vedere la struttura formale del racconto.

Il vantaggio di tale riformulazione è quello di permettere di rappre-

terio di differenziazione della frase narrativa proposto da A. Danto in *Analytical Philosophy of History* (*op. cit.*)—descrizione di una azione anteriore A in funzione di una azione ulteriore B, dal punto di vista di un osservatore la cui posizione temporale è posteriore ad A e B—è ancora inapplicabile. Ecco perché si può parlare solo di enunciato-programma.

42 L'enunciato terminale della *performance*—denominato attribuzione—è « l'equivalente sul piano superficiale dell'asserzione logica della grammatica fondamentale » (*Du Sens*, *op. cit.*, p. 175). Discuto, nell'articolo sopra citato, la pertinenza logica di tale equivalenza (« La grammaire narrative de Greimas », p. 391).

sentare tutte le operazioni anteriori come cambiamenti di 'luoghi'—i luoghi iniziali e terminali dei transferts—in altri termini il vantaggio di realizzare una sintassi topologica degli enunciati traslativi. Così i quattro vertici del quadrato semiotico diventano i luoghi dai quali e verso i quali sono operati i transferts. A sua volta la fecondità di tale sintassi topologica si lascia cogliere nella misura in cui si dispiega l'analisi topologica sui due piani del fare e del voler fare.

Se si prendono in considerazione anzitutto i soli oggetti-valori, acquisiti e trasferiti mediante il fare, la sintassi topologica permette di rappresentarsi la successione ordinata delle operazioni sul quadrato semiotico, lungo linee di contraddizione, di contrarietà e di presupposizione, come una *trasmissione circolare di valori.* Si può dire senza esitazione che tale sintassi topologica dei transferts è il vero risultato della narrazione « in quanto processo creatore di valori » (p. 178).

Se ora prendiamo in considerazione non più soltanto le operazioni, ma gli operatori [43],—vale a dire, nello schema dello scambio, i mittenti e i destinatari del transfert—, la sintassi topologica regola le trasformazioni che segnano la *capacità* di fare, quindi di operare i transferts di valori precedentemente considerati. In altri termini, essa regola l'*istituzione* stessa degli operatori sintattici creando dei soggetti dotati della virtualità del fare.

Questo sdoppiamento della sintassi topologica corrisponde quindi allo sdoppiamento del fare e del volere (potere, saper fare), cioè allo sdoppiamento degli enunciati narrativi in enunciati descrittivi ed enunciati modali, quindi anche allo sdoppiamento delle due serie di *performances*: l'acquisizione è così il transfert che concerne sia valori-oggetti, sia valori modali (acquisire il potere, il sapere, il voler fare).

La seconda serie di *performances* è la più importante dal punto di vista dell'avvio del percorso sintattico. Occorre che vengano messi in atto degli operatori in grado di potere, poi sapere e volere, perché, a loro volta, siano possibili dei transferts di valore. Se quindi si chiede da dove venga il primo attante, bisogna evocare il *contratto* che istituisce il soggetto del desiderio attribuendogli la modalità del volere. L'unità narrativa particolare nella quale è posto il volere di un soggetto 'sapiente' o 'potente' costituisce la prima *performance* del racconto.

43 « Una sintassi degli operatori deve essere costruita indipendentemente dalla sintassi delle operazioni: un livello metasemiotico deve essere predisposto per giustificare i transfert di valori » (*Du Sens*, *op. cit.*, p. 178).

Il 'racconto compiuto' (p. 180) combina la serie dei transferts di valori obiettivi con la serie dei transferts che istituiscono un soggetto 'sapiente' o 'potente'.

Le preoccupazioni topologiche di Greimas rappresentano così l'estremo tentativo per spingere l'estensione del paradigmatico il più lontano possibile nel cuore del sintagmatico. Mai come in questo punto l'autore si sente vicino a realizzare il vecchio sogno di fare della linguistica un'algebra del linguaggio[44].

Insomma, al termine del proprio *percorso* che va dal piano di immanenza a quello di superficie, la semiotica fa apparire il racconto stesso come *percorso*. Ma tale percorso viene considerato come lo stretto omologo delle operazioni implicate dalla struttura elementare di significazione a livello della grammatica fondamentale. È « la manifestazione linguistica della significazione narrativizzata » (*Du Sens*, p. 183).

A ben vedere, il percorso dei livelli semiotici della narratività non è tanto compiuto quanto piuttosto interrotto: si sarà notato che qui non si dice nulla del terzo livello, il livello di manifestazione, per il quale i posti definiti formalmente a livello della grammatica di superficie sono riempiti in maniera figurativa. Di fatto, il livello figurativo è rimasto fino a questo momento il parente povero dell'analisi semiotica. Pare che la ragione stia nel fatto che la figurazione (assiologica, tematica, attanziale) non è considerata come prodotto di una attività *configurante* autonoma. Di qui il nome di manifestazione attribuito a questo livello: come se a tale livello non avvenisse nulla di interessante, tranne l'esposizione delle strutture soggiacenti. In tal senso, il modello offre delle figurazioni senza configurazione. L'intero dinamismo della costruzione di intrigo si trova ad essere riportata sulle operazioni logico-semantiche e sulla sintagmatizzazione degli enunciati narrativi in programmi, in *performances* e in successioni di *performances*. Non è quindi un caso se il termine di intrigo non compare nel vocabolario ragionato della semiotica narrativa. A ben vedere, non potrebbe trovarvi posto dal momento che rimanda piuttosto all'intelligenza narrativa, di cui la razionalità semiotica

[44] In una conversazione raccolta da Frédéric Nef (in F. Nef e altri, *Structures élémentaires de la signification*, Ed. Complexe, Bruxelles 1976), Greimas dichiara: « Se ora si considera la narrazione nella sua prospettiva sintagmatica, dove ogni programma narrativo risulta come un processo fatto di acquisizioni e di smarrimento di valori, d'arricchimenti e di impoverimenti di soggetto, si avverte che ogni passo fatto in avanti sull'asse sintagmatico corrisponde a 'e si definisce mediante' uno spostamento topologico sull'asse paradigmatico » (p. 25).

cerca di fornire un equivalente, meglio una simulazione. Bisogna quindi attendere dalla semiotica narrativa che essa sviluppi un interesse specifico per la *figuratività*, prima che ci si possa pronunciare sulla sorte riservata ai « giochi dei condizionamenti semiotici » a livello figurativo.

Prima di proporre alcune riflessioni critiche circa il modello semiotico, vorrei sottolineare l'intenso spirito di ricerca che anima l'opera di Greimas e quella della sua scuola. Abbiamo già notato quanto il modello semiotico radicalizzi e arricchisca il primo modello attanziale. Bisogna quindi considerare *Du Sens* come un semplice taglio trasversale entro una ricerca ancora in svolgimento.

Maupassant fornisce già ulteriori complementi alcuni dei quali anticipano importanti revisioni. Ne noteremo tre.

A livello delle strutture profonde, Greimas ha cominciato a correggere il carattere acronico delle operazioni di trasformazione applicate al quadrato semiotico aggiungendo ad esse delle strutture aspettuali: la *duratività*, che deriva dalla temporalizzazione di uno stato e caratterizza qualsiasi processo continuo; successivamente i due aspetti puntuali che delimitano i processi: l'*incoatività* e la *conclusività* (*terminativité*) (così, nel racconto di Maupassant *Deux Amis*, i termini 'morente' e 'nascente'; si può unire l'iteratività alla duratività); infine la relazione di tensione—la *tensitività*—, instaurata tra un sema durativo e uno dei sema puntuali e che si esprime mediante espressioni del tipo 'assai vicino', 'troppo', 'lontano'.

La collocazione di queste strutture aspettuali è difficile da definire in rapporto alle strutture profonde da un lato e, dall'altro, in rapporto alle strutture discorsive coestensive al fare. In effetti, per un verso, le strutture aspettuali sono assimilate ad operazioni logiche: l'opposizione permanenza/incidenza determina l'opposizione duratività/puntualità. Analogamente, le posizioni temporali prima/durante/dopo vengono considerate come « posizioni temporalizzate » (p. 71) di relazioni logiche di anteriorità/concomitanza/posteriorità; quanto all'articolazione permanenza/incidenza, essa non è altro che l'« adattamento al tempo » della coppia continuo *vs* discontinuo. Ma attraverso queste espressioni altro non si fa che fare arretrare il rapporto con il tempo. Per un altro verso, ci si può chiedere se è possibile che considerazioni aspettuali possano essere introdotte prima di qualsiasi connessione sintagmatica, di qualsiasi percorso discorsivo; ecco perché nell'analisi delle sequenze del racconto di Maupassant gli elementi di tipo aspettuale vengono introdotti in occasione dei loro investimenti discorsivi. Non si vede infatti come delle relazioni logiche potrebbero temporalizzarsi senza lo svolgersi di un qualche processo, che esige una struttura sintagmatica del discorso secondo la linearità temporale. L'introduzione delle strutture aspettuali entro il modello non avviene senza qualche difficoltà.

Una seconda importante aggiunta—anche per la flessione del livello logico-semantico e del suo investimento discorsivo—concorre ulteriormente a conferire dinamismo al modello, senza attenuarne la base paradigmatica. Tale aggiunta riguarda il carattere fortemente *assiologizzato* dei contenuti da collocare al vertice del quadrato semiotico. In tal modo l'intero racconto *Deux Amis* si svolge a partire da una isotopia dominante, dove morte e vita costituiscono l'asse dei contrari, con i loro contraddittori incrociati: non-vita, non-morte. Non si tratta di attanti, diversamente bisognerebbe parlarne con le categorie del fare, bensì di connotazioni *euforiche* e *disforiche*, in grado d'essere sottese a qualsiasi racconto. Una gran parte del trattamento semiotico successivo consisterà nell'assegnare a questi posti dei personaggi, ma anche delle entità appena antropomorfizzate, come il Sole, il Cielo, l'Acqua, il Mont-Valérien. Tutto sta ad indicare che questi valori assiologici profondi rappresentano ben più che degli stereotipi culturali o delle ideologie. I valori rispettivi della vita e della morte sono assunti da tutti gli uomini; ciò che è proprio a una data cultura, ad una data scuola di pensiero, a un dato narratore, è l'investire tali valori-chiave in figure determinate, come nel nostro racconto che mette il cielo sul versante della non-vita e l'Acqua sul versante della non-morte. L'interesse di tale collocazione dei valori euforici e disforici al livello più profondo possibile è non solo quello di garantire la stabilità del racconto nel corso del suo svolgimento, ma congiungendo assiologico e logico favorire la narrativizzazione del modello fondamentale. Non abbiamo forse imparato da Aristotele che i mutamenti di cui si occupa prioritariamente il dramma sono quelli che rovesciano la fortuna in sfortuna e viceversa? Ma, ancora una volta, la posizione di tali determinazioni assiologiche nello schema generale non è così facile da stabilire. Anzitutto, è difficile, anche a questo proposito, non riferirsi ai ruoli tematici che tali connotazioni segnano, cioè i soggetti discorsivi che vi svolgono un percorso narrativo. In secondo luogo, il carattere polemico è già sottinteso nell'opposizione dei valori. Si ritiene comunque che tali opposizioni precedano i ruoli e i soggetti nelle loro relazioni polemiche.

Una terza aggiunta al modello elementare è ancora più difficile da distinguere dai suoi investimenti discorsivi. Eppure, la sua anteriorità logica in rapporto al fare e agli attanti, e il suo carattere nettamente paradigmatico, gli assicurano una collocazione la più vicina possibile alle strutture profonde. Essa concerne i *mittenti* rispetto ai quali gli attanti e i ruoli tematici sono i delegati, le incarnazioni, le figurazioni, secondo il livello gerarchico variabile dei mittenti stessi e dei loro rappresentanti narrativizzati: così nei *Deux Amis*, la Vita, la Morte e i loro contraddittori sono dei mittenti, ma anche Parigi, la Prussia, ecc. Alla nozione di mittente si congiunge la nozione di messaggio, quindi di invio, quindi di messa in movimento, di dinamizzazione. Quando l'autore la introduce per la prima volta nel suo testo, sottolinea precisamente questa funzione: « trasformare una assiologia, data come sistema di valori, in una sintagmatizzazione operativa » (p. 62). È vero che la semiotica del racconto l'introduce soltanto nel momento in cui può farle corrispondere una distribuzione attanziale; ma ciò che importa per la teoria è che tale distribuzione ricopre l'insieme del racconto; ecco perché l'autore può parlare di « statuto protoattanziale del mittente [45] » (p. 63). In tal modo si sovrappongono sul quadrato semiotico dei termini logici, dei predicati assiologici e dei mittenti, prima che vi si inscrivano degli attori figurativi.

Ancora più rilevanti sono i complementi che *Maupassant* apporta alla grammatica del *fare*, quindi sul piano chiaramente discorsivo. Il racconto moderno esige in effetti che vengano considerati dei processi che si svolgono sul piano *cognitivo*, sia che si tratti di osservazione o d'informazione, di persuasione o d'interpretazione, di inganno, d'illusione, di menzogna o di segreto. Greimas risponde a tale sollecitazione (che ha la sua origine nella funzione drammatica del 'riconoscimento' in Aristotele e anche nelle celebri analisi del *trickster* o ingannatore in campo antropologico) mediante una serie di decisioni metodologiche audaci. Anzitutto, egli sdoppia chiaramente il fare in *fare pragmatico* e in *fare cognitivo*, quest'ultimo instaura il soggetto competente come soggetto noologico distinto dal soggetto somatico. Successivamente sdop-

[45] La coppia mittente-destinatario prolunga quella del mandato in Propp o del contratto inaugurale nel primo modello attanziale di Greimas, contratto in virtù del quale l'eroe riceve la competenza di fare. Ma la coppia mittente-destinatario è collocata ora ad un piano più radicale di formalizzazione. Ci sono, in effetti, dei mittenti individuali, sociali e anche cosmici.

pia il fare cognitivo secondo due polarità: il *fare persuasivo*, esercitato dal mittente del fare cognitivo nei confronti del destinatario, a tale fare corrisponde, sul versante del destinatario, il *fare interpretativo*. Il vantaggio essenziale che si trova nel considerare la dimensione cognitiva in termini di fare è quello di poter sottoporre le operazioni di conoscenza alle medesime regole di trasformazione che valgono per le azioni propriamente dette (già Aristotele aveva incluso nel suo *muthos* i 'pensieri' dei personaggi entro la categoria di *dianoia*); così le inferenze dall'apparire all'essere, e in ciò consiste l'interpretazione, sono delle forme del fare che sono in grado di inscriversi come le altre in un percorso narrativo. Analogamente, la relazione polemica può affrontare non solo due fare pragmatici, ma due fare persuasivi, per esempio nella discussione, o ancora due fare interpretativi, per esempio nell'accusa o nel rifiuto di colpevolezza. Ormai, quando si parla di rapporto polemico, bisogna avere presente allo spirito tutta questa ricca tavolozza del fare [46].

Eppure il varco aperto nella teoria fin qui relativamente omogenea del fare non è affatto trascurabile. Per dare conto della persuasione e dell'interpretazione, bisogna in effetti fare ricorso alle categorie, nuove per la semiotica, ma antichissime in filosofia, dell'essere e dell'apparire. Persuadere vuol dire far credere che ciò che appare è; interpretare vuol dire inferire dall'apparire all'essere. Ma l'autore insiste nel dire che si mantiene a questi termini « il senso di esistenza semiotica » (p. 107). Chiama relazione fiduciaria questo passaggio da un piano all'altro, che instaura i valori denominati certezza, convinzione, dubbio, ipotesi, riconoscendo di non disporre ancora della categorizzazione certa dei valori fiduciari (p. 108). Pensa in tal modo di mantenere un carattere logico alle trasformazioni narrative nelle quali un soggetto, camuffandosi, miri al fatto che un altro soggetto interpreti il non-apparire come non-essere; il primo si colloca sotto la categoria del segreto, che congiunge essere e non-apparire. Tale prova, posta nella dimensione cognitiva del racconto, mantiene così ad un tempo la sua iscrizione narrativa e i suoi tratti logici mediante l'introduzione di un nuovo quadrato semiotico, il *quadrato della veridicità*, costituito a partire dall'opposizione essere *vs* apparire, completato dalle due rispettive forme contraddittorie: non-essere, non-apparire. La verità segna la congiunzione dell'essere dell'appa-

[46] Cfr. Jacques Escande, *Le Récepteur face à l'Acte persuasif. Contribution à la théorie de l'interprétation* (*à partir de l'analyse de textes évangéliques*), these de IIIe cycle en sémantique générale dirigée par A.J. Greimas, EHESS, 1979.

rire, la falsità quella del non-apparire e del non-essere, la menzogna quella dell'apparire e del non-essere, il segreto quella dell'essere e del non-apparire. L'inganno è il fare persuasivo che consiste nel trasformare la menzogna in verità (far passare per...), vale a dire presentare e far accettare ciò che appare ma non è come ciò che appare ed è. L'illusione è il fare interpretativo che risponde alla menzogna, accettandola come una sorta di contratto con il mittente ingannatore. L'ingannatore, in quanto ruolo attanziale (colui che si fa passare per un altro), è in tal modo suscettibile di una definizione precisa sul piano della veridicità.

L'introduzione del fare cognitivo, la distinzione tra fare cognitivo e fare interpretativo e la messa in atto della struttura della veridicità costituiscono le aggiunte più significative di *Maupassant* rispetto alla categorizzazione del fare, soprattutto se si tiene conto di tutte le modalizzazioni del poter fare che vi si innestano (compresa quella che è la più importante di tutte nei *Deux Amis*: il rifiuto, cioè il voler non volere). In tal modo si potrà dare conto, in questo racconto di Maupassant, di una situazione drammatica tanto meritevole di considerazione quanto quella di una ricerca illusoria, trasformata in vittoria segreta [47].

Sono questi i principali incrementi di *Maupassant* al modello semiotico. Direi a tale proposito che essi distendono il modello senza distruggerlo. (È forse con il problema della veridicità che la minaccia di rottura è al livello massimo.) Nella misura in cui non si propongono alcuna modificazione importante del modello descritto dieci anni prima in *Du Sens*, essi neppure rimettono in causa la critica che è possibile fare a proposito del modello semiotico di base, ai suoi tre livelli: strutture profonde, superficiali, figurative.

Il problema fondamentale posto dal modello di grammatica narrati-

[47] *Maupassant* suggerisce altre distinzioni sempre più raffinate circa il fare. La voce 'fare' nell'*index rerum* posto alla fine di *Maupassant* (p. 273) dà un'idea delle ramificazioni che la teoria è in grado di produrre mediante testi molto più sottili che le favole popolari. La distinzione tra *fare* e *essere* mi sembra la più difficile da mantenere nell'ambito della narratività, nella misura in cui essa non si inscrive più all'interno del fare; ma l'*essere* che è qui in discussione si relaziona al fare per mezzo dell'idea di stato, di disposizione durevole: per esempio, la gioia, che segna l'installazione in uno stato euforico, o ancora la libertà, quando i « Due Amici », privi di qualsiasi capacità di fare dopo la loro cattura, esercitano il loro potere di non voler fare, cioè il loro rifiuto, e sono così instaurati nel loro *essere-libero*, che si esprime, alla fine del racconto, con il loro poter morire in piedi.

va è quello di sapere se la grammatica detta di superficie non è più ricca, quanto a potenzialità narrative, della grammatica fondamentale, e se questo arricchimento crescente del modello per tutto il percorso semiotico non derivi forse dalla nostra capacità a seguire una storia e dalla nostra familiarità acquisita con la tradizione narrativa.

La risposta a tale problema si trova ad essere pregiudicata dalla designazione iniziale della grammatica profonda come piano di immanenza e della grammatica di superficie come piano di manifestazione.

Ora, tale problema mette ancora una volta in gioco, ma sulla base di un modello assai più raffinato, la questione che ci occupa dall'inizio di questo capitolo; quello dei rapporti tra la razionalità della narratologia e l'intelligenza narrativa, forgiata nella pratica della costruzione di intrigo. Ecco perché la discussione deve essere più serrata che mai.

Il mio dubbio iniziale che il seguito dell'argomentazione sottoporrà a verifica, è che, fin dal suo primissimo stadio, e cioè la costruzione del quadrato semiotico, l'analisi è teleologicamente guidata dall'anticipazione dello stadio finale, vale a dire quello della narrazione in quanto processo creatore di valori (*Du Sens*, p. 178), nel quale vedo l'equivalente, a livello della razionalità semiotica, di quello che la nostra cultura narrativa ci fa comprendere come intrigo. Intendiamoci bene: tale dubbio non squalifica affatto la ricerca. Mette in questione l'autonomia presunta delle procedure semiotiche, così come la discussione dei modelli nomologici in storia ha messo in questione l'autonomia della razionalità storiografica in rapporto alla competenza narrativa. La prima parte del dibattito si manterrà sul piano della grammatica profonda.

Metto da parte, a questo punto, la questione della consistenza logica del modello costituzionale. Limito la discussione a due punti. Il primo riguarda le condizioni che il modello deve realizzare per mantenere la sua efficacia lungo l'intero percorso semiotico. Così come è costituito a livello della struttura elementare di significazione, il modello è un modello forte. Ma, come succede spesso con l'interpretazione in un ambito dato di modelli costruiti *a priori*, talune delle sue esigenze devono essere come attenuate per ben funzionare in tali ambiti. Ne abbiamo avuto un esempio nel campo della storiografia: abbiamo visto come il modello nomologico ha dovuto essere attenuato per poter incontrare la metodologia effettiva che il mestiere di storico comporta. Il modello tassonomico di partenza, a sua volta, mantiene un significato logico solo se resta un modello forte. Ora, esso ha tutta la sua forza solo se resta a livello di un'analisi semica, se non compiuta, quanto meno condotta fino al punto in cui consente un « inventario limitato di categorie semiche » (p. 161). A tali condizioni, la contrarietà costituisce una contrarietà forte, cioè una opposizione binaria tra semi della medesima categoria, come per esempio la categoria semica binaria bianco *vs* nero; la contraddizione, a sua volta, è una contraddizione forte: bianco *vs* non-bianco; nero *vs* non-nero; e il presupposto di non-S_1 grazie a S_2 è veramente preceduto da due rapporti di contraddizione e di contrarietà, nel senso rigoroso che abbiamo appena esposto. Ora possiamo dubitare che queste tre esigenze siano soddisfatte nel loro rigore, nell'ambito della narratività. Se lo fossero, tutte le ulteriori operazioni dovrebbero essere ugualmente « prevedibili e calcolabili » (p. 166) così come dichiara l'autore. *Ma allora, non succederebbe niente.* Non vi sarebbe alcun evento. Non vi sarebbe sorpresa. Non vi sarebbe nulla da raccontare. Possiamo quindi presumere che la grammatica di superficie avrà più spesso a che fare con quasi-contraddizioni, quasi-contrarietà, quasi-presupposizioni.

Il secondo punto sul quale vorrei soffermarmi, sempre al livello della grammatica profonda, concerne la narrativizzazione della tassonomia, assicurata grazie al passaggio dalle *relazioni non orientate* nel modello tassonomico alle *operazioni orientate* che forniscono una interpretazione sintattica al modello.

Infatti, il passaggio dall'idea di relazione statica a quella di operazione dinamica implica una vera aggiunta al modello tassonomico, che lo cronologizza veramente, quanto meno nel senso in cui una trasformazione prende del tempo. Tale aggiunta è segnata nel testo degli *Eléments* mediante la nozione di « produzione di senso da parte del soggetto » (*Du Sens*, p. 164). C'è qui ben più che una riformulazione: l'introduzione, ad un livello di eguaglianza, di un fattore sintagmatico accanto al fattore paradigmatico. La nozione di equivalenza perde allora il suo senso di relazione reciproca nel passaggio dalla morfologia alla sintassi: perché in che cosa una relazione stabile e la sua trasformazione sono equivalenti se è l'orientamento che è pertinente nella seconda? Ci si può quindi chiedere se la costruzione del modello non è stata guidata dall'idea delle trasformazioni orientate da fare apparire sui suoi termini inerti.

Questo problema si pone a tutti i livelli: la finalità di una operazione sembra davvero consistere nell'operazione seguente, e finalmente nell'idea compiuta di narratività. È ancora quello che si osserva nel passaggio dalla grammatica profonda alla grammatica di superficie.

L'arricchimento del modello iniziale deriva dall'amplissimo apporto delle determinazioni caratteristiche del fare. Ora, tutte queste determinazioni nuove non derivano direttamente dal modello tassonomico, mentre dipendono da una semantica dell'azione [48]. Sappiamo, di un sapere immanente allo stesso fare, che il fare è l'oggetto di enunciati la cui struttura differisce essenzialmente da quella degli enunciati predicativi della forma S *è* P, e degli enunciati relazionali della forma X *è tra* Y *e* Z. Questa struttura degli enunciati descrittivi dell'azione è stata oggetto di ricerche precise entro la filosofia analitica, di cui dò conto ne *La Sémantique de l'action* [49]. Un aspetto notevole di tali enunciati è quello di comportare una struttura aperta che va da « Socrate parla... » fino a « Bruto uccise Cesare, agli Idii di marzo, nel Senato romano, con una pugnalata... ». È questa semantica dell'azione che è infatti presupposta dalla teoria dell'enunciato narrativo. Fare è qui sostituibile a tutti i verbi di azione (come *to do* in inglese). In nessun altro ambito l'apporto specifico della semantica dell'azione è più evidente che nel passaggio, per modalizzazione, dagli enunciati sul fare agli enunciati sul poter fare. Grazie a che cosa sappiamo in effetti che il voler fare rende il fare eventuale? Nessun elemento del quadrato semiotico ci permette di supporlo. Del resto, la tipologia del voler fare, del voler essere, del voler avere, del voler sapere e del poter volere è eccellente. Ma essa dipende, dal punto di vista linguistico, da una grammatica assolutamente specifica che la filosofia analitica ha elaborato, in modo estremamente raffinato, sotto il nome di logica intenzionale. E se si domanda una grammatica originale per mettere in forma logica il rapporto tra gli enunciati modali in 'voler che...' e gli enunciati descrittivi del fare, è la fenomenologia implicita alla semantica dell'azione che conferisce senso alla dichiarazione di Greimas secondo la quale « gli enunciati modali dal momento che hanno il volere come funzione, instaurano il soggetto come una virtualità del fare, mentre due altri enunciati modali, caratterizzati dalle modalità del

[48] Si potrebbe muovere l'obiezione che noi confondiamo le categorie antropomorfiche del livello di superficie con delle categorie umane del livello figurativo (caratterizzate dall'esistenza di fini, motivi, scelte), in una parola, con le categorie della prassi descritte nella nostra prima parte sotto il titolo di *mimesis* I. Ma dubito che si possa definire il fare senza alcuna referenza all'agire umano, se non grazie all'interpretazione delle categorie di quasi-personaggio, di quasi-intrigo e di quasi-avvenimento (*Tempo e Racconto*, t. I, pp. 263 ss).

[49] Rinvio, in particolare, ai lavori di Anthony Kenny, *Action, Emotion and Will*, Routledge and Kegan Paul, London 1963.

sapere e del potere, determinano questo fare eventuale in due maniere differenti: come un fare derivato dal sapere, oppure come un fare che si fonda unicamente sul potere » (p. 175). Analogamente questa fenomenologia implicita viene fatta emergere dal momento in cui si può interpretare l'enunciato modale come il « desiderio di realizzazione » di un programma che è presente sotto forma di enunciato descrittivo e fa parte, al tempo stesso, in quanto oggetto, dell'enunciato modale (p. 169).

Ne deriva che il rapporto tra il piano semiotico e il piano della prassi è un rapporto di presenza reciproca. Il quadrato semiotico apporta la sua rete di termini reciprocamente definiti e il suo sistema di contraddizione, di contrarietà e di presupposizione. La semantica dell'azione apporta i significati maggiori del fare e la struttura specifica degli enunciati che si riferiscono all'azione. In tal senso, la grammatica di superficie è una grammatica mista: semiotico-pratica [50]. In questa grammatica mista, sembra ben difficile poter parlare di *equivalenza* tra le strutture dispiegate dalla semantica dell'azione e le operazioni intrinseche al quadrato semiotico.

Faremo un passo avanti nell'obiezione osservando che l'enunciato narrativo semplice resta una astrazione all'interno della grammatica superficiale, fino a quando non sarà stato introdotto il rapporto polemico tra programmi e tra soggetti opposti. Abbiamo già notato in precedenza che non vi è niente di specificamente narrativo in una frase d'azione isolata. Solo una catena di enunciati costituisce un sintagma narrativo e consente, retroattivamente, di chiamare narrativi gli enunciati di azione che compongono la catena. A tale proposito, il rapporto polemico rappresenta la prima soglia autentica di narratività nella grammatica superficiale, mentre la seconda è costituita dalla nozione di *performance* e la terza da quella di successione sintagmatica di *performances* e dal transfert di valori che essa opera.

Consideriamo successivamente ciascuna di queste soglie, cominciando dalla prima, la rappresentazione polemica dei rapporti logici.

Notiamo, anzitutto, che tale rappresentazione polemica porta con sé nuovi aspetti che, prima d'avere un significato logico del tipo contraddizione o contrarietà, hanno una significazione di prassi autonoma. Il con-

[50] La situazione, a tale riguardo, non è diversa da quella descritta a proposito dell'esame di *Logique du récit* di Claude Bremond. Anche in quel caso, la logica del racconto si basava su una fenomenologia e una semantica dell'azione che l'autore chiamava una metafisica.

fronto e la lotta sono delle figure dell'orientamento dell'azione verso altri, che dipendono da una sociologia comprensiva del tipo di quella di Max Weber, nella quale si vede effettivamente comparire la lotta (*Kampf*) ad uno stadio ben determinato della costituzione progressiva delle categorie di base del suo grande trattato *Wirtschaft und Gesellschaft*[51] (*Economia e Società*). L'introduzione della categoria di lotta accentua, per conseguenza, il carattere misto—metà logico, metà pratico—di tutta la grammatica narrativa.

Osserviamo, inoltre, che l'equivalenza sul piano logico tra scontro e contraddizione è assai contestabile. La nozione di scontro, mi pare, mette in gioco un tipo di negatività di cui Kant per primo, nel suo opuscolo *Per introdurre in filosofia il concetto di grandezza negativa*[52], aveva mostrato l'irriducibilità alla contraddizione. L'opposizione di un soggetto ad un anti-soggetto non è quella di due fare contraddittori. Si può temere che essa non sia neppure più vicina alla contrarietà[53].

51 Max Weber, *Wirtschaft und Gesellschaft*, Studienausgabe, J.C.B. Mohr (Paul Siebeck), Tübingen 1972[5], prima parte, cap. I, par. 8, « Begriff des Kampfs » (p. 20). Le categorie precedenti sono quelle di azione sociale, d'orientamento dell'azione (costumi, abitudini), d'ordine legittimo (convenzione, diritto), di fondamento di legittimità (tradizione, fede, legittimazione mediante la legge).

52 Emmanuel Kant, *Essai pour introduire...*, traduzione, introduzione e note di Roger Kempf, Vrin, Parigi 1949, cap. II, « L'opposition universelle ».

53 In « L'entretien avec Greimas » (F. Nef, *Structures élémentaires de la signification*, *op. cit.*, p. 25), l'autore insiste sul fatto che la struttura polemica della narrazione è ciò che consente di estendere l'articolazione *paradigmatica* iniziale del modello tassonomico all'intero svolgimento *sintagmatico* della narrazione. Opponendo un anti-soggetto ad un soggetto, un anti-programma ad un programma, moltiplicando anche i quadrati attanziali mediante il frammentarsi di ogni attante in *actant*, *négactant*, *entactant*, *négentactant*, la struttura polemica assicura l'infiltrazione dell'ordine paradigmatico nell'intero ordine sintagmatico: « Non ci si deve allora stupire che l'analisi dei testi, sia di quelli tanto complessi che di quelli poco complessi, obblighi a moltiplicare le posizioni attanziali rivelando così, accanto al suo svolgimento sintagmatico, l'articolazione paradigmatica della narratività » (*ibid.*, p. 24). Ma si può dire anche l'inverso: è proprio perché succede qualche cosa dell'ordine del conflitto tra due soggetti, che è possibile farne la proiezione sul quadrato. E questa proiezione, a sua volta, è possibile perché il quadrato stesso è stato trattato « come il luogo nel quale si effettuano le operazioni logiche » (*ibid.*, p. 26), in una parola, è stato in precedenza narrativizzato. Ogni progresso in questo lavoro di proiezione sul quadrato, di grado in grado, può risultare, a volta a volta, come la crescita del paradigmatico nel vivo del sintagmatico, o come l'aggiunta di nuove dimensioni sintagmatiche (ricerca, lotta, ecc.) segretamente finalizzate dalla duplice struttura paradigmatica e sintagmatica del racconto compiuto.

L'aggiunta delle categorie di transfert alle categorie polemiche pone un problema analogo. A questo nuovo stadio ancora, il ricorso implicito alla fenomenologia è flagrante: se trasferire vuol dire privare uno per dare all'altro, c'è *più* nel privare e dare che nel separare e congiungere. La privazione di un oggetto-valore subita da un soggetto è una modificazione che ne fa come un paziente. Ciò che l'ultima tappa della costituzione del modello aggiunge allora, è una fenomenologia del *patire/agire*, nella quale prendono senso nozioni quali privazione e donazione. Tutto il linguaggio topologico di quest'ultima fase è un misto di congiunzioni/disgiunzioni logiche [54] e di modificazioni che sopraggiungono nel campo non soltanto pratico ma anche del patire. Tale conclusione non deve sorprendere, se è vero che la sintassi topologica dei transferts che reduplica il percorso delle operazioni logiche del quadrato semiotico « organizza la narrazione in quanto processo creatore di valori » (p. 178). In che modo tale reduplicazione potrebbe fare passare delle operazioni sintattiche che, nel contesto tassonomico erano « prevedibili e calcolabili » (p. 166), ad un « processo creatore di valori »? Bisognerà che la logicità sia in qualche modo inadeguata alla creatività propria del racconto. Tale scarto esplode a livello del transfert, nella misura in cui correlazione e presupposizione si distanziano dal modello logico forte per esprimere la dissimmetria della privazione e dell'attribuzione e la *novità* propria all'attribuzione. Il carattere di innovazione che è proprio dell'attribuzione è ancora più manifesto quando è il potere, il sapere e il voler fare—cioè la virtualità stessa del fare—che toccano al soggetto.

Questo scarto tra lo schema iniziale, nel quale tutte le relazioni si compensano, e lo schema terminale, nel quale nuovi valori vengono prodotti, è mascherato nel caso particolare delle favole russe di Propp in cui la circolazione dei valori approda ad una restaurazione della situazione iniziale. La figlia del re rapita da un traditore che la porta altrove per nasconderla viene trovata dall'eroe e restituita ai suoi genitori! Lo stesso Greimas, nella sua *Sémantique structurale*, ammetteva che la funzione più generale del racconto era quella di ristabilire un ordine di valori minacciato. Ora, sappiamo bene, grazie allo schematismo degli intrighi prodotto dalle culture di cui siamo eredi, che questa restaurazio-

[54] A proposito della coerenza della sintassi topologica in quanto tale, e il ruolo attribuito alla relazione di presupposizione che chiude il percorso tra i poli del quadrato semiotico, si veda la mia discussione in « La grammaire narrative de Greimas », art. cit., pp. 22-24.

ne caratterizza soltanto una categoria di racconti e ugualmente anche di favole. Quanto diversi sono i modi in cui l'intrigo articola 'crisi' e 'svolgimento'! E quanto diversi i modi in cui l'eroe (o l'anti-eroe) viene modificato dal corso dell'intrigo! Ed è anche certo che qualsiasi racconto possa essere proiettato su questa matrice topologica, che comporta due programmi, un rapporto polemico e un transfert di valori? Il nostro precedente studio delle metamorfosi dell'intrigo ci porta a dubitarne.

Per concludere, il modello di Greimas mi sembra sottoposto ad un duplice condizionamento: logico da un lato, dell'agire-patire dall'altro. Ma esso non soddisfa al primo condizionamento, spingendo sempre più avanti l'inscrizione sul quadrato semiotico delle componenti della narratività introdotta ad ogni nuovo livello, soltanto se l'intelligenza che noi abbiamo del racconto e dell'intrigo suscita, parallelamente, delle aggiunte adeguate di ordine francamente sintagmatico senza le quali il modello tassonomico resterebbe inerte e sterile [55].

Riconoscere tale carattere misto del modello di Greimas non vuol dire affatto rifiutarlo: vuol dire, al contrario, far emergere le condizioni della sua intelligibilità, come abbiamo fatto nella seconda parte di questo lavoro per i modelli nomologici in storia.

[55] L'autore non è lontano dal riconoscere, nel corso de « L'entretien » sopra citato: « Tuttavia, si tratta qui solo di una sintassi manipolante, con l'aiuto di disgiunzioni e congiunzioni, di enunciati di *stato* e che danno del racconto solo una rappresentazione statica di una successione di stati narrativi. Proprio come nel caso del quadrato tassonomico, non deve essere considerato che come il luogo dove si effettuano le operazioni logiche, le successioni di enunciati di stati sono organizzate e manipolate attraverso enunciati del fare e mediante soggetti trasformatori che vi sono inscritti » (*Structures élémentaires de la signification*, *op. cit.*, p. 26).

Capitolo terzo
I GIOCHI CON IL TEMPO

L'*arricchimento* del concetto di costruzione dell'intrigo e, correlativamente, del concetto di tempo narrativo, al quale è dedicato lo studio che segue, è senza dubbio, come abbiamo già annunciato nella introduzione a questa terza parte, il privilegio del racconto di finzione, piuttosto che del racconto storico, in ragione del superamento di taluni condizionamenti propri di quest'ultimo e che saranno oggetto di uno studio analitico nel corso della nostra quarta parte. Questo privilegio consiste in quella notevole proprietà del racconto di potersi sdoppiare in *enunciazione* e *enunciato*. Per introdurre questa distinzione, basterà ricordare che l'atto configurante che presiede alla costruzione dell'intrigo è un atto di giudizio, che consiste nel prendere insieme; più precisamente è un atto che appartiene alla famiglia del giudizio riflettente [1]. Siamo così arrivati a dire che raccontare è già 'riflettere su' gli avvenimenti raccontati. A tale riguardo, il 'prendere insieme' narrativo comporta la capacità di distanziarsi dalla propria produzione e per questa via reduplicarsi.

Tale potere proprio del giudizio teleologico di reduplicarsi si ripro-

[1] Già presso i medievali troviamo l'asserzione piena della *riflessività* del giudizio. Ma Kant introduce la distinzione feconda, del giudizio determinante e del giudizio riflettente. Il giudizio determinante si investe interamente nell'obiettività che produce. Il giudizio riflettente si riporta sulle operazioni mediante le quali edifica forme estetiche e forme organiche sulla catena causale degli avvenimenti del mondo. Le forme narrative costituiscono in questo senso una terza classe di giudizio riflettente, cioè di giudizio capace di prendere per oggetto le operazioni stesse di natura teleologica mediante le quali le entità estetiche e organiche prendono forma.

pone oggi in una terminologia puramente linguistica, quella dell'*enunciazione* e dell'*enunciato*, terminologia che, sotto l'influsso di Günther Müller, di Gérard Genette e dei semiotici della scuola di Greimas, ha avuto diritto di cittadinanza nella poetica narrativa. Ora, è proprio grazie a questo spostamento dell'attenzione dall'enunciato narrativo verso l'enunciazione, che i tratti più propriamente di finzione del tempo narrativo assumono un rilievo particolare. Sono in un certo senso liberati grazie al *gioco* tra i diversi livelli temporali derivati dalla riflessività dell'atto configurante stesso. Noi considereremo diverse versioni di tale gioco, che comincia già tra l'enunciato e le cose raccontate, ma che è reso possibile dallo sdoppiamento dell'*enunciazione* e dell'*enunciato*.

1. *I tempi del verbo e l'enunciazione*

Vorrei prendere in considerazione, quasi in forma di prefazione, le risorse che il *sistema dei tempi del verbo* offre all'enunciazione. Tale ricerca m'è sembrata opportunamente collocata all'inizio degli studi dedicati ai giochi con il tempo che risultano dallo sdoppiamento tra enunciazione e enunciato, nella misura in cui i tre autori che ho scelto di interrogare hanno chiaramente congiunto la loro teoria del tempo del verbo alla funzione di *enunciazione del discorso* piuttosto che alla struttura degli enunciati che restano separati, sia dal rapporto con l'enunciatore, sia dalla situazione di interlocuzione. Inoltre, la soluzione che questi autori hanno dato al problema dell'organizzazione dei tempi del verbo nelle lingue naturali fa sorgere un paradosso che riguarda direttamente lo statuto del tempo nella finzione, quindi del tempo a livello di *mimesis* II.

Da un lato, in effetti, l'apporto principale di tale ricerca è quello di dimostrare che il sistema dei tempi, che varia da una lingua all'altra, non si lascia derivare dall'esperienza fenomenologica del tempo e dalla sua distinzione intuitiva tra presente, passato e futuro. Questa indipendenza del sistema dei tempi del verbo contribuisce a quella della composizione narrativa ad un duplice livello: ad un livello strettamente paradigmatico (diciamo: a livello del *quadro* dei tempi del verbo in una lingua data), il sistema dei tempi offre una riserva di distinzioni, di relazioni e di combinazioni dalla quale la finzione attinge le risorse della propria autonomia in rapporto all'esperienza viva; a tale proposito, la lingua possiede già bell'e fatto, con il suo sistema dei tempi, il mezzo di modulare temporalmente tutti i verbi di azione lungo la catena narrativa. Inoltre, ad un livello che possiamo dire sintagmatico, i tempi del verbo contribuiscono alla narrativizzazione, non più soltanto grazie al gioco delle loro differenze all'interno dei grandi paradigmi grammaticali, bensì grazie alla loro *disposizione successiva* sulla catena del racconto. Che la grammatica francese contenga nel medesimo sistema un imperfetto e un passato remoto, è già una risorsa considerevole; ma che la successione di un imperfetto e di un passato remoto produca un originale effetto di senso, è una risorsa ancora più ammirabile. In altre parole, la sintagmatizzazione dei tempi verbali è tanto essenziale quanto la loro costituzione paradigmatica. Ma sia la prima che la seconda esprimono l'autonomia del sistema dei tempi del verbo nei confronti di ciò che, in una semantica elementare dell'esperienza quotidiana, chiamiamo il tempo.

Da un altro lato rimane aperto il problema di sapere fino a che punto il sistema dei tempi verbali può liberarsi dalla referenza all'esperienza fenomenologica del tempo. L'incertezza, a questo proposito, delle tre concezioni che ci accingiamo a discutere, è assai istruttiva: ci fa vedere la complessità del rapporto che noi riconosciamo al tempo della finzione in rapporto al tempo dell'esperienza fenomenologica, sia che prendiamo questo tempo al livello della prefigurazione (*mimesis* I) o al livello della rifigurazione (*mimesis* III). La necessità di separare il sistema dei tempi del verbo dall'esperienza viva del tempo e l'impossibilità di operare tale separazione completamente, mi sembrano l'illustrazione emblematica dello statuto delle configurazioni narrative, ad un tempo *autonome* rispetto all'esperienza quotidiana e *mediatrici* tra ciò che sta a monte e ciò che sta a valle del racconto.

Se cominciamo con la distinzione introdotta da Emile Benveniste tra storia e discorso [2] e continuiamo con il contributo di Käte Hamburger [3] e di Harald Weinrich [4] alla problematica del tempo del verbo, è per due ragioni.

2 Emile Benveniste, « Les relations du temps dans le verbe français », *Problèmes de linguistique générale*, Gallimard, Paris 1966, pp. 237-250; tr. it., Il Saggiatore, Milano 1971.

3 Käte Hamburger, *Die Logik der Dichtung*, Ernst Klett Verlag, Stuttgard 1957².

4 Harald Weinrich, *Tempus, Besprochene und erzählte Welt*, W. Kohlhammer Verlag, Stuttgard 1964. Traduzione francese col titolo *Le Temps*, Ed. du Seuil, Paris 1973. Qui viene citata l'ed. fr. che è un'opera originale dell'autore, con divisioni e analisi spesso diverse dall'originale tedesco.

Da un lato, è così possibile seguire il progresso che va da uno studio condotto in una prospettiva puramente paradigmatica ad una concezione che completa lo studio dell'organizzazione statica dei tempi del verbo con quella della loro ripartizione successiva all'interno di grandi unità testuali. Dall'altro, si può osservare, da una concezione all'altra, un progresso nella dissociazione dei tempi del verbo con l'esperienza viva del tempo, e prendere la misura delle difficoltà che impediscono di andare fino alla fine di tale tentativo. È qui che cercheremo il principale contributo che queste tre concezioni forniscono alla nostra ricerca sul grado di autonomia delle configurazioni narrative in rapporto all'esperienza prefigurata o rifigurata del tempo.

Ricordo brevemente il senso della distinzione introdotta da Benveniste tra storia e discorso. Nella storia, il locutore non è implicato: « Nessuno parla qui; sembra che gli avvenimenti si raccontino » (p. 241). Il discorso, per contro, designa « qualsiasi enunciazione che supponga un locutore e un ascoltatore, e nel primo l'intenzione di influenzare in qualche modo l'altro » (p. 242). Ogni modo di enunciazione ha il suo sistema di tempi: dei tempi inclusi e dei tempi esclusi. Così il *racconto* include tre tempi: l'aoristo (o passato remoto definito), l'imperfetto, il piuccheperfetto (al quale possiamo aggiungere il prospettivo: doveva o stava per partire); ma soprattutto il racconto esclude il presente e conseguentemente il futuro, che è un presente che deve realizzarsi e il perfetto che è un presente al passato. Per contro, il *discorso* esclude un tempo, l'aoristo, e include tre tempi fondamentali, il presente, il futuro, il perfetto. Il presente è il tempo di base del discorso, perché segna la contemporaneità tra la cosa enunciata e l'istanza di discorso: è quindi strettamente coerente con la caratteristica auto-referenziale dell'istanza di discorso. Ecco perché i due piani di enunciazione si distinguono anche grazie ad una seconda serie di criteri: le categorie della persona. Il racconto non può escludere il presente senza escludere le relazioni di persona: io-tu; l'aoristo è il tempo dell'avvenimento, al di fuori della persona di un narratore.

Che ne è del rapporto tra questo sistema dei tempi del verbo e il vissuto temporale?

Da un lato, la ripartizione dei tempi personali del verbo francese in due sistemi distinti deve essere considerata come indipendente dalla nozione di tempo e dalle sue tre categorie: presente, passato, futuro; la stessa dualità dei due sistemi di tempo sta ad attestarlo: né la nozione di tempo, né le categorie di tempo presente, passato, futuro offrono

« il criterio che deciderà della posizione o anche della possibilità di una forma data all'interno del sistema verbale » (p. 237). Tale definizione è perfettamente omogenea alla separazione operata dall'insieme del sistema simbolico a livello di *mimesis* II in rapporto al livello empirico e pratico di *mimesis* I.

Dall'altro lato, la distinzione tra i due sistemi di enunciazione non è affatto senza rapporto col tempo. Il problema si pone principalmente a proposito del racconto. Forse non è stato abbastanza sottolineato il fatto che il racconto che Emile Benveniste oppone al discorso è costantemente indicato 'racconto storico' o 'enunciazione storica'. Ora, l'enunciazione storica « caratterizza il racconto degli avvenimenti passati » (p. 239). In tale definizione il termine 'passato' è importante quanto il termine 'racconto' e 'avvenimento': questi termini designano « dei fatti sopraggiunti ad un certo momento del tempo, senza alcun intervento del locutore nel racconto » (*ibid*). Se non c'è contraddizione tra questa definizione e l'intento di dissociare il sistema dei tempi dalla distinzione intuitiva tra passato, presente e futuro, è nella misura in cui la referenza può essere fatta sia al passato reale, come nel caso dello storico, sia al passato di finzione, come nel caso del romanziere (cosa questa che permette all'autore di prendere uno dei suoi esempi in un testo di Balzac). Ma se il racconto si caratterizza in rapporto al discorso come seguito di avvenimenti che si raccontano da se stessi senza intervento del locutore, ciò è possibile, secondo Benveniste, nella misura in cui è proprio della nozione di passato, sia esso reale o di finzione, di non implicare l'auto-referenza del locutore alla sua propria enunciazione, come invece avviene nel discorso. Ciò che qui non è elaborato, è il rapporto tra passato di finzione e passato reale. Il passato di finzione suppone il passato reale, quindi la memoria e la storia, oppure è la struttura stessa dell'espressione temporale storica che produce la caratterizzazione come passato? Ma allora, non si comprende perché il passato di finzione è colto come quasi-passato [5].

[5] Una esitazione di Benveniste è, a questo proposito, istruttiva. Dopo aver ripetuto: « Perché possano essere registrati come fatti avvenuti devono appartenere al passato » (tr. it., p. 285), l'autore aggiunge: « Senza dubbio sarebbe meglio dire: dal momento che sono registrati ed enunciati in una espressione temporale storica, essi si trovano caratterizzati come passati » (*ibid.*). Il criterio di non-intervento del locutore nel racconto permette di lasciare in sospeso il problema di sapere se è il tempo del racconto a produrre l'effetto di passato oppure se il quasi-passato del rac-

Quanto al presente dell'istanza di discorso, è difficile dire che sia senza rapporto con il tempo vissuto, se si aggiunge che il perfetto è dal presente al passato e il futuro dal presente a ciò che deve accadere. Una cosa è il *criterio* grammaticale del presente, cioè il carattere auto-referenziale dell'istanza di discorso, altra cosa è il *significato* di questa autoreferenza stessa, cioè la contemporaneità stessa tra la cosa raccontata e l'istanza di discorso. Il rapporto mimetico delle categorie grammaticali nei confronti dell'esperienza viva sta tutt'intero in questo rapporto, ad un tempo di disgiunzione e di congiunzione, tra il presente grammaticale dell'istanza di discorso e il presente vissuto [6].

Questo rapporto mimetico tra tempo del verbo e tempo vissuto non può essere confinato al discorso se, seguendo i successori di Benveniste, ci si interessa più al ruolo del discorso *entro il racconto* medesimo che all'opposizione tra discorso e racconto. Fatti passati, reali o immaginari possono essere presentati senza alcun intervento del locutore nel racconto? Gli avvenimenti possono semplicemente apparire all'orizzonte della storia senza che nessuno ne parli in alcun modo? L'assenza del narratore rispetto al racconto storico non è forse il frutto di una strategia, grazie alla quale il narratore si fa assente rispetto al racconto? Questa distinzione, che riprenderemo più avanti per se stessa, non può fin da ora non riverberare sul problema che noi affrontiamo del rapporto tra tempo del verbo e tempo vissuto. Se è nel racconto stesso che bisogna discernere tra enunciazione (il discorso nel senso di Benveniste) e l'enunciato (il racconto in Benveniste), il problema diventa allora duplice: è, da un lato, quello dei rapporti tra il tempo dell'enunciazione e il tempo dell'enunciato; dall'altro quello del rapporto tra questi due tempi e il tempo della vita o dell'azione [7].

conto di finzione ha qualche rapporto di filiazione con il passato reale, nel senso che lo storico conferisce a questo termine.

6 A ben vedere, la disgiunzione tra tempi verbali e tempo vissuto è presentata da Benveniste con una certa prudenza: « Nella sola nozione di tempo non troviamo il criterio che deciderà della posizione o anche della possibilità di una forma data in seno al sistema verbale » (p. 283). L'analisi delle forme composte, alla quale è dedicata gran parte dell'articolo, pone problemi analoghi riguardanti sia la nozione di compiuto e di incompiuto, sia l'anteriorità di un fatto in rapporto ad un altro fatto riferito. Il problema resta quello di sapere se è possibile sganciare interamente queste forme grammaticali dalle relazioni che hanno rapporto con il tempo.

7 Benveniste è raggiunto su questo punto da Roland Barthes, in *Le Degré zéro de l'écriture*, secondo il quale l'uso del passato remoto connota più la letterarietà del racconto rispetto al denotare il passato dell'azione (cfr. Gérard Genette, *Nou-*

Prima di impegnarci in questo dibattito, portiamo anzitutto un grado più avanti, seguendo Käte Hamburger, la frattura tra il tempo di base della finzione—il preterito—e quello delle asserzioni concernenti il reale, il tempo della conversazione ordinaria, poi, con Harald Weinrich, la dissociazione dell'insieme dei tempi verbali nelle lingue naturali rispetto alle categorie del tempo vissuto—passato, presente, futuro.

Dobbiamo a Käte Hamburger il merito d'aver chiaramente distinto la forma grammaticale del verbo, in particolare i tempi passati, dal loro significato temporale nell'ambito della finzione. Nessuno meglio di lei ha insistito sulla rottura che la finzione letteraria [8] introduce nel funzionamento del discorso. Una barriera insuperabile separa il discorso assertivo (*Aussage*), che concerne la realtà, dal racconto di finzione. Da tale rottura deriva una diversa logica la quale ha le implicazioni a proposito del tempo che descriveremo. Prima di cogliere tali conseguenze, bisogna

veau Discours du récit, Ed. du Seuil, Paris 1983, p. 53).

Sarebbe oggetto di una importante ricerca cercare di scoprire le implicazioni per la teoria narrativa della linguistica di Gustave Guillaume in *Temps et Verbe* (Champion, Paris 1929 e 1965). Apre questa via distinguendo dietro ogni architettonica del tempo delle operazioni di pensiero. Così distingue, al livello dei modi, il passaggio del tempo *in posse* (modo infinito e participio), poi al tempo *in fieri* (modo congiuntivo), poi al tempo *in esse* (modo indicativo). La distinzione, al livello dei tempi *in esse*, di due specie di presente—di due 'cronotipi' (p. 52)—l'uno reale e decadente, l'altro virtuale e incidente, sta al centro di questa cronogenesi. André Jacob mette sulla via della ricerca che io suggerisco, grazie alla sua concezione operatoria del linguaggio, orientata verso una antropologia generale, in cui si incrociano la costituzione del tempo umano e quella del soggetto parlante (*Temps et Langage. Essai sur les structures du sujet parlant*, Armand Colin, Paris 1967).

[8] Käte Hamburger designa col termine generale di *Dichtung* (che traduco in francese con *littérature*, seguendo il modello della traduzione inglese) i tre grandi generi dell'*epico*, del *drammatico* e del *lirico*. L'epico ricopre l'intero ambito narrativo; il drammatico, quello dell'azione portata sulla scena da personaggi che dialogano davanti allo spettatore; il lirico, l'espressione mediante la poesia dei pensieri e dei sentimenti provati da colui che scrive. Appartengono quindi all'ambito della finzione solo il genere epico, che è ancora chiamato mimetico, in ricordo di Platone, e il genere drammatico. Il termine epico, usato in senso lato, richiama il suo utilizzo nella discussione tra Goethe e Schiller circa il confronto tra i meriti dei due generi (« Ueber epische und dramatische Dichtung », 1797, in Goethe, *Sämtliche Werke*, Jubiläums-Ausgabe, Stuttgart e Berlin 1902-1907, vol. 36, pp. 149-152). Da notare che in questo confronto il 'perfettamente passato' (*vollkommen vergangen*) dell'epica è messo in opposizione al 'perfettamente presente' (*vollkommen gegenwärtig*) del dramma; il romanzo non è qui messo in causa, se non come varietà moderna dell'epica, e questo spiega la terminologia di Käte Hamburger.

cogliere la ragione di tale differenza; essa deriva interamente dal fatto che la finzione rimpiazza l'origine-io del discorso assertivo, che è anche essa *reale*, con l'origine-io dei personaggi della finzione. Tutto il peso della finzione si basa sull'invenzione di personaggi, di personaggi che pensano, sentono, agiscono e che sono l'origine-io immaginata, dei pensieri, sentimenti e azioni della storia raccontata. Le *Fiktive Ichpersonen* sono il cardine della logica della finzione. Impossibile essere più vicini ad Aristotele per il quale la finzione è una imitazione di agenti. Il criterio della finzione, per conseguenza, consiste nell'uso di verbi che designano dei processi interni, cioè psichici o mentali: « la finzione epica, dichiara Käte Hamburger, è il solo ambito gnoseologico in cui la *Ich-Originität* (o soggettività) di una terza persona può essere esposta (*dargestellt*) in quanto terza persona [9] » (p. 73).

È l'ingresso nel discorso di verbi che designano dei processi interni il cui soggetto è di finzione, che comporta lo sconvolgimento del sistema dei tempi verbali entro il regime di finzione. Nel « sistema assertivo » della lingua, il preterito designa il passato reale di un soggetto reale che determina il punto zero del sistema temporale ('origine' viene sempre inteso nel senso in cui i geometri parlano dell'origine di un sistema di coordinate). C'è passato solo per un *Reale Ich-Origin*; lo *Ich* partecipa allo spazio di realtà di questa origine-io. In regime di finzione, il preterito epico perde la sua funzione grammaticale di designazione del passato. L'azione raccontata non succede proprio. In tal senso si può parlare di assenza di temporalità della finzione (pp. 78ss). Nemmeno si ha il diritto di parlare di 'presentificazione' (*Vergegenwärtigung*) alla maniera di Schiller: vorrebbe dire ancora indicare un rapporto nei confronti del soggetto reale di asserzione, e annullare il carattere di pura finzione dell'origine-io dei personaggi. Si tratterebbe piuttosto di un presente nel senso di un tempo simultaneo all'azione raccontata, ma un presente a sua volta senza rapporto con il presente reale dell'asserzione.

Se l'introduzione di verbi che designano operazioni mentali costituisce il criterio della sostituzione dell'origine-io tipica di un soggetto reale

9 « L'assenza di una origine-io reale e il carattere funzionale del raccontare di finzione costituiscono un solo ed unico fenomeno » (*op. cit.*, p. 113). L'introduzione di un narratore di finzione personificato attenuerebbe, secondo Käte Hamburger, la frattura tra *raccontare* e *asserire*. Così bisogna tener fermo che « il campo della finzione non è il campo di un narratore, bensì il prodotto della funzione narrativa » (*ibid.*, p. 185). Tra lo scrittore e i suoi personaggi di finzione non c'è posto per un altro *Ich-Origo*.

di asserzione con l'origine-io assegnata a dei personaggi di finzione, la perdita del significato 'passato' del preterito epico ne è il sintomo. Altri sintomi seguono: per esempio delle combinazioni discordanti tra avverbi temporali e tempi verbali, che sarebbero inaccettabili all'interno di asserzioni di realtà; così si può leggere in uno scritto di finzione: « *Morgen war Weihnachten* »; o ancora: « *And, of course, he was coming to her party tonight* ». L'aggiunta di un avverbio con valore di futuro ad un imperfetto sta a dimostrare che l'imperfetto ha perduto la sua funzione grammaticale.

Che l'opposizione all'asserzione della realtà costituisca una buona definizione della finzione epica e che l'apparizione del personaggio di finzione possa essere considerata come il principale indizio dell'entrata nel racconto, tutto questo costituisce incontestabilmente una maniera forte di *caratterizzare* la finzione. Ciò che resta discutibile è il fatto che la perdita di significato passato basti a caratterizzare il regime dei tempi verbali della finzione. Come mai la forma grammaticale viene conservata, mentre è stato abolito il suo significato passato? Non bisogna forse cercare una ragione positiva del mantenimento della forma grammaticale, che sia tanto forte quanto la ragione della perdita del suo significato in tempo reale? Sembra che la chiave debba essere cercata sul versante della distinzione tra l'autore reale e il narratore, a sua volta di finzione [10]. Nella finzione due discorsi vengono tenuti insieme, il discorso del narratore e il discorso dei personaggi. Käte Hamburger, preoccupata di tagliare tutti i ponti con il sistema dell'asserzione, non ha voluto conoscere che un solo centro di soggettività, la terza persona immaginaria nei racconti alla terza persona [11].

10 Non posso esibire qui le ragioni che portano a considerare il narratore come un soggetto immaginario di discorso irriducibile ad una semplice funzione neutra (*das Erzählen*). Riprenderò più avanti il problema nell'ambito della discussione dei concetti di *punto di vista* e di *voce*.

11 Un altro problema trattato da Käte Hamburger, quello dei tempi verbali nello stile indiretto libero (*erlebte Rede*), esige analoga spiegazione complementare. Nell'*erlebte Rede*, le parole di un personaggio sono riferite alla terza persona e al passato, mentre il monologo riferito vede il personaggio esprimersi alla prima persona e al tempo presente (così, leggiamo in *Mrs. Dalloway*: « *Since she had left him, he, Septimus, was alone* »). Käte Hamburger vi vede la conferma della sua tesi che il passato grammaticale non significa alcun passato, poiché queste parole appartengono al presente di finzione—presente *timeless*, del resto—del personaggio. Käte Hamburger non ha torto, se per passato bisogna soltanto intendere il passato 'reale', relativo alla memoria o a una relazione storica. L'*erlebte Rede* è spiegato

Bisogna quindi mettere in gioco la dialettica del personaggio e del narratore, considerando quest'ultimo come una costruzione di finzione, come lo sono i personaggi del racconto [12].

Il tentativo di Harald Weinrich per dissociare l'organizzazione dei tempi verbali della considerazione del tempo vissuto, e delle categorie (passato, presente, futuro) che si ritiene esser state prese a prestito dalla grammatica alla prima, muove da una considerazione differente.

La prima separazione dei tempi verbali rispetto alle categorie del tempo vissuto è contemporanea alla primissima verbalizzazione dell'esperienza (in tal senso, l'opposizione tra *raccontare* e *asserire* cade all'interno di una grammatica più inglobante dei tempi verbali).

Tale fermo proposito libera d'un tratto la ricerca dal pregiudizio secondo il quale un certo tempo del verbo si ritrovi in tutte le lingue; e invita a rivolgere una eguale attenzione a tutti i tempi che entrano nella nomenclatura caratteristica di una data lingua. L'ambito della ricerca è particolarmente favorevole alla nostra riflessione circa il rapporto tra l'organizzazione dei tempi del verbo e il senso del tempo nella finzione, nella misura in cui la dimensione *testuale*, piuttosto che quella frastica, è considerata qui come la più pertinente. Superando così il privilegio esclusivo della frase, Weinrich intende applicare la prospettiva strutturale ad una 'linguistica testuale' [13]. Si dà quindi sufficiente terreno per rendere giustizia in termini uguali al valore posizionale di un tempo nella nomenclatura e alla distribuzione dei tempi nello svolgimento di un testo. È questo passaggio dal punto di vista paradigmatico al punto di

in modo più completo se lo si interpreta come la traduzione del discorso del personaggio in quello del narratore, il quale impone il suo pronome personale e il suo tempo verbale. Bisogna allora considerare il narratore come un soggetto di discorso nella finzione. Questo problema sarà a sua volta ripreso più avanti sulla base della dialettica del narratore e del personaggio nella finzione alla prima persona così come alla terza.

[12] La mia argomentazione sarà completa solo quando avrò introdotto le nozioni di punto di vista e di voce: il passato epico potrà, allora, essere interpretato come il passato di finzione della voce narrativa.

[13] Harald Weinrich intende per testo « una successione significante di segni linguistici tra due palesi rotture di comunicazione » (p. 13), come per esempio le pause della comunicazione orale, o ancora, nella comunicazione scritta, le due parti della copertina di un libro; o infine, « quelle fratture volutamente introdotte e che, in un senso quasi metalinguistico, provocano rotture manifeste nella comunicazione » (*ibid.*). Le modalità di apertura e di chiusura proprie del racconto sono, a questo proposito, degli esempi di « fratture introdotte volutamente ».

vista sintagmatico che è il più ricco di insegnamenti per uno studio del tempo nella finzione, nella misura in cui quest'ultima adotta come unità di misura il testo e non la frase.

Se il principio di articolazione dei tempi del verbo in una lingua data non si basa affatto sull'esperienza del tempo vissuto, bisogna cercarlo altrove. A differenza di Emile Benveniste, Harald Weinrich prende a prestito il suo principio di classificazione e di distribuzione dei tempi da una *teoria della comunicazione*. Tale scelta comporta il fatto che la sintassi dalla quale dipende lo studio dei tempi consista nella rete dei segnali rivolti da un locutore ad un ascoltatore o ad un lettore, perché riceva e decodifichi il messaggio verbale in un certo modo. È un invito a operare una prima ripartizione degli oggetti possibili di comunicazione in funzione di certi assi della comunicazione: « Riflettere tale suddivisione schematica del mondo è precisamente il ruolo proprio delle categorie sintattiche » (p. 27). Riserviamo per la discussione la dimensione mimetica introdotta palesemente mediante tale referenza ad un mondo al quale la sintassi conferirebbe una prima distribuzione, prima della semantica, diciamo prima del lessico.

Harald Weinrich distribuisce i tempi delle lingue naturali che considera secondo tre assi che sono tutti e tre assi della comunicazione.

1. La 'situazione di locuzione' (*Sprechsituation*) presiede alla prima distinzione tra raccontare (*erzählen*) e commentare (*besprechen*)[14]. È per noi di gran lunga la più importante; è tale situazione che costituisce, nell'originale tedesco, il sottotitolo: *Besprochene und erzählte Welt*. Corrisponde a due differenti atteggiamenti di locuzione: caratterizzati, il commentario, dalla tensione o l'impegno (*gespannte Haltung*), il racconto, dalla distensione o il distacco (*entspannte Haltung*).

Sono rappresentativi del mondo commentato: il dialogo drammatico, il memorandum politico, l'editoriale, il testamento, il rapporto scientifico, il trattato giuridico e tutte le forme di discorso rituale, codificato e performativo. Questo gruppo dipende da un atteggiamento di tensione, per il fatto che gli interlocutori vi sono implicati, interessati; essi sono

[14] Fatico a seguire il traduttore francese di *Tempus* che rende *Besprechung* con *commentaire*. Questo termine non dà conto dell'« atteggiamento di tensione » caratteristico di questa modalità di comunicazione. Per un ascoltatore francese c'è maggiore distacco nella ricezione di un commentario che in quella di un racconto. Per contro, la traduzione con *débat*, che mi sembra preferibile, introduce una nota polemica che non mi sembra necessaria. Si può infatti *débattre* di qualche cosa senza un avversario.

alle prese con il contenuto riferito: « Ogni commentario è un frammento d'azione » (p. 33). In tal senso, solo le parole non narrative sono pericolose: *Tua res agitur*.

Sono rappresentativi del mondo raccontato: la favola, la leggenda, la novella, il romanzo, il racconto storico [15]. Qui gli interlocutori non sono affatto implicati; non si tratta di loro; essi non entrano in scena [16]. Ecco perché, si dirà invocando la *Poetica* di Aristotele, anche degli avvenimenti penosi o tremendi, dal momento che sono ricevuti con distacco, dipendono dal mondo raccontato.

La ripartizione dei tempi verbali in due gruppi corrispondenti all'uno o all'altro atteggiamento è il segnale che orienta la situazione di comunicazione verso la tensione o la distensione: « La 'ostinazione' dei morfemi temporali nel segnalare commentario e racconto consente al locutore di influenzare l'ascoltatore, di modellare l'accoglienza che si augura venga riservata al suo testo » (p. 30). Se la tipologia delle situazioni di comunicazione in funzione della tensione o della distensione è accessibile in linea di principio all'esperienza comune, essa è *segnata* sul piano linguistico dalla distribuzione dei segnali sintattici che sono i tempi. Alle due situazioni di locuzione corrispondono due gruppi distinti di tempi verbali: cioè, in francese, per il mondo commentato, il presente, il passato prossimo e il futuro; per il mondo raccontato, il passato remoto, l'imperfetto, il piuccheperfetto, il condizionale (vedremo come questi gruppi si dividano a loro volta in funzione dei due criteri ulteriori che precisano la distinzione di base tra mondo commentato e mondo raccontato). Così, tra atteggiamento di locuzione e ripartizione dei tempi, esiste un rapporto reciproco di dipendenza. Sono, da un lato, gli atteggiamenti che motivano la distribuzione dei tempi in due gruppi, nella misura in cui il locutore impiega i tempi del commentario per « fare sentire al partner la tensione dell'atteggiamento di comunicazione » (p. 32). E sono, reciprocamente, i tempi che trasmettono un segnale del lo-

[15] Si legge un'altra enumerazione: sul versante del dibattito, « poesia, dramma, dialogo in genere, giornale, saggio di critica letteraria, descrizione scientifica » (p. 39). Sul versante del racconto, la novella, il romanzo e i racconti d'ogni genere (con l'eccezione delle parti dialogate) (*ibid.*). Ciò che importa è che la bipartizione non ha niente in comune con una classificazione dei discorsi in termini di 'generi'.

[16] L'autore nota: « L'idea di tensione (...) è penetrata nella poetica solo di recente, sotto l'influsso di una estetica informazionale, attraverso nozioni come quella di sospensione » (p. 35). Rinvia a questo proposito alla *Poétique de la prose* di Tzvetan Todorov.

cutore all'ascoltatore: questo è un commentario, questo è un racconto; è in questo senso che operano una prima ripartizione tra oggetti possibili di comunicazione, una prima suddivisione schematica del mondo tra un mondo commentato e un mondo raccontato. E tale ripartizione ha i suoi specifici criteri, dal momento che si basa su un computo sistematico compiuto su campioni di testi numerosi. La prevalenza di un gruppo di tempi in un tipo di testo e di un altro gruppo di tempi in un altro tipo può così essere misurata.

Questa prima ripartizione dei tempi richiama la distinzione tra discorso e racconto in Emile Benveniste, con la differenza che non coinvolge più il rapporto dall'enunciatore all'enunciazione, ma il rapporto di interlocuzione e, attraverso quest'ultimo, la *guida* della ricezione del messaggio in vista di una prima ripartizione dei possibili oggetti di comunicazione; il mondo comune agli interlocutori è quindi a sua volta interessato da una distinzione puramente sintattica; ecco perché si pone il problema in Harald Weinrich di mondo raccontato e di mondo commentato. E come avviene in Emile Benveniste, questa distinzione ha il vantaggio di sottrarre la distribuzione dei tempi verbali alle categorie del tempo vissuto. Tale 'neutralità' nei confronti del tempo (*Zeit*) (p. 44) è della massima importanza per la definizione dei tempi del mondo raccontato. Quello che i grammatici chiamano il passato e l'imperfetto (che subito metteremo in reciproca opposizione in funzione della messa in rilievo) sono tempi del racconto, non perché il racconto esprima fondamentalmente degli avvenimenti passati, reali o di finzione, ma perché questi tempi orientano verso un atteggiamento di distensione. L'essenziale è che il mondo raccontato è estraneo all'ambiente diretto e immediatamente preoccupante di colui che parla e di colui che ascolta. Il modello, a questo riguardo, resta il racconto fiabesco: « Più di ogni altro, ci sottrae alla vita quotidiana e ci distanzia » (p. 46). Espressioni del tipo « C'era una volta... », « *Once upon a time* », « *vor Zeiten* », « *Erase que se era* » (p. 47) hanno come funzione quella di marcare l'ingresso nel racconto. In altri termini, non è il passato come tale che è espresso mediante il tempo passato, bensì l'atteggiamento di distensione.

Questa prima principale biforcazione, in funzione del grado di vigile attenzione dell'interlocutore, comporta delle conseguenze che a prima vista sono sconcertanti per il concetto di narratività: l'atto di configurazione si trova infatti ad essere spezzato in due, dal momento che il dramma dialogato cade sul versante del mondo commentato, mentre l'epopea, il romanzo, la storia cadono sul versante del mondo raccontato. Siamo ricondotti in modo inatteso alla distinzione aristotelica tra *diegesis* e *drama*, con questa differenza che il criterio usato da Aristotele era quello della relazione indiretta o diretta del poeta con l'azione riferita: anche Omero enuncia dei fatti, anche se si nasconde quanto lo permette il genere diegetico, mentre Sofocle fa produrre l'azione dai personaggi stessi. Ma il paradosso che ne deriva per noi è analogo, nella misura in cui la nozione di intrigo è stata presa a prestito dal dramma, che anche Harald Weinrich esclude dal mondo raccontato. Non penso che tale difficoltà debba fermarci a lungo, nella misura in cui l'universo del discorso che collochiamo sotto il titolo della configurazione narrativa riguarda la composizione degli enunciati e non tocca la differenza che segna le enunciazioni. Inoltre, la distinzione tra tensione e distensione non è così netta come sembrava in un primo tempo. Harald Weinrich stesso ricorda il caso dei romanzi 'appassionanti' (*spannend*) e osserva: « Se il narratore conferisce una certa tensione al suo racconto, è per compensazione » (p. 35); grazie ad una adeguata tecnica, egli « controbilancia in parte la distensione della posizione di partenza (...) Racconta come se stesse commentando » (*ibid.*). Nell'intenzione dell'autore, questo 'come se' non cancella il fenomeno di base del ritrarsi fuori dal regno della cura. Anzi lo complica e lo ricopre al punto di nasconderlo. E ancora, la mancata mescolanza dei due gruppi di tempo sta ad attestare il permanere dell'atteggiamento di distensione sotto quello di tensione che la compensa. Ma la dissimulazione è così organicamente unita all'atteggiamento di arretramento, in tutti i racconti che hanno una relazione, come è il caso del romanzo, con il racconto appassionante, che bisogna sovrapporre distensione e tensione piuttosto che dissociarle, e così far posto ai generi misti che nascono da questa sorta di impegno nel ritrarsi.

Con tali osservazioni noi ci ritroviamo sulle posizioni prese dai successori di Emile Benveniste i quali, a partire da una divaricazione diversa da quella di Harald Weinrich, si sono sempre più interessati all'inclusione *nel* racconto del discorso che non alla sua disgiunzione. La costruzione di una gerarchia tra enunciato e enunciazione sarà una delle soluzioni del problema così formulato. L'intera gamma delle posizioni di locuzione, dal ritrarsi fino all'impegnarsi, dipenderebbe dall'enunciazione.

2. Con la *prospettiva di locuzione*, entra in gioco un secondo asse sintattico che fa riferimento al processo della comunicazione così come l'asse della posizione di locuzione. Si tratta del rapporto di anticipazione, di

coincidenza o di retrospezione tra il *tempo dell'atto* e il *tempo del testo*. La possibilità di questa distanza tra il tempo dell'atto e il tempo del testo risulta dal carattere lineare della catena parlata e quindi dallo svolgimento testuale stesso. Da un lato, ogni segno linguistico ha un prima e un dopo nella catena parlata. Ne deriva che l'informazione previa e l'informazione anticipata contribuiscono alla determinazione di ogni segno nel *Textzeit*. Dall'altro, l'orientamento di colui che parla in rapporto al *Textzeit* è a sua volta una azione che ha il suo tempo, l'*Aktzeit*. È questo tempo dell'azione che può coincidere con il tempo del testo, esser in ritardo o anticiparlo.

La lingua ha i suoi segnali per indicare la coincidenza o la distanza tra *Aktzeit* e *Textzeit*. Tra i tempi del commentario, il passato prossimo segna la retrospezione, il futuro la prospezione, mentre il presente non è segnato. Tra i tempi del racconto, il piuccheperfetto e il passato anteriore segnano la retrospezione, il condizionale la prospezione, il passato remoto e l'imperfetto il grado zero del mondo raccontato: il narratore si associa agli avvenimenti, e questo sia nel caso in cui sia coinvolto (prima persona) o che sia solo testimone (è il caso del racconto alla terza persona). Così il condizionale è per il racconto quello che il futuro è per il commentario: entrambi segnano l'informazione anticipata. In tal modo viene scartata la nozione di tempo dell'avvenire: «'informazione anticipata' sta a dire soltanto che l'informazione è data in modo prematuro rispetto al momento della sua realizzazione» (p. 74). Nemmeno i tempi della retrospezione si regolano sulla nozione di passato. Nel caso del commentario io mi occupo al presente di una informazione retrospettiva; i tempi retrospettivi aprono il passato al nostro intervento, mentre il racconto ce lo sottrae. Dibattere del passato, vuol dire prolungarlo nel presente. Notevole, a questo proposito, è il caso della storia scientifica. Lo storico, in effetti, al tempo stesso racconta e commenta. E commenta nel momento in cui spiega. Ecco perché i tempi della rappresentazione storica sono misti: « in storia, la struttura fondamentale della rappresentazione consiste nel collocare il racconto entro il commentario » (p. 79). L'arte della storia consiste in questa capacità di dominare le alternanze di tempo. La stessa collocazione del racconto entro una cornice di commentario si evidenzia nel processo giudiziario e in certi interventi in forma di commento da parte del narratore nel corso del racconto. Questo distacco della funzione sintattica di segnale, che è connessa ai tempi verbali in rapporto all'espressione del tempo stesso, è particolarmente evidente nel caso dell'imperfetto e del passato remoto francesi, che segnano non l'allontanamento nel tempo, bensì il grado zero di scarto tra *Aktzeit* e *Textzeit*: « Il preterito (gruppo II) segnala che c'è racconto. La sua funzione non è quella di segnare il passato » (p. 100). Così passato e racconto non si sovrappongono; da un lato è possibile neutralizzare il passato in altro modo che raccontandolo, per esempio commentandolo; in tal caso io lo tengo ancora nel presente invece di liberarmene, di *superarlo* (*aufheben*), attraverso il linguaggio del racconto; dall'altro si può raccontare altro che non sia il passato: « lo spazio nel quale si dispiega il racconto di finzione non è il passato » (p. 101). Per mettere un racconto al passato, bisogna aggiungere al tempo del mondo raccontato altri segni che distinguano la verità dalla finzione, come la produzione e la critica di documenti. I tempi non sono più le chiavi di questo processo [17].

3. La *messa in rilievo* rappresenta il terzo asse dell'analisi dei tempi verbali. Questo asse è ancora un asse della comunicazione, senza referenza a certe proprietà del tempo. Tale messa in rilievo consiste nel proiettare in primo piano certi contorni respingendo gli altri in secondo piano. Grazie a questa analisi, l'autore intende liberarsi dalle categorie grammaticali dell'aspetto o del modo di azione, troppo legate, a suo giudizio, al primato della frase e troppo dipendenti dal referente tempo (che si parli di stato, di processo o di avvenimento). Ancora una volta, la funzione della sintassi è quella di guidare il lettore nella sua attenzione e nelle sue attese. È quel che si ottiene nella lingua francese con il tempo privilegiato della messa in evidenza nell'ordine del racconto, cioè il passato remoto, mentre l'imperfetto sta ad indicare lo scivolamento sullo sfondo dei contenuti raccontati, come si può notare frequentemente all'inizio e alla fine delle favole e delle leggende. Ma è possibile estendere la stessa osservazione alle parti narrative di un testo come *Il Discorso del metodo*. Cartesio adopera « l'imperfetto quando immobilizza il suo pensiero, il passato remoto quando progredisce metodicamente » (p. 222). Ancora una volta l'autore non fa alcuna concessione:

17 « La frontiera tra poesia e verità non si confonde affatto con quella tra mondo raccontato e mondo commentato. Il mondo commentato ha la sua verità (suoi contrari sono l'errore e la menzogna) e il mondo raccontato ha la sua (suo contrario è la finzione). Analogamente entrambi hanno la loro poesia: per il primo è il lirismo e il dramma, per il secondo, l'epopea » (p. 104). Dramma e epopea sono ancora una volta separati, come nella *Poetica* di Aristotele.

« La messa in evidenza è la *sola e unica funzione* dell'opposizione tra imperfetto e passato remoto nel mondo raccontato » (p. 117).

Si obietterà, allora, che la nozione di tempo lento o veloce sta ad indicare taluni caratteri del tempo stesso? No: l'impressione di velocità si spiega grazie alla concentrazione dei valori di primo piano come nel famoso *Veni, vidi, vici*, o come lo stile lesto di Voltaire nei suoi *Contes et Romans*. Per contro, la lentezza delle descrizioni del romanzo realista, sottolineata dall'abbondanza degli imperfetti, si spiega grazie alla compiacenza con la quale il narratore si attarda a descrivere lo sfondo sociologico degli avvenimenti che viene raccontando [18].

Possiamo ora cogliere l'architettura d'insieme che secondo Weinrich regge l'articolazione sintattica dei tempi verbali. Le tre pertinenze che forniscono il filo conduttore dell'analisi non sono affatto coordinate ma subordinate l'una all'altra e costituiscono una rete dalle maglie sempre più strette. Anzitutto viene la grande divisione tra racconto e commentario con i suoi due gruppi di tempi; successivamente, all'interno di ogni gruppo, la tricotomia della prospettiva: retrospezione, grado zero, anticipazione; poi, all'interno di ogni prospettiva, la biforcazione tra primo piano e secondo piano. E, se è vero che le articolazioni sintattiche costituiscono in rapporto ai lessemi una prima classificazione dei possibili oggetti di comunicazione—« ruolo proprio delle categorie sintattiche è appunto quello di riflettere questa suddivisione schematica del mondo » (p. 27)—tra sintassi e semantica esiste soltanto, dal punto di vista della classificazione degli oggetti di comunicazione, una differenza di grado nella precisione della divisione schematica [19].

18 Suggerisco, a questo proposito, che si accosti la nozione di lunga durata, propria di Braudel, alla nozione di sfondo in Weinrich; la distribuzione della temporalità su tre piani è interamente un lavoro di messa in rilievo.

19 Non dico nulla, a questo punto, del ruolo di guida complementare svolto dagli altri segnali sintattici aventi valore temporale, come pronomi, avverbi, ecc. Secondo l'autore, è compito della combinatoria generale fissare se delle regolarità distributive si manifestano sotto forma di combinazioni privilegiate. L'affinità tra passato semplice e la terza persona è ben nota a partire dal celebre articolo di Benveniste. L'affinità tra certi avverbi di tempo come 'ieri', 'in questo momento', 'domani', ecc., e i tempi del commentario, e altri del tipo 'la vigilia', 'in quel momento', 'l'indomani', ecc., e il tempo del racconto, è ugualmente notevole. Ancora più notevole, a mio avviso, è l'affinità tra numerosi avverbi di locuzione avverbiale con il tempo di messa in rilievo: la loro abbondanza è particolarmente rilevante. L'autore ne enumera più di quaranta in un solo capitolo di *Madame Bovary* (p. 268) e quasi altrettanti nel capitolo de *La Voie royale* di Malraux. Così tanti avverbi

Ma l'opera di Harald Weinrich non si esaurisce affatto in questo tipo di studio sempre più preciso della ripartizione *paradigmatica* dei tempi verbali. La ripartizione trova infatti un complemento indispensabile nella distribuzione dei medesimi tempi nel corso del testo, sia che si tratti di commentario che di racconto. A tale proposito, le analisi consacrate alle *transizioni temporali*, cioè al « passaggio da un segno all'altro nel corso dello svolgimento lineare del testo » (p. 199), rappresentano una mediazione fondamentale tra le risorse offerte dalla sintassi e l'enunciazione di una configurazione narrativa singola. Tale complemento sintagmatico rispetto alla ripartizione paradigmatica dei tempi in una lingua naturale non dovrebbe essere omesso, basterà ricordare che un testo è fatto di « segni ordinati in una successione lineare, trasmessa dal locutore all'uditore entro una consecuzione cronologica » (p. 198).

Tali transizioni temporali possono essere *omogenee* o *eterogenee*, a seconda che si producano all'interno del medesimo gruppo o che si facciano da un gruppo all'altro. Le prime, è stato dimostrato, sono le più numerose; garantiscono, effettivamente, la consistenza del testo, la sua testualità. Ma le seconde ne garantiscono la ricchezza sul piano dell'informazione: così, per esempio, l'interruzione del racconto mediante il discorso diretto (dialogo), il ricorso al discorso indiretto nelle più varie e sottili forme, come per esempio lo stile indiretto libero (che prenderemo più avanti in esame in termini di voce narrativa). Altre transizioni temporali, nascoste sotto l'antica dizione di concordanza dei tempi, costituiscono altrettanti segnali orientativi nella lettura dei testi [20].

per due tempi soltanto! E si devono aggiungere gli avverbi che segnano il tempo narrativo: 'qualche volta', 'talvolta', 'di quando in quando', 'sempre', ecc., in combinazione privilegiata con l'imperfetto; 'infine', 'improvvisamente', 'ad un tratto', 'bruscamente', ecc., in combinazione preferenziale con il passato remoto; vi si aggiungano quelli che rispondono alla domanda 'quando' o a una domanda analoga legata al tempo (p. 270); 'talora', 'sovente', 'infine', 'poi', 'allora', 'sempre', 'di nuovo', 'già', 'ora', 'questa volta', 'una volta di più', 'a poco a poco', 'improvvisamente', 'l'uno dopo l'altro', 'continuamente', ecc. Questa abbondanza fa pensare che gli avverbi e le locuzioni avverbiali stabiliscano una rete molto più sottile, quanto alla schematizzazione del mondo raccontato, rispetto al tempo con i quali sono combinati.

20 Anche le transizioni temporali trovano a loro volta un rafforzamento nella combinazione tra tempi e avverbi. Ciò che è vero dell'aspetto paradigmatico del problema lo è ancora di più dell'aspetto sintagmatico. Gli avverbi precedentemente indicati vengono meglio descritti in termini di avverbi che accompagnano, rafforzano e precisano le transizioni temporali: così gli avverbi 'ora', 'una volta', 'un mat-

I giochi con il tempo

Tra tutti i problemi che l'opera densa di Harald Weinrich è in grado di porre, ne prenderò in considerazione solo uno: è pertinente e in che termini il ricorso alla sintassi dei tempi verbali in una ricerca del tempo all'interno dell'*ambito della finzione*?

Riprendiamo la discussione là dove ci ha lasciati Emile Benveniste. L'opera di Harald Weinrich ci consentirà di precisare le due tesi alle quali eravamo pervenuti: da un lato, s'è detto, l'autonomia dei sistemi di tempo nelle lingue naturali sembrerebbe essere in piena armonia con la frattura istituita mediante la finzione a livello di *mimesis* II; dall'altro, questa autonomia del sistema dei tempi verbali non arriva fino ad una totale indipendenza rispetto al tempo vissuto, nella misura in cui il sistema articola il tempo della finzione, tempo che mantiene un legame con il tempo vissuto, a monte e a valle della finzione. Le analisi di Harald Weinrich contraddicono forse questa tesi?

Il primo versante della tesi non comporta alcuna difficoltà. La disposizione adottata da Harald Weinrich è particolarmente adatta a far vedere come l'invenzione degli intrighi si articoli sulla sintassi dei tempi verbali.

Anzitutto, adottando come campo operativo il testo e non la frase, Harald Weinrich lavora su unità che hanno la stessa dimensione di quelle alle quali si applica la poetica del racconto. Inoltre, imponendo alla nomenclatura dei tempi verbali una piega sempre più serrata e combinando tale nomenclatura con quella dei numerosi segni temporali, come avverbi e locuzioni avverbiali, senza dimenticare le persone del verbo, la linguistica testuale mostra la ricchezza del dispositivo di differenze di cui dispone l'arte della composizione. L'ultima differenziazione, quella della messa in rilievo, è a questo proposito quella che presenta la maggiore affinità con la costruzione dell'intrigo. L'idea di rilievo orienta senza fatica verso il discernimento di ciò che in una storia raccontata costituisce avvenimento. Harald Weinrich non cita forse con fervore il termine con il quale Goethe designa il primo piano, vale a dire l'"avvenimento inaudito', che ha il suo equivalente nell'aristotelica peripezia [21]?

tino', 'una sera' sottolineano la transizione eterogenea dallo sfondo (imperfetto) al primo piano (passato remoto), mentre 'e poi allora', in quanto avverbio di consecuzione narrativa, conviene meglio alle transizioni omogenee all'interno del mondo raccontato. Diremo più avanti quali possibilità derivino da tale sintassi delle transizioni narrative per l'enunciazione delle configurazioni narrative.

[21] Si noterà a questo proposito quello che Weinrich dice delle nozioni di apertura, di chiusura, di fine simulata (segnata in modo così sottile da Maupassant per

E ancora più chiaramente, le notazioni di tempo del racconto mediante la sintassi dei tempi e degli avverbi, di cui abbiamo appena colto tutta la ricchezza, trovano appunto tutto il loro rilievo solo nel loro contributo alla progressione di un intrigo: i mutamenti di tempo sono appena definibili al di fuori del loro uso entro la composizione narrativa. Infine, aggiungendo una tavola delle *transizioni* temporali a quella dei raggruppamenti di tempo mediante paradigmi, la linguistica testuale fa vedere di quali sequenze significative tra tempi verbali dispone la composizione narrativa per produrre i suoi effetti di senso. Tale complemento sintagmatico costituisce la transizione più adeguata tra linguistica testuale e poetica narrativa. Le transizioni da un tempo all'altro fanno come da guida per le trasformazioni da una situazione iniziale in una situazione terminale, e l'intrigo consiste proprio in questo. L'idea secondo la quale le transizioni omogenee assicurano la consistenza del testo, mentre le transizioni eterogenee ne assicurano la ricchezza sul piano delle informazioni, trova una immediata eco nella teoria della costruzione dell'intrigo. Anche l'intrigo, a sua volta, presenta tratti omogenei e tratti eterogenei, una stabilità e una progressione, ricorrenze e differenze. In tal senso si può dire che, se la sintassi offre la sua gamma di paradigmi e di transizioni al narratore, è nel lavoro di composizione che queste risorse vengono attualizzate.

È questa la profonda affinità che è possibile discernere tra teoria dei tempi verbali e teoria della composizione narrativa.

Per contro, non posso seguire Harald Weinrich nel suo tentativo di dissociare *da tutti i punti di vista* i tempi verbali (*Tempus*) dal tempo (*Zeit*). Nella misura in cui si può considerare il sistema dei tempi come il dispositivo linguistico che permette di strutturare il tempo adeguato all'attività di configurazione narrativa, è possibile ad un tempo render giustizia alle analisi di *Tempus* e mettere in questione la sua affermazione secondo la quale i tempi verbali non hanno alcun rapporto con il tempo (*Zeit*). La finzione, l'abbiamo detto, stabilisce incessantemente la transizione tra l'esperienza che sta a monte del testo e l'esperienza che sta a valle. Ora, a mio avviso, il sistema dei tempi verbali, per quanto sia autonomo in rapporto al tempo e alle sue denominazioni correnti, non rompe affatto, in tutto e per tutto, con l'esperienza del tempo. Di lì viene e vi fa ritorno e i segni di tale filiazione e di tale destinazione so-

esempio, mediante quello che è stato chiamato l'imperfetto di rottura). Qui il rilievo del racconto non si distingue dalla stessa struttura narrativa.

no indelebili nella distribuzione sia lineare che paradigmatica.

In primo luogo, non è senza ragione il fatto che, in un così gran numero di lingue moderne, uno stesso termine designi il tempo e i tempi verbali, o che le diverse denominazioni attribuite ai due ordini conservino una parentela semantica facilmente percepibile dai locutori (in inglese tra *tense* e *time*; in tedesco, l'alternanza abituale tra le radici germaniche e latine, in *Zeit* e *Tempus*, permette di ristabilire senza fatica tale parentela).

Successivamente, lo stesso Harald Weinrich ha conservato, nella sua tipologia dei tempi verbali, un aspetto mimetico, così che la funzione di segnale e di guida attribuita alle distinzioni sintattiche approda ad una « prima divisione schematica del mondo » (p. 27). Si tratta di *mondo* raccontato e di *mondo* commentato, sulla base della distinzione dei tempi in funzione della situazione di locuzione. Comprendo bene che il termine 'mondo' designa la somma dei possibili oggetti di comunicazione senza esplicita implicazione ontologica, diversamente cadrebbe la distinzione stessa tra *Tempus* e *Zeit*. Ma un mondo raccontato e un mondo commentato sono comunque sempre un mondo, il cui rapporto con il mondo della *praxis* è soltanto tenuto come in sospeso, secondo la legge di *mimesis* II.

Questa difficoltà si ripropone per ciascuno dei tre assi della comunicazione che presiedono alla ripartizione dei tempi. Così, Harald Weinrich a buon diritto afferma che il passato delle favole e delle leggende, del romanzo e della novella segnala soltanto l'ingresso nel racconto; trova conferma di tale rottura nei confronti dell'espressione del tempo passato nell'uso del passato da parte del racconto utopico, la fantascienza, il romanzo di anticipazione; ma si può concludere che il segnale di ingresso nel racconto non abbia alcun rapporto con l'espressione del passato in quanto tale? L'autore non nega affatto che in un'altra situazione di comunicazione, questi tempi verbali esprimano il passato. Questi due fatti linguistici sono davvero senza alcun rapporto? Non è possibile riconoscere, nonostante la cesura, una certa filiazione che sarebbe quella del *come se*? Il segnale dell'ingresso nell'ambito della finzione non fa forse referenza in modo obliquo al passato per via di neutralizzazione, di sospensione? Husserl parla diffusamente di tale filiazione per via di neutralizzazione [22]. Eugen Fink, ponendosi in questo solco, definisce il

[22] E. Husserl, *Idées directrices pour une phénoménologie*, tr. di Paul Ricoeur, Gallimard, Parigi 1952, p. 109; tr. it., Einaudi, Torino 1950 e 1965.

Bild per mezzo della neutralizzazione della semplice presentificazione (*Vergegenwärtigung*)[23]. In forza di una neutralizzazione della prospettiva 'realistica' della memoria, ogni assenza diviene per analogia un *quasi-passato*. Ogni racconto—anche rivolto al futuro—racconta l'irreale *come se* l'irreale fosse passato. E come spiegare che i tempi del racconto siano *anche* quelli della memoria, se non vi fosse tra racconto e memoria qualche relazione metaforica prodotta per via di neutralizzazione?

Reinterpreto volentieri, in termini di neutralizzazione della presentificazione del passato, il criterio di *distensione* proposto da Harald Weinrich per distinguere il mondo raccontato dal mondo commentato. L'atteggiamento di distensione segnalato mediante i tempi verbali del racconto a mio avviso non si limita affatto a sospendere l'impegno del lettore nel suo ambiente reale. Esso sospende in modo ancor più fondamentale la credenza nel passato come ciò che è già stato, per trasporla al livello della finzione, secondo l'invito che troviamo nella formula di apertura delle favole che abbiamo precedentemente evocato. Un rapporto indiretto con il tempo vissuto viene così preservato grazie alla neutralizzazione[24].

Il mantenimento dell'intenzione temporale dei tempi verbali, nonostante la rottura instaurata dall'ingresso nell'ambito della finzione, si osserva anche sugli altri due assi che completano la ripartizione tra racconto e commentario. Si sarà notato che, per introdurre le tre prospettive di retrospezione, anticipazione e grado zero, Harald Weinrich si vede costretto a distinguere tra *Aktzeit* e *Textzeit*. Il ritorno del termine *Zeit* non è fortuito. Lo svolgimento testuale, orale o scritto, si dice « è evidentemente uno svolgimento nel tempo » (p. 67): tale vincolo deriva dalla linearità della catena parlata. Ne consegue che retrospezione e anticipazione sono assoggettate alle stesse condizioni di linearità temporale. Si può cercare di rimpiazzare questi due termini con quelli di informazione riportata o anticipata: non vedo come si possano cancellare dalla loro definizione le nozioni di futuro e di passato. Retrospezione e prospezione esprimono la struttura, più primitiva, di ritenzione e di protensione del presente vivo. Senza questo rinvio obliquo alla struttu-

[23] Eugen Fink, *De la Phénoménologie*, tr. di Didier Franck. Ed. de Minuit, Paris 1974, pp. 15-93.

[24] La nozione di voce narrativa offrirà più avanti (cfr. p. 163) una risposta più completa al problema.

ra del tempo, non si comprende che cosa significhino anticipazione o retrospezione.

Notazioni analoghe potrebbero essere fatte a proposito del terzo asse di comunicazione, quello della messa in rilievo. Se è vero che sul piano della finzione la distinzione tra l'imperfetto e il passato non dipende affatto dalle denominazioni usuali del tempo, il senso primo della distinzione sembra davvero legato alla capacità di discernere, nel tempo stesso, un aspetto di permanenza ed uno di incidenza [25]. Pare difficile che niente di questa caratterizzazione del tempo stesso passi nei tempi della messa in rilievo. Altrimenti, come Harald Weinrich potrebbe scrivere: « In primo piano del racconto, tutto ciò che avviene, ciò che si muove, ciò che cambia » (p. 176)? Il tempo di finzione non è mai completamente separato dal tempo vissuto, il tempo della memoria e dell'azione [26].

Vedo, dal mio punto di vista, in questo duplice rapporto di filiazione e di rottura tra tempo del passato vissuto e tempo del racconto una esemplare illustrazione dei rapporti tra *mimesis* I e *mimesis* II. I tempi del passato dicono anzitutto il passato, poi, grazie ad una trasposizione metaforica che conserva ciò che essa supera, dicono l'entrata nell'ambito della finzione senza referenza diretta, ma obliqua, al passato in quanto tale.

Una ragione supplementare e, a mio avviso, decisiva per non tagliare tutti i ponti tra i tempi verbali e il tempo, sta nel rapporto che intercorre tra la finzione e ciò che ho chiamato ciò che sta a valle del testo, rapporto che definisce lo stadio di *mimesis* III. La finzione non conserva soltanto la traccia del mondo pratico dal cui fondo essa si distacca, essa orienta di nuovo lo sguardo verso i tratti dell'esperienza che 'inventa', cioè che ad un tempo scopre e crea [27]. A questo proposito, i tempi ver-

[25] È qui possibile un accostamento con la semiotica di Greimas, a proposito di quella che chiama l'*aspectualité* delle trasformazioni, che situa, come è noto, a metà strada tra il piano logico-semantico e quello più propriamente discorsivo. Per dire questa *aspectualité*, il linguaggio dispone di espressioni di durata (e frequentative) e di espressioni che rimandano ad avvenimenti. Inoltre, essa segna le transizioni dalla permanenza all'incidenza mediante elementi di incoatività e conclusività.

[26] Gli altri segni sintattici, del tipo degli avverbi e delle locuzioni avverbiali di cui abbiamo detto in precedenza l'abbondanza e la varietà, rafforzano qui la potenza espressiva dei tempi verbali.

[27] Le osservazioni che seguono sono in stretta armonia con la mia interpretazione del discorso metaforico come 'ridescrizione' della realtà ne *La Metafora viva* (settimo e ottavo studio).

bali non rompono con le denominazioni del tempo vissuto, che è il tempo perduto per la linguistica testuale, se non per scoprire di nuovo questo tempo mediante risorse grammaticali infinitamente diversificate.

È questo rapporto prospettico nei confronti di una esperienza del tempo di cui la letteratura rappresenta l'abbozzo, che spiega il fatto che i grandi precursori, di cui Harald Weinrich invoca il patronato, abbiano con ostinazione congiunto i tempi verbali al tempo. Quando Goethe e Schiller evocano nella loro corrispondenza la libertà del narratore onnisciente, che domina una azione quasi immobile sotto il suo sguardo, quando August Wilhelm Schlegel celebra la « serenità riflessa che è propria del narratore », essi si attendono dall'esperienza estetica l'emergenza di una qualità nuova del tempo. Quando, soprattutto, Thomas Mann chiama *Der Zauberberg* uno *Zeitroman*, è sicuro che « suo oggetto è il tempo (*Zeit*) allo stato puro [28] » (p. 55). La differenza qualitativa tra il tempo della pianura e il tempo vile e disimpegnato di coloro che, lassù, si sono votati alle nevi eterne (p. 56) è certo un effetto di senso del mondo raccontato. In tal modo, anch'essa appartiene, come il resto del mondo romanzesco, alla *finzione*. Ma essa consiste, secondo il modulo del *come se*, in una nuova coscienza del tempo. I tempi verbali sono al servizio di questa produzione di senso.

Non sviluppo ulteriormente questa ricerca che sarà oggetto del nostro prossimo capitolo. Essa comporta, in effetti, una nozione nuova, quella di esperienza di finzione del tempo, così come è fatta dai personaggi, anch'essi di finzione, del racconto. Questa esperienza di finzione dipende da un'altra dimensione dell'opera letteraria, diversa da quella che qui prendiamo in esame, e cioè il suo potere di progettare un mondo. È in questo mondo progettato che abitano dei personaggi che vi fanno una esperienza del tempo, contrassegnata dalla finzione così come lo sono essi stessi, ma che ha come orizzonte un mondo. Harald Weinrich non ci permette forse questo sguardo furtivo sulla nozione di mondo dell'opera, quando parla a sua volta di *mondo* raccontato e di *mondo* commentato? Non conferisce forse a questo sguardo una più precisa legittimazione, quando considera la sintassi come una prima divisione del mondo degli oggetti *possibili* della comunicazione? Che cosa sono, in effetti, questi oggetti possibili, se non *finzioni* capaci di orientarci ulterior-

[28] Più avanti, cerco, a mio rischio e pericolo, di interpretare *Der Zauberberg* dal punto di vista dell'esperienza del tempo che questo *Zeitroman* proietta al di là di se stesso, senza smettere d'essere una finzione.

mente nella decifrazione della nostra condizione effettiva e della sua temporalità?

Queste suggestioni, che per il momento non sono altro che interrogativi, lasciano quanto meno apparire alcune delle ragioni per le quali lo studio dei tempi verbali non può più interrompere i suoi legami con l'esperienza del tempo e le sue denominazioni abituali che la finzione non può spezzare i suoi ancoraggi con il mondo pratico dal quale essa deriva e al quale fa ritorno.

2. *Tempo del raccontare* (Erzählzeit) *e tempo raccontato* (erzählte Zeit)

Con questa distinzione introdotta da Günther Müller e ripresa da Gérard Genette, entriamo in una problematica che, a differenza della precedente, non cerca *entro* la stessa enunciazione un principio interno di differenziazione che avrebbe il suo contrassegno nella ripartizione dei tempi del verbo, bensì cerca nella distribuzione *tra* enunciazione e enunciato una nuova chiave di interpretazione del tempo nella finzione.

È molto importante dire che, a differenza dei tre autori in precedenza discussi, Günther Müller introduce una distinzione che non resta chiusa all'interno del discorso; essa apre invece su un *tempo della vita* che non manca di ricordare la referenza ad un *mondo* raccontato che troviamo in Harald Weinrich. Questo aspetto non passa nella narratologia strutturale alla quale fa riferimento Gérard Genette, e trova un prolungamento solo entro una meditazione che dipende da una ermeneutica del mondo del testo, così come vedremo nell'ultimo capitolo della terza parte. Con Gérard Genette, la distinzione tra tempo dell'enunciazione e tempo dell'enunciato resta nell'ambito del testo, senza alcuna implicazione mimetica.

La mia ambizione è quella di far vedere che Gérard Genette è più rigoroso di Günther Müller nella sua distribuzione dei due tempi narrativi, ma che Günther Müller, a prezzo di una minore coerenza, riserva una apertura che dipenderà da noi sfruttare ulteriormente. Ciò di cui abbiamo bisogno, è uno schema a tre livelli—*enunciazione-enunciato-mondo del testo*—ai quali corrispondono un *tempo del raccontare*, un *tempo raccontato*, una *esperienza di finzione del tempo* progettata mediante la congiunzione/disgiunzione tra tempo usato per raccontare e tempo raccontato. Nessuno dei due autori risponde esattamente a questa aspettativa:

il primo distingue male il secondo livello dal terzo; il secondo elimina il terzo in nome del secondo.

Ci impegnamo allora a riordinare i tre livelli mediante l'esame critico di ognuna delle due analisi, delle quali siamo debitori per ragioni in qualche caso opposte.

Il contesto filosofico nel quale Günther Müller introduce la distinzione tra *Erzählzeit* e *erzählte Zeit* è molto diverso da quello dello strutturalismo francese. L'ambito è quello di una 'poetica morfologica' [29] direttamente ispirata dalla meditazione di Goethe sulla morfologia delle piante e degli animali [30]. Solo in questo contesto si comprende la referenza dell'arte alla vita, che soggiace costantemente alla 'poetica morfologica' [31]. Ne deriva che la distinzione introdotta da Günther Müller è condannata ad oscillare tra una opposizione globale del racconto rispetto alla vita e una distinzione interna al racconto stesso. La definizione dell'arte consente entrambe le interpretazioni: « Raccontare, si dice, vuol dire presentificare (*Vergegenwärtigen*) degli avvenimenti non percettibili mediante i sensi di un ascoltatore » (« *die Bedeutung der Zeit in der Erzählkunst* », p. 247). Ora, è nell'atto di presentificare che si distingue il fatto di 'raccontare' e la cosa 'raccontata'. Distinzione fenomenologica, quindi, che fa sì che ogni raccontare sia un raccontare qualche cosa (*erzählen von*), che non è a sua volta racconto. È da questa distinzione elementare che discende la possibilità di distinguere due tempi: il tempo usato per raccontare e il tempo raccontato. Ma qual è il correlato della presentificazione, a che cosa corrisponde il tempo raccontato? Abbiamo due risposte: da un lato ciò che è raccontato, e che non è raccontato, non è a sua volta dato in carne ed ossa nel racconto, ma semplicemente 'reso, restituito' (*Wiedergabe*); dall'altro, ciò che è raccontato è

[29] *Morphologische Poetik* è il titolo di una collezione di saggi che risalgono agli anni 1964-1968, Tübingen 1968.

[30] È notevole che Propp si sia ispirato a Goethe, come è stato precedentemente notato.

[31] Lo stesso Goethe è all'origine di questo rapporto ambiguo tra l'arte e la natura. Da un lato scrive: « *Kunst ist eine andere Natur* »; ma dice anche: « *Kunst* (...) *ist eine eigene Weltgegend* » (una regione del mondo originale) (citato in *op. cit.*, p. 289). Questa seconda concezione apre la strada alle ricerche formali di Goethe sul racconto, alle quali si deve uno 'schema' famoso dell'*Iliade*. Günther Müller vi fa riferimento considerandolo un modello per le sue ricerche (cfr. 'Erzählzeit, erzählte Zeit', *op. cit.*, pp. 270, 280, 409; cfr. anche « Goethes Morphologie in ihrer Bedeutung für die Dichtungskunde », *op. cit.*, pp. 287ss.).

fondamentalmente la 'temporalità della vita'; ora, « la vita (anch'essa) non si racconta, ma si vive » (p. 254). Le due interpretazioni sono assunte nella seguente dichiarazione: « Ogni raccontare è un raccontare [di] qualche cosa che non è racconto, bensì processo di vita » (p. 261). Ogni racconto, a cominciare dall'*Iliade*, racconta lo stesso fluire (*Fliessen*): « L'epopea è tanto più pura quanto più la vita è ricca di temporalità » (« *Je mehr Zeitlichkeit des Lebens, desto reinere Epik* », p. 250).

Teniamo in riserva per la discussione questa apparente ambiguità circa lo statuto del tempo raccontato e volgiamoci verso quegli aspetti dello sdoppiamento tra tempo del raccontare e tempo raccontato che dipendono da una poetica morfologica.

Tutto comincia con l'osservazione secondo la quale raccontare vuol dire, secondo una espressione presa a prestito da Thomas Mann, mettere da parte (*aussparen*), cioè ad un tempo scegliere ed escludere [32]. Si deve per conseguenza poter sottoporre ad una ricerca scientifica le modalità del ripiegamento (*Raffung*), grazie alle quali il tempo di raccontare si distanzia dal tempo raccontato. Più precisamente, la *comparazione dei due tempi* diventa veramente l'oggetto di una scienza della letteratura quando essa si sottopone alla misura. Di qui l'idea di una comparazione metrica tra i due tempi. L'idea sembra sia nata da una riflessione sulla tecnica narrativa di Fielding in *Tom Jones*. È effettivamente Fielding il fondatore del romanzo di iniziazione, che ha posto concretamente e tecnicamente il problema dell'*Erzählzeit*: è da padrone consapevole del gioco con il tempo che egli consacra a segmenti temporali di lunghezza variabile—da qualche anno a qualche ora—ciascuno dei suoi diciotto volumi, attardandosi o affrettandosi secondo i casi, trascurando questo o sottolineando quello. Se Thomas Mann ha posto il problema dell'*Aussparung*, Fielding l'ha preceduto modulando consapevolmente la Zeitraffung, la distribuzione diseguale del tempo raccontato nel tempo del raccontare.

Ma, se lo si misura, che cosa si misura? E qui, tutto è misurabile?

Ciò che si misura, sotto il nome d'*Erzählzeit*, è, per convenzione, un

32 L'espressione *Aussparung* mette bene l'accento sia su ciò che viene omesso—la vita stessa come vedremo—che su ciò che è conservato, scelto, voluto. Il termine francese *épargne* ha talora questi due sensi: ciò che si risparmia, è ciò di cui si dispone; è altresì ciò che non viene toccato, come si dice di un villaggio che è stato risparmiato dai bombardamenti. Il risparmio, appunto, divide ciò che si mette da parte per servirsene e ciò che si lascia da parte per metterlo al riparo.

tempo cronologico che ha come equivalente il numero di pagine e di righe dell'opera pubblicata, in forza dell'equivalenza previa tra il tempo trascorso e lo spazio percorso sul quadrante degli orologi. Non è qui in questione il tempo adoperato per la composizione dell'opera. Di quale tempo è l'equivalente il numero di pagine e di righe? Di un tempo di lettura convenzionale che è difficile distinguere dal tempo variabile della lettura reale. Quest'ultimo è una interpretazione del tempo impiegato a raccontare, che può essere paragonato all'interpretazione che questo o quel direttore d'orchestra dà del tempo teorico di esecuzione di una partitura musicale[33]. Una volta accettate queste convenzioni, si può dire che raccontare esige « uno spazio determinato di tempo fisico » che l'orologio misura. Per conseguenza la comparazione avviene tra 'lunghezze' di tempo, sia sul versante dell'*Erzählzeit* diventato misurabile che sul versante del tempo raccontato, a sua volta misurato in anni, giorni e ore.

Ora ci chiediamo se tutto sia misurabile entro queste 'compressioni temporali'. Se la comparazione dei tempi si limitasse alla misura comparativa delle due cronologie, l'indagine sarebbe ben deludente, sebbene, anche ridotta a tali dimensioni, essa porti a constatazioni sorprendenti e troppo spesso trascurate, tanto l'attenzione rivolta alla tematica ha fatto trascurare le sottigliezze di questa strategia di doppia cronologia. Le compressioni non consistono solo in abbreviazioni la cui scala varia continuamente: consistono altresì nel saltare i tempi morti, nel precipitare la marcia del racconto mediante uno 'staccato' dell'espressione (*Veni, vidi, vici*), nel condensare in un solo avvenimento esemplare degli aspetti iterativi o di durata (ogni giorno, continuamente, per intere settimane, in autunno, ecc.). Il 'tempo' e il ritmo vengono così ad arricchire le variazioni, nel corso della stessa opera, delle lunghezze relative del tempo del racconto e del tempo raccontato. Tutte queste annotazioni, prese insieme, concorrono a disegnare la *Gestalt* del racconto. E tale nozione di *Gestalt* apre il campo a ricerche su aspetti strutturali sempre più sganciati dalla linearità, dalla consecuzione e dalla cronologia, anche se la base resta il rapporto tra periodi di tempo misurabili.

A questo proposito, i tre esempi scelti nel saggio *Erzählzeit und erzählte Zeit*—*Wilhelm Meisters Lehrejahre* di Goethe, *Mrs. Dalloway*

[33] Günther Müller avverte qualche difficoltà a parlare di questo tempo del racconto in sé, non raccontato e non letto, in un certo senso come privo di corpo, misurato dal numero delle pagine, per distinguerlo dal tempo vivo della lettura, al quale ogni lettore apporta il proprio particolare *Lesetempo* (p. 275).

di Virginia Woolf e la *Forsyte Saga* di Galsworthy—sono trattati da Müller con una straordinaria analiticità, che fa di queste analisi dei modelli ancora degni d'essere imitati.

Per scelta metodologica, l'analisi si fonda, ogni volta, sugli aspetti più lineari della narratività, ma senza mai esaurirvisi. Lo schema narrativo iniziale è quello di una consecuzione e l'arte di raccontare consiste nel ricostruire la successione (*die Wiedergabe des Nacheinanders*, p. 270)[34]. Le annotazioni dirompenti nei confronti di tale linearismo risultano così ancora più preziose. Il 'tempo' narrativo, in particolare, viene segnato dal modo in cui la narrazione si distende su certe scene in forma di quadri, o si precipita di tempo forte in tempo forte. Come avviene per lo storico Braudel, non bisogna parlare soltanto di tempo lungo o corto, bensì di tempo rapido o lento. La distinzione tra 'scene' e 'transizioni' o 'episodi intermedi' non è affatto strettamente quantitativa. Gli effetti di lentezza o di rapidità, di brevità o di distensione, stanno al confine tra il quantitativo e il qualitativo. Certe scene lungamente raccontate e separate da transizioni brevi, o mediante riassunti ripetitivi, che Günther Müller chiama 'scene monumentali', possono essere il supporto del processo narrativo, proprio il contrario di quei racconti in cui l'ossatura è costituita dagli 'avvenimenti inauditi'. In tal modo, rapporti strutturali non quantificabili complicano il *Zusammenspiel* che si gioca tra le due durate. La disposizione delle scene, degli episodi intermedi, degli avvenimenti rilevanti, delle transizioni continua a modulare le quantità e le estensioni. A questi elementi caratteristici si aggiungono le anticipazioni e le regressioni, le incastonature che permettono di

[34] Così, lo studio dei *Lehrejahre* inizia con un confronto tra le 650 pagine considerate come « la misura del tempo fisico necessario al narratore per raccontare la sua storia » (p. 270) e gli otto anni di durata degli avvenimenti raccontati. Ma sono le variazioni continue nelle lunghezze relative che creano il tempo dell'opera. Non dirò niente a questo punto dello studio di *Mrs. Dalloway*, dal momento che ne propongo una interpretazione nell'ultimo capitolo, che tiene conto di questa minuziosa analisi delle inclusioni e delle digressioni interne, per così dire, che permettono alla profondità del tempo rimemorato di affiorare alla superficie del tempo raccontato. È così con una puntuale analisi quantitativa che comincia lo studio della *Forsyte Saga*, esempio tipo del 'romanzo di generazioni'; dal vasto intervallo di quarant'anni che il romanzo ricopre in 1100 pagine, l'autore ha isolato cinque episodi che variano da qualche giorno ad alcuni mesi o due anni. Riprendendo il grande schema dell'*Iliade* proposto da Goethe, l'autore ricostruisce lo schema temporale del tomo II, con le sue date precise e le sue referenze ai giorni della settimana.

includere vaste distese temporali rammemorate entro sequenze narrative brevi, di creare un effetto di profondità prospettica spezzando la cronologia. Ancor più ci si allontana dalla stretta comparazione tra lunghezze di tempo quando si aggiunge al ritorno all'indietro il tempo del ricordo, il tempo del sogno, il tempo del dialogo riferito, come nel caso di Virginia Woolf. Così alle misure quantitative si aggiungono tensioni qualitative [35].

Ora, qual è l'elemento che calamita così la transizione operata dalla misura degli intervalli di tempo ad un apprezzamento del fenomeno più qualitativo della contrazione? È il rapporto del tempo della narrazione rispetto al tempo della vita attraverso il tempo raccontato. È a questo punto che la meditazione di Goethe riprende il sopravvento: la vita come tale non forma un tutto; la natura può produrre dei viventi, ma sono indifferenti (*gleichgültig*); l'arte può non produrre altro che esseri morti, ma essi sono significativi. Sì, ecco l'orizzonte di pensiero: strappare, mediante il racconto, il tempo raccontato alla indifferenza. Mediante procedure di risparmio e di compressione, il narratore introduce ciò che è estraneo al senso (*sinnfremd*) nella sfera del senso; anche quando il racconto mira a 'restituire' l'insensato (*sinnlos*), il narratore mette quest'ultimo in rapporto con la sfera dell'esplicitazione di senso (*Sinndeutung*) [36].

[35] Troviamo, negli studi dedicati a « *Zeitgerüst des Erzählens* » da Jürg Jenatsch (*op. cit.*, pp. 388-418) e al « *Zeitgerüst des Fortunatus-Volksbuch* » (*op. cit.*, pp. 570-589), una analisi dettagliata di carattere molto tecnico di questi numerosi procedimenti di messa in forma narrativa.

[36] Questa prospettiva del tempo della vita, attraverso il tempo raccontato, è finalmente la posta in gioco di ognuna delle brevi monografie sopra ricordate: si dice del rapporto tra i due regimi temporali nelle *Lehrejahre* che « si aggiusta » (*fügt sich*) all'oggetto proprio del racconto, la metamorfosi dell'uomo e del suo *Übergänglichkeit* (p. 271). È grazie a ciò che il *Gestaltsinn* dell'opera poetica non è arbitrario e rende l'apprendimento—la *Bildung*—analogo al processo biologico generatore di forme viventi. Analogamente nel caso del 'romanzo di generazioni'; a differenza del 'romanzo d'iniziazione' in Lessing e in Goethe, dove la crescita delle forze vitali regola la metamorfosi di un essere vivente, il 'romanzo di generazioni' in Galsworthy, si impegna a mostrare l'invecchiamento, il ritorno necessario alla notte e, al di là del destino individuale, l'ascensione della vita nuova grazie alla quale il tempo si rivela tanto distruttore quanto salvifico. Nei tre esempi evocati, « la messa in forma del tempo raccontato ha a che fare con l'ambito di realtà che è manifestato nella *Gestalt* di una poesia narrativa (*einer erzählenden Dichtung*) » (p. 286). Il rapporto e la tensione tra tempo impiegato a raccontare e tempo raccontato è così riferito a ciò che, al di là del racconto, non è racconto bensì vita. Il tem-

Se quindi si cancellasse tale referenza alla vita, non si capirebbe più che la tensione tra i due tempi dipende da una morfologia che assomiglia al lavoro di formazione-trasformazione (*Bildung-Umbildung*) operante negli organismi viventi e che se ne distingue grazie all'elevazione dalla vita insignificante fino alla opera significante per mezzo dell'arte. È in questo senso che la comparazione tra natura organica e opera poetica costituisce una componente della morfologia poetica.

Se possiamo chiamare, prendendo a prestito da Genette, 'gioco con il tempo' il rapporto tra tempo del raccontare e tempo raccontato nel racconto stesso, questo gioco ha una *posta in gioco* che è il vissuto temporale (*Zeiterlebnis*) al quale mira il racconto. Compito della morfologia poetica è quello di far emergere la pertinenza tra i rapporti quantitativi di tempo e le qualità di tempo che riguardano la vita. Per contro, queste qualità temporali emergono solo grazie al gioco delle derivazioni e delle incastonature, senza che vi si innesti una meditazione tematica sul tempo, come in Laurence Sterne, Joseph Conrad, Thomas Mann o Marcel Proust. Il tempo fondamentale resta implicato senza che divenga tematico. Pure, è proprio il tempo della vita che è 'co-determinato' mediante il rapporto e la tensione tra i due tempi del racconto e mediante le 'leggi di forma' che ne derivano [37]. A tale proposito si sarebbe tentati di dire: tanti poeti—ovvero poemi—altrettanti 'vissuti' temporali. È proprio così: ecco perché questo 'vissuto' non può essere intenzionato che in modo obliquo, attraverso l'armatura temporale, come ciò a cui questa armatura s'adatta e conviene. È chiaro che una struttura discontinua conviene ad un tempo di pericoli e di avventure, che una

po raccontato è a sua volta qualificato come *Raffung*, in rapporto al fondo dal quale si eleva, e cioè la 'natura' insignificante, o piuttosto indifferente alla significazione.

37 In un altro saggio della medesima raccolta, Günther Müller introduce la coppia di termini: « *Zeiterlebnis und Zeitgerüst* » (pp. 299ss.). Questa *armatura del tempo* è il gioco stesso del tempo impiegato per raccontare e del tempo raccontato. Quanto al vissuto del tempo, è, con terminologia husserliana, il fondo di vita indifferente al senso, nessuna intuizione ci dà il *senso* di questo tempo che è solo *interpretato*, indirettamente colto mediante l'analisi del *Zeitgerüst*. Ulteriori conferme vengono da altri esempi presi a prestito da autori tanto preoccupati della posta in gioco quanto del gioco. Per uno di essi, Andréas Gryphius, il tempo non è altro che una catena di istanti sconnessi e che solo la referenza all'eternità sottrae al niente. Per altri—Schiller e Goethe—il corso stesso del tempo del mondo è l'eternità. Per un altro ancora—Hofmannstahl—il tempo è l'estraneità stessa, l'immensità inglobante. Per un altro—Thomas Mann—è il numinoso per eccellenza. Con ognuno di essi noi tocchiamo la « *poietische Dimension* » (p. 303) del 'vissuto' temporale.

struttura lineare più continua conviene al romanzo di iniziazione dominato dai temi dello sviluppo e della metamorfosi, mentre una cronologia spezzata, interrotta da salti, anticipazioni, ritorni all'indietro, in una parola una configurazione deliberatamente pluridimensionale, è più adatta ad una visione del tempo priva di qualsiasi capacità di sguardo d'insieme e di qualsiasi coesione interna. La contemporanea sperimentazione nell'ordine delle tecniche narrative è in tal modo coerente con la frantumazione che segna la stessa esperienza del tempo. È vero che, in questa sperimentazione, il gioco può diventare la posta in gioco stessa [38]. Ma la polarità del vissuto temporale (*Zeiterlebnis*) e dell'armatura temporale (*Zeitgerüst*) non sembra possa esser cancellata.

In tutti i casi, una effettiva creazione temporale, un « tempo poietico » (p. 311), si rivela all'orizzonte di ogni « composizione significativa » (p. 308). È questa creazione temporale che è la posta in gioco della strutturazione del tempo, che a sua volta si gioca tra tempo impiegato per raccontare e tempo raccontato.

3. *Enunciazione - enunciato - oggetto nel 'discorso del racconto'* [39]

La *Morfologia poetica* di Günther Müller ci ha finalmente lasciato tre tempi: quello dell'atto di raccontare, quello che è raccontato, e infine il tempo della vita. Il primo è un tempo cronologico: è un tempo di lettura piuttosto che di scrittura; si misura soltanto il suo equivalente spaziale che si conta in numero di pagine e di righe. Quanto al tempo raccontato, viene contato in anni, mesi, giorni ed eventualmente datato

[38] Si legge in un altro saggio, « Über die Zeitgerüst des Erzählens » (pp. 388-418): « Da Joseph Conrad, Joyce, Virginia Woolf, Proust, Wolfe, Faulkner, il trattamento dell'evoluzione del tempo è diventato un problema centrale della rappresentazione epica, un terreno di sperimentazione narrativa, in cui si tratta, in primo luogo, non di speculazione sul tempo, quanto dell''arte di raccontare' » (p. 392). Un tale riconoscimento non implica affatto che il 'vissuto' temporale non sia più la posta in gioco, ma che il gioco prenda il sopravvento sulla posta in gioco. Genette ricaverà una conseguenza più radicale da tale rovesciamento. Günther Müller non sembra disposto a ridurre la posta in gioco al gioco: la focalizzazione sull'arte di raccontare deriva dal fatto che il narratore non ha bisogno di speculare sul tempo per aprirsi al tempo poetico: lo fa configurando il tempo raccontato.

[39] Gérard Genette, « Frontières du Récit », *Figures* II, Ed. du Seuil, Paris 1969, pp. 49-69; « Le discours du récit », *Figures* III, Ed. du Seuil, Paris 1972, pp. 65-273; *Nouveau Discours du récit, op. cit.*

nell'opera stessa. È a sua volta derivato mediante 'compressione' di un tempo 'risparmiato' che non è racconto, ma vita. La nomenclatura proposta da Gérard Genette ha ugualmente un ritmo ternario; ma non coincide con quella di Günther Müller; è il risultato del tentativo messo in atto dalla narratologia strutturale per derivare tutte le sue categorie da aspetti contenuti nel testo stesso, cosa questa che non avviene per il tempo della vita.

I tre livelli di Genette sono determinati a partire dal livello mediano, l'*enunciato* narrativo: è il racconto propriamente detto; consiste nella relazione di avvenimenti reali o immaginari; nella cultura scritta, questo racconto è identico al testo narrativo. Questo enunciato narrativo, a sua volta, ha una duplice relazione. Da un lato, l'enunciato ha rapporto con l'*oggetto* del racconto, cioè gli avvenimenti raccontati, sia reali che frutto di invenzione: è quella che ordinariamente viene chiamata storia 'raccontata'; in un senso prossimo si può chiamare *diegetico* l'universo nel quale la storia avviene [40]. Dall'altro lato, l'enunciato ha rapporto con l'atto di narrare preso in se stesso, con l'*enunciazione* narrativa (raccontare le sue avventure è, per Ulisse, una azione così come massacrare i pre-

[40] Il termine diegesi è preso a prestito da Etienne Souriau che l'ha proposto nel 1948 per opporre il luogo del significato filmico all'universo dello schermo come luogo del significante. Gérard Genette precisa, in *Nouveau Discours du récit*, che l'aggettivo diegetico è costruito sul sostantivo diegesi, senza alcuna referenza alla *diegesis* platonica: « *diegesis*, ci assicura Genette nel 1983, non ha nulla a che fare con il mio concetto di diegesi » (p. 13). Di fatto, lo stesso Genette faceva riferimento al famoso testo platonico in « Frontières du récit ». Ma allora la sua intenzione era polemica. Si trattava di eliminare il problema aristotelico della *mimesis* identificata con l'illusione di realtà creata mediante la rappresentazione dell'azione. « La rappresentazione letteraria, la *mimesis* degli Antichi... è il racconto, e solo il racconto ». Per conseguenza, « *mimesis*, è *diegesis* » (« Frontières du récit », p. 55). Il problema viene ripreso più sommariamente in « Le discours du récit », pp. 184-186: « Il linguaggio significa senza imitare » (p. 185). Per dissipare ogni equivoco, bisogna forse ricordare che nella *Repubblica* 392c *ss.*, Platone non oppone affatto *diegesis* a *mimesis*? Diegesis è l'unico termine generico proposto. Si suddivide soltanto in diegesis '*semplice*', quando il poeta riferisce avvenimenti o discorsi con la sua stessa voce, e diegesis '*per imitazione*' (*dia mimeseos*), allorquando parla « come se fosse un altro », fingendo il più possibile la voce di un altro, ciò che equivale a imitarlo. Il rapporto tra i termini è invertito in Aristotele per il quale la *mimesis praxeos* è il termine generico e la *diegesis* il 'modo' subordinato. Bisogna quindi guardarsi dal sovrapporre le due terminologie, che fanno riferimento a due usi differenti dei termini in contrasto (cfr. *Tempo e Racconto*, vol. I, *op. cit.*, pp. 61 e 65 n. 2).

tendenti); un racconto, diremo, racconta una storia, altrimenti non sarebbe discorso: « Come narrativo, esso vive del suo rapporto con la storia che racconta; come discorso, vive del suo rapporto con la narrazione che lo proferisce » (« Discours du récit », in *Figures* III, p. 74)[41].

Come si comportano queste categorie in rapporto a quelle di Benveniste e di Günther Müller (per non parlare di Harald Weinrich che qui non è in causa)? Come il titolo stesso del saggio lascia intendere, è ben chiaro che la distribuzione, ripresa da Emile Benveniste, tra discorso e racconto, viene mantenuta solo per esser respinta. C'è del discorso in ogni racconto, nella misura in cui il racconto viene proferito così come avviene per il canto lirico, la confessione o l'autobiografia, Che il narratore sia assente dal suo testo è ancora un fatto di enunciazione[42]. In tal

[41] La teoria narrativa ha continuato ad oscillare tra bipartizione e tripartizione. I formalisti russi conoscono la distinzione tra *Sjužet* e *fabula*, il soggetto e la favola. Per Chklovski, la favola designa il materiale che serve alla formazione del soggetto; il soggetto di *Eugène Onéguine*, per esempio, è l'elaborazione della favola, quindi una costruzione (cfr. *Théorie de la littérature, textes des formalistes russes, op. cit.*, pp. 54-55). Tomachevski precisa: lo sviluppo della favola può essere caratterizzato come « il passaggio da una situazione all'altra » (*ibid.*, p. 273). Il soggetto è ciò che il lettore percepisce come risultante dei procedimenti di composizione (p. 208). In un senso vicino, anche Todorov fa la distinzione tra discorso e storia (« Les catégories du récit littéraire », art. cit., 1966). Bremond dice: racconto raccontante e racconto raccontato (*Logique du récit, op. cit.*, p. 321, n. 1). Per contro, Cesare Segre (*Le strutture e il tempo*, Einaudi, Torino 1974) propone la triade: discorso (significante), intrigo (il significato secondo l'ordine di composizione letteraria), la *fabula* (il significato secondo l'ordine logico e cronologico degli avvenimenti). È allora il *tempo*, concepito come ordine irreversibile di successione, che fa da discriminante: il discorso ha come tempo quello della lettura, l'intrigo quello della composizione letteraria, la *fabula* quello degli avvenimenti raccontati. Insomma, le coppie soggetto-favola (Chklovski, Tomachevski), discorso-storia (Todorov), racconto-storia (Genette) si sovrappongono molto bene. La reinterpretazione in termini saussuriani stabilisce la differenza tra formalisti russi e formalisti francesi. Si dovrà allora dire che la ricomparsa di una tripartizione (Segre, lo stesso Genette) segna il ritorno ad una triade stoica: ciò che significa, ciò che è significato, ciò che succede?

[42] « Frontières du recit »: « Uno degli oggetti di questo studio potrebbe essere quello di repertoriare e classificare i mezzi con i quali la letteratura narrativa (e particolarmente romanzesca) ha tentato di organizzare in modo accettabile, all'interno della sua propria *lexis*, i delicati rapporti che vi creano le esigenze del racconto e le necessità del discorso » (p. 67). Il *Nouveau Discours du récit* è a questo proposito di una chiarezza senza equivoci: un racconto senza narratore è semplicemente impossibile; sarebbe un enunciato senza enunciazione, quindi senza atto di comunicazione (p. 68), di qui il titolo stesso di « discorso del racconto ».

senso, l'enunciazione deriva dall'istanza di discorso secondo l'accezione ampia che Emile Benveniste conferisce a questo termine per opporlo al sistema virtuale della lingua, piuttosto che del discorso nel senso più limitato che lo oppone al racconto. Si può comunque ammettere che la distinzione tra discorso e racconto ha reso attenti ad una dicotomia che si è dovuto ulteriormente riportare all'interno del racconto, nel senso largo del termine. In tal senso, la dicotomia inclusiva, se possiamo esprimerci così, dell'enunciazione e dell'enunciato è l'erede della disgiunzione più esclusiva tra discorso e racconto secondo Emile Benveniste [43].

Il rapporto con Günther Müller è più complesso. La distinzione tra *Erzählzeit* e *erzählte Zeit* è anch'essa mantenuta da Genette, ma interamente rinnovata. Tale rimaneggiamento deriva dalla differenza di statuto dei livelli ai quali gli aspetti temporali sono attribuiti. Nella nomenclatura di Genette, l'universo diegetico e l'enunciazione non designano niente di esteriore al testo. Il rapporto dell'enunciato con la cosa raccontata è assimilabile al rapporto tra significante e significato nella linguistica saussuriana. Ciò che Günther Müller chiama la vita è quindi messo fuori gioco. L'enunciazione, per parte sua, deriva dalla referenza del discorso e rimanda a qualcuno che racconta; ma la narratologia si sforza di registrare esclusivamente i connotati della narrazione inscritti nel testo.

Una completa ridistribuzione degli aspetti temporali deriva da questa riorganizzazione dei livelli di analisi. Anzitutto, la *Zeiterlebnis* viene messa fuori gioco. Non sussistono che relazioni interne al testo tra enunciazione, enunciato e storia (o universo diegetico). È a queste che sono dedicate le analisi di un testo emblematico: *Alla ricerca del tempo perduto*.

L'attenzione principale dell'analisi riguarda il rapporto tra tempo del racconto e tempo della diegesi, a spese, almeno in parte, del tempo dell'enunciazione, per ragioni che vedremo più avanti. Che cos'è il tempo del racconto se non è né quello dell'enunciazione né quello della diegesi? Come Günther Müller, anche Gérard Genette lo considera equivalente, anzi sostituto del tempo di lettura, cioè il tempo che occorre per

[43] Circa questi complessi rapporti, cfr. i diversi tentativi di messa in ordine proposti da Seymour Chatman in *Story and Discourse: Narrative Structure in Fiction*, Cornell University Press, Ithaca 1978; Gerald Prince, *Narratology: The Form and Function of Narrative*, Mouton, La Haye 1982; Shlomith Rimmon-Kenan, *Narrative Fiction: Contemporary Poetics*, Methuen, London e New York 1983.

percorrere o attraversare lo spazio del testo: « Il testo narrativo, come ogni altro testo, non ha altra temporalità al di fuori di quella che prende a prestito, metonimicamente, dalla sua lettura » (p. 78). Bisogna quindi « assumere » e « prendere in parola la quasi-finzione dell'*Erzählzeit*, questo falso tempo che vale per uno vero e che noi considereremo, con tutto quello che ciò comporta sia di riserva che di consenso, come uno *pseudo-tempo*[44] » (p. 78).

Non riprenderò nei particolari l'analisi delle tre determinazioni essenziali—*ordine*, *durata*, *frequenza*—in base alle quali possono essere studiate le relazioni tra pseudo-tempo del racconto e tempo della storia. Nei tre registri, significative sono le discordanze tra gli aspetti temporali degli avvenimenti nella diegesi e gli aspetti corrispondenti del racconto.

Per quanto concerne l'*ordine*, queste discordanze possono essere collocate sotto il titolo generale dell'*anacronia*[45]. Il racconto epico, a cominciare dall'*Iliade*, viene a questo proposito apprezzato per il suo modo di cominciare *in medias res*, per poi procedere ad un ritorno all'indietro per dei fini esplicativi. In Proust il procedimento serve ad opporre l'avvenire diventato presente all'idea che ce ne eravamo fatti in passato. L'arte di raccontare è in lui, per una parte, quella di giocare con la prolessi (raccontare in anticipo) e l'analessi (raccontare mediante un ritorno all'indietro) e di inserire delle prolessi entro delle analessi. Questo primo gioco con il tempo dà luogo ad una tipologia molto minuziosa che rinuncio a descrivere qui. Sottolineo, per la successiva discussione, ciò che ri-

44 Ci si può chiedere a questo proposito se il tempo di lettura al quale il tempo del racconto è così preso a prestito non appartenga di diritto al piano dell'enunciazione, e se la trasposizione operata grazie alla metonimia non nasconda questa filiazione proiettando sul piano dell'enunciato ciò che appartiene di diritto al piano dell'enunciazione. Inoltre, non lo chiamerei uno pseudo-tempo, ma precisamente tempo di finzione, tanto è legato, per l'intelligenza narrativa, alle configurazioni temporali della finzione. Direi che si traspone il fittizio in pseudo sostituendo all'intelligenza narrativa la simulazione razionalizzante che è tipica del livello epistemologico della narratologia, operazione di cui continuiamo a sostenere sia la legittimità che il carattere derivato. *Nouveau Discours du récit* apporta una precisazione: « il tempo del racconto (scritto) è uno 'pseudo-tempo' nel senso che consiste empiricamente, per il lettore, in uno spazio di testo che solo la lettura può (ri)convertire in durata » (p. 16).

45 Lo studio delle anacronie (prolessi, analessi e varie combinazioni) consente d'essere accostato allo studio della 'prospettiva' (anticipazione, retrospezione, grado zero) presente in Harald Weinrich.

guarda la *finalità* di queste variazioni anacroniche. Che si tratti di completare il racconto di un avvenimento portandolo alla luce di un avvenimento precedente, o di colmare, a cose fatte, una lacuna precedente, o di suscitare la reminiscenza involontaria mediante il richiamo ripetuto di avvenimenti simili, o di rettificare una interpretazione anteriore mediante una serie di reinterpretazioni, l'analessi proustiana non è un gioco gratuito; essa è ordinata al significato dell'insieme dell'opera [46]. Tale ricorso all'opposizione tra significativo e insignificante apre una prospettiva sul tempo narrativo che porta al di là della tecnica letteraria della anacronia [47].

L'uso delle prolessi all'interno di un racconto globalmente retrospettivo mi sembra illustri meglio di quanto non faccia l'analessi questo rapporto con la significazione globale aperta dall'intelligenza narrativa. Certe prolessi portano al suo termine logico una certa linea di azione, fino a riprendere il presente del narratore; altre servono ad autenticare il racconto del passato mediante la testimonianza della sua efficacia sul ricordo attuale (ancora oggi, io la rivedo...): è proprio da Auerbach che bisogna prendere a prestito, per dare conto di questo gioco con il tempo, la nozione di « onnitemporalità simbolica » della « coscienza che rammemora » [48]. Ma allora il quadro teorico scelto per l'analisi si rivela inadeguato: « Perfetto esempio—dice Genette—di fusione quasi miracolosa tra l'avvenimento raccontato e l'istanza di narrazione, ad un tempo tardiva (ultima) e 'onnitemporale' [49] » (p. 108).

[46] Rimando a quella bella pagina del « Discours du récit » in cui l'autore evoca la 'ripresa' generale da parte di Marcel Proust dei principali episodi della sua esistenza, « fino ad allora perduti nella insignificanza della dispersione, e subito raccolti, resi significativi d'essere tutti legati tra loro (...): Caso, contingenza, arbitrarietà subito abolita, biografia immediatamente 'presa' entro la rete di una struttura e la coesione di un senso » (p. 97).

[47] Il lettore non mancherà di accostare questa notazione di Gérard Genette all'uso che Günther Müller fa della nozione di *Sinngehalt* che è già stata presa in esame, così come l'opposizione tra significante e insignificante (o indifferente), ereditata da Goethe. Questa opposizione, a mio avviso, è del tutto diversa rispetto all'opposizione tra significante e significato derivata da F. de Saussure.

[48] Eric Auerbach, *Mimesis*: *Dargestellte Wirklichkeit in der abendländischen Literatur*, ed. Francke, Berne 1946, cit. da Gérard Genette, « Le discours du récit », art. cit., p. 108; (tr. it., *Mimesis*, Einaudi, Torino 1956).

[49] L'autore riconosce senza difficoltà che « nella misura in cui esse mettono direttamente in gioco l'istanza narrativa stessa, queste anticipazioni al presente non costituiscono soltanto dei fatti di temporalità narrativa, ma anche dei fatti di voce:

Dando uno sguardo d'insieme alle anacronie contenute nella *Ricerca*, Genette dichiara: « L'importanza del racconto 'anacronico' nella *Ricerca del tempo perduto* è evidentemente legata al carattere retrospettivamente sintetico del racconto proustiano, in ogni momento interamente presente a sé nello spirito del narratore, il quale—dal giorno in cui ne ha colto in una estasi il significato unificante—non smette di tenerne insieme tutti i fili, di coglierne ad un tempo tutti i luoghi e tutti i momenti, tra i quali è costantemente in grado di fissare una moltitudine di relazioni 'telescopiche' » (p. 115). Non bisogna allora dire che quello che la narratologia considera come lo pseudo-tempo del racconto consiste nell'insieme delle strategie temporali poste al servizio di una concezione del tempo che, espresso anzitutto nella finzione, può inoltre costituire un paradigma per ridescrivere il tempo vissuto e perduto?

Lo studio delle distorsioni della *durata* invita alle medesime riflessioni. Non ritorno sull'impossibilità di misurare la durata del racconto, se intendiamo il tempo di lettura (pp. 122-123). Ammettiamo con Genette che sia possibile solo comparare la *velocità* rispettiva del racconto e della storia, definendo la velocità in termini di rapporto tra una misura temporale e una misura spaziale. Siamo così ricondotti, per caratterizzare le accelerazioni o i rallentamenti del racconto in rapporto agli avvenimenti raccontati, a comparare, come fa Günther Müller, la durata del testo, misurata in pagine e righe, alla durata della storia, misurata coi tempi dell'orologio. Come in Günther Müller, le variazioni—chiamate qui *anisocronie*—riguardano le grandi articolazioni narrative e la loro cronologia interna, dichiarata o raggiunta per inferenza. È allora possibile ripartire le distorsioni della velocità tra l'estremo rallentamento della *pausa* e l'estrema accelerazione dell'*ellisse*, situare la nozione classica di 'scena' o di 'descrizione' nell'ambito della pausa e quella di 'sommario' nell'ambito dell'ellisse [50]. In tal modo può essere abbozzata una tipologia assai raffinata delle grandezze comparate della lunghezza del testo e della durata degli eventi raccontati. Ma l'importante, a mio avviso, è che il controllo da parte della narratologia delle strategie dell'accelerazione e del rallentamento serve ad aumentare l'intelligenza che abbiamo acquisito, grazie alla nostra familiarità con i procedimenti di costruzione dell'intrigo, della funzione di tali procedimenti. Così Gérard Genette nota che

noi le ritroveremo più avanti proprio a questo titolo » (p. 108).

[50] La nozione di *Raffung* in Günther Müller trova un equivalente in quella di accelerazione.

in Proust l'ampiezza (e quindi la lentezza del racconto, che fissa una sorta di coincidenza tra la lunghezza del testo e il tempo impiegato dall'eroe a impregnarsi di uno spettacolo) è in stretto rapporto con le 'stazioni contemplative' (p. 135) nell'esperienza dell'eroe [51]. Analogamente, l'assenza del racconto sommario, l'assenza della pausa descrittiva, la tendenza del racconto a costituirsi in scena nel senso narrativo del termine, il carattere inaugurale delle cinque enormi scene—mattinata, pranzo, serata—che occupano da sole circa seicento pagine, la ripetizione che le trasforma in scene tipiche, tutti questi aspetti strutturali della *Ricerca*, che non lasciano intatto nessuno dei movimenti narrativi tradizionali (p. 144) e che una scienza narratologica precisa è in grado di discernere, analizzare, classificare, ricevono il loro *significato* da quel tipo di immobilità temporale che il racconto stabilisce a livello della finzione.

Ma la modificazione che conferisce alla temporalità narrativa della *Ricerca* « una cadenza tutta nuova—un ritorno veramente inaudito » (p. 144)—è certamente il carattere *iterativo* del racconto che la narratologia colloca sotto la terza categoria temporale, quella della *frequenza* (raccontare una volta o *n* volte un avvenimento che accade una sola volta o *n* volte) e che oppone al racconto non iterativo [52]. Come interpretare questa 'ebbrezza dell'iterazione' (p. 153)? La forte tendenza che, in Proust, gli istanti hanno a raccogliersi e confondersi, riconosce Genette, è « la condizione stessa dell'esperienza della 'memoria involontaria' » [53] (p. 154). Ora in questo esercizio di narratologia questa *esperienza* non farà mai problema. Perché?

Se l'esercizio di memoria del narratore-eroe è così facilmente ridotto ad un « fattore, io direi volentieri un mezzo di emancipazione del racconto in rapporto alla temporalità diegetica » (p. 179), ciò deriva dal fatto che l'indagine riguardante il tempo è stata fino a questo punto artificialmente contenuta entro i limiti del rapporto tra il racconto enun-

[51] « Queste stazioni contemplative sono generalmente di una durata che non rischia di superare quella della lettura (anche assai lenta) del testo che le riporta » (pp. 135-136).

[52] Greimas introduce in *Maupassant* le categorie simili dell'iterativo e del singolativo e adotta, per darne conto, la categoria grammaticale dell'aspetto. L'alternanza tra iterativo e singolativo deve essere messa in parallelo con la categoria di messa in rilievo che troviamo in Weinrich.

[53] Gérard Genette cita questa bella pagina di *La Prisonnière* dove leggiamo: « Questa mattinata ideale colmava il mio spirito di realtà permanente, identica a tutte le mattinate simili, e mi donava una allegria... » (p. 154).

ciato e la diegesi, a scapito degli aspetti temporali del rapporto tra enunciato e enunciazione, riportati sotto la categoria grammaticale della voce [54].

L'aggiornamento del tempo della narrazione non manca di qualche inconveniente. Così non si comprende il senso del rovesciamento grazie al quale, alla svolta dell'opera di Proust, la storia, con la sua saggia cronologia e la prevalenza per ciò che è singolare, torni a prevalere rispetto al racconto, con i suoi anacronismi e le sue iterazioni; non lo si comprende, diciamo noi, se non si attribuiscono le distorsioni della durata, che prendono allora il sopravvento, al narratore stesso, « desideroso, ad un tempo, nella sua impazienza e angoscia crescenti, di *caricare* le sue ultime scene... e di saltare alla conclusione... che finalmente gli darà l'essere e legittimerà il suo discorso » (p. 180). Bisogna quindi integrare al tempo del racconto « un'altra temporalità, che non è più quella del racconto, ma che in ultima istanza la comanda: quella della narrazione stessa » [55] (p. 180).

Che ne è allora del rapporto tra enunciazione ed enunciato? Non riveste alcun carattere temporale? Il fenomeno fondamentale di cui lo statuto testuale può essere preservato, è a questo punto quello della 'voce', nozione presa a prestito ai grammatici [56] e che caratterizza l'implicazione, nel racconto, della narrazione stessa, cioè dell'istanza narrativa (nel senso in cui Benveniste parla di istanza di discorso) con i suoi due protagonisti: il narratore e il suo destinatario, reale o virtuale. Se a questo livello di relazione si pone un problema di tempo, è nella mi-

54 Gérard Genette è il primo a « deplorare che i problemi della temporalità narrativa siano così smembrati » (p. 180, n. 1). Ma è fondato dire: « Qualsiasi altra distribuzione avrebbe per effetto quello di sottovalutare l'importanza e le specificità dell'istanza narrativa » (*ibid.*)?

55 Ma, se la temporalità della narrazione comanda quella del racconto, non si può parlare del « gioco con il Tempo » nell'opera di Proust, come fa Genette nelle pagine decisive (pp. 178-181) e che io prendo in esame più avanti, prima d'aver trattato dell'enunciazione e del tempo adeguato, e in tal modo sottrae le analisi della temporalità al loro stato di smembramento.

56 E. Vendryès, per esempio, la definiva così: « aspetto dell'azione verbale nei suoi rapporti con il soggetto » (citato da Gérard Genette, p. 76). *Nouveau Discours du récit* non apporta alcun nuovo elemento a proposito del tempo dell'enunciazione e il rapporto tra voce ed enunciazione. Per contro, questo testo è ricco di notazioni sulla distinzione tra il problema della voce (chi parla?) e la questione di prospettiva (chi vede?), quest'ultima questione è riformulata in termini di focalizzazione (dov'è il centro focale di percezione?) (pp. 43-52). Ritorneremo sul problema più avanti.

sura in cui l'istanza narrativa, rappresentata nel testo mediante la voce, presenta a sua volta degli aspetti temporali.

Se viene affrontato così tardivamente e in modo così sbrigativo il problema del tempo dell'enunciazione nel «Discorso del racconto», ciò dipende in piccola parte dalle difficoltà che accompagnano la messa in ordine dei rapporti tra enunciazione, enunciato, storia[57] e dipende in gran parte dalla difficoltà inerente nella *Ricerca* al rapporto tra l'autore reale e il narratore immaginario, il quale si trova ad essere qui identico all'eroe, dal momento che il tempo di narrazione è segnato dallo stesso carattere di finzione che segna il narratore-eroe. Ora, tale riconoscimento del carattere di finzione dell'"io' dell'eroe-narratore esige una analisi che è precisamente quella della *voce*. In effetti, se l'atto di narrazione non porta in se stesso nessun segno di durata, le variazioni della sua distanza in rapporto agli avvenimenti raccontati sono rilevanti per il « significato del racconto » (p. 228). In particolare, i mutamenti precedentemente evocati e che segnano il regime temporale del racconto trovano in queste variazioni una certa giustificazione: fanno sentire l'abbreviarsi progressivo del tessuto stesso del discorso narrativo, « come se, aggiunge Genette, il tempo della storia tendesse a dilatarsi e a singolarizzarsi sempre più con l'avvicinarsi alla sua fine, *che è anche la sua sorgente* » (p. 236). Ora, che il tempo della storia dell'eroe si avvicini alla sua sorgente, cioè al presente del narratore, senza poterlo raggiungere, questo elemento fa parte del *significato* del racconto, e cioè che esso è

57 Come abbiamo detto in precedenza, il peso principale dell'analisi del tempo del racconto nella *Recherche* verte sul rapporto tra racconto e diegesi, rapporto trattato nei primi tre capitoli (pp. 77-182) sotto i titoli dell'*ordine*, della *durata* e della *frequenza*, mentre solo alcune delle pagine consacrate alla *voce* sono tardivamente riservate al tempo della narrazione (pp. 228-238). Questa sproporzione si spiega in parte con l'aggiunta alla triade enunciazione—enunciato—oggetto della triade tempo—modo—voce presa a prestito alla grammatica del verbo. Sono, infine, queste tre classi quelle che determinano la disposizione dei capitoli nel discorso del racconto: « le prime tre (ordine, durata, frequenza) trattano del tempo, la quarta del modo, la quinta e l'ultima della voce » (p. 76, n. 4). È così possibile osservare una certa concorrenza tra i due schemi, concorrenza che fa sì che « il tempo e il modo giochino entrambi al livello dei rapporti tra storia e racconto, mentre la voce designa ad un tempo i rapporti tra narrazione e racconto e tra narrazione e storia » (p. 76). Tale concorrenza spiega il fatto che l'accento principale sia messo sul rapporto tra tempo del racconto e tempo della storia, e che il tempo dell'enunciazione sia considerato secondo un modo minore, in termini di voce, nell'ultimo capitolo.

terminato, o quanto meno interrotto, quando l'eroe è diventato scrittore [58].

Il ricorso alla nozione di voce narrativa permette alla narratologia di fare spazio alla soggettività, senza che quest'ultima sia confusa con quella dell'autore reale. Se la *Ricerca* non deve essere letta come un'autobiografia travestita, ciò deriva dal fatto che l''io' che pronuncia il narratore- eroe è a sua volta opera di finzione. Ma, in mancanza di una nozione come quella di *mondo* del testo che giustificherò nel prossimo capitolo, il ricorso alla nozione di voce narrativa non basta a giustificare l'*esperienza di finzione* che il narratore-eroe fa del tempo nelle sue dimensioni psicologiche e metafisiche.

Ora, senza tale esperienza, a carattere di finzione così come l''io' che la svolge e la racconta, eppure degna del titolo di 'esperienza' grazie al suo rapporto con il mondo che l'opera progetta, è difficile conferire un senso alla nozione di tempo perduto e di tempo ritrovato che costituiscono la posta in gioco della *Ricerca* [59].

È questo rifiuto tacito della nozione di esperienza di finzione che mi mette a disagio quando leggo e rileggo le pagine intitolate « Il gioco con il tempo » (pp. 178-181) che danno se non la chiave, almeno il tono del libro (pagine quanto meno premature, se si considera il fatto che lo studio del tempo della narrazione è riportato più avanti). L'esperienza di finzione del tempo che fa il narratore-eroe, non potendo essere ricondotta al significato interno del racconto, viene riferita ad una giustificazione estrinseca all'opera, quella che l'autore Proust dà della sua tecnica narrativa, con le sue interpolazioni, distorsioni e soprattutto le sue condensazioni iterative. Tale giustificazione è a sua volta assimilata alla 'motivazione realistica' che Proust condivide con una intera tradizione di scrittori. Genette vuole sottolinearne solo le 'contraddizioni'

[58] « C'è semplicemente arresto del racconto nel punto in cui l'eroe ha trovato la verità e il senso della sua vita, e quindi dove si compie questa 'storia di una vocazione', che è, ricordiamolo, l'oggetto dichiarato del racconto proustiano (...) È quindi necessario che il racconto si interrompa prima che l'eroe abbia raggiunto il narratore, non è infatti concepibile che essi scrivano insieme la parola: Fine » (p. 237).

[59] Si deve poter dire dell'esperienza metafisica del tempo nella *Recherche* precisamente quello che Gérard Genette dice dell''io' dell'eroe della *Recherche*, e cioè che non è né Proust né un altro. Nessun 'ritorno a sé', nessuna 'presenza a sé' sono postulate da una esperienza espressa secondo il modo della finzione, bensì una 'semi-omonimia' tra l'esperienza reale e quella di finzione, analoga a quella che la narratologia distingue tra l'eroe-narratore e colui che firma l'opera (p. 257).

e i 'compiacimenti' (p. 181). Contraddizione tra la cura di raccontare le cose così come sono state vissute sul momento e la cura di raccontarle così come sono ricondotte alla memoria una volta avvenute. Contraddizione dunque, tra l'attribuzione ora alla vita stessa, ora alla memoria, degli accavallamenti che troviamo riflessi negli anacronismi del racconto. Contraddizione, soprattutto, di una ricerca votata al tempo stesso all''extra-temporale' e al 'tempo allo stato puro'. Ma queste contraddizioni non sono forse il cuore stesso dell'esperienza di finzione dell'eroe-narratore? Quanto ai compiacimenti, vengono attribuiti alle « razionalizzazioni retrospettive di cui i grandi artisti non sono mai avari, anzi in proporzione del loro *genio*, vale a dire del prevalere della loro pratica rispetto a qualsiasi teoria, compresa anche la loro » (p. 181). Ma la pratica narrativa non è sola a mantenere una posizione di preminenza rispetto alla teoria estetica: l'esperienza di finzione che conferisce un significato a questa pratica è, anch'essa, alla ricerca di una teoria che risulta sempre inadeguata, come è attestato dai commenti con i quali il narratore appesantisce il suo racconto. È precisamente per uno sguardo teorico estraneo alla *poiesis* operante nel racconto stesso, che l'esperienza del tempo secondo la *Ricerca* si riduce alla 'prospettiva contraddittoria' di un 'mistero ontologico'.

È forse proprio funzione della narratologia quella di invertire i rapporti tra la reminiscenza e la tecnica narrativa, di vedere nella motivazione addotta niente altro che un semplice medium estetico, in una parola di ridurre la visione allo stile. Il romanzo del tempo perduto e ritrovato diviene allora per la narratologia un « romanzo del Tempo dominato, imprigionato, stregato, segretamente sovvertito, o meglio: *pervertito* » (p. 182).

Ma non bisogna finalmente rovesciare questo rovesciamento e considerare lo studio formale delle tecniche narrative che fanno apparire il tempo come pervertito per una lunga deviazione al fine di ritrovare una intelligenza più acuta dell'esperienza del tempo *perduto* e *ritrovato*? È questa esperienza che nella *Ricerca* conferisce il suo significato e la sua prospettiva alle tecniche narrative. Altrimenti, come si potrebbe parlare a proposito dell'intero romanzo, come il narratore a proposito del sogno, « del gioco formidabile che fa con il Tempo » (p. 182)? Un gioco potrebbe essere 'formidabile', ovvero terribile, se non avesse *posta in gioco*?

Al di là della discussione dell'interpretazione che della *Ricerca* ha dato Genette, il problema è quello di sapere se, per preservare il significato dell'opera, non occorra subordinare la tecnica narrativa alla *prospettiva* che porta il testo al di là di se stesso, verso una esperienza, di finzione senza dubbio, ma irriducibile ad un semplice gioco con il tempo. Porre questo interrogativo vuol dire chiedere se non si debba fare spazio a quella dimensione che Günther Müller, ricordando Goethe, chiamava *Zeiterlebnis*, e che la narratologia, per rigoroso criterio di metodo, mette fuori gioco. La principale difficoltà è quella di preservare il carattere di finzione di questa *Zeiterlebnis*, pur resistendo alla sua riduzione a semplice tecnica narrativa. È a questa difficoltà che è dedicato il nostro studio sulla *Ricerca*, nel prossimo capitolo.

4. *Punto di vista e voce narrativa*

La nostra ricerca dei *giochi con il tempo* domanda un ultimo complemento che si faccia carico delle nozioni di punto di vista e di voce narrativa, che già abbiamo incontrato in precedenza senza coglierne chiaramente il legame con le strutture principali del racconto[60]. Ora, la nozione di esperienza di finzione del tempo, verso la quale facciamo convergere tutte le nostre analisi della configurazione del tempo mediante il racconto di finzione, non potrà fare a meno dei concetti di punto di vista e di voce narrativa (categorie che ora consideriamo, provvisoriamente, come identiche), nella misura in cui il punto di vista è punto di vista sulla sfera d'esperienza alla quale appartiene il personaggio, e nella misura in cui la voce narrativa è quella che, rivolgendosi al lettore, gli presenta il mondo raccontato (per riprendere il termine di Harald Weinrich).

Come incorporare le nozioni di punto di vista e di voce narrativa nel problema della composizione narrativa[61]? Essenzialmente ricondu-

[60] Abbiamo visto in precedenza grazie a quale mezzo grammaticale Gérard Genette introduce queste nozioni in « Le discours du récit ». Più avanti si terrà conto dei complementi che egli fornisce nel *Nouveau Discours du récit*.

[61] Se non fornisco qui una discussione analitica del concetto di *autore implicato*, introdotto da W. Booth in *The Rhetoric of Fiction*, ciò dipende dalla distinzione che faccio tra il contributo della voce e del punto di vista alla composizione (interna) dell'opera, e il loro ruolo nella comunicazione (esterna). Non è senza ragione che W. Booth ha collocato la sua analisi dell'autore implicato sotto gli auspici di una retorica e non di una poetica della finzione. È comunque ovvio che tutte le

cendole alle categorie di *narratore* e di *personaggio*: il mondo raccontato è il mondo del personaggio ed è raccontato dal narratore. Ora la nozione di personaggio è solidamente ancorata nella teoria narrativa, nella misura in cui il racconto non può essere considerato una *mimesis* d'azione senza essere al tempo stesso considerato una *mimesis* di esseri che agiscono; ora, degli esseri che agiscono sono, nell'accezione ampia che la semantica dell'azione conferisce alla nozione di agente, degli esseri che pensano e provano sentimenti; meglio, degli esseri capaci di raccontare i loro pensieri, i loro sentimenti, le loro azioni. È quindi possibile dislocare la nozione di *mimesis* dall'azione verso il personaggio e dal personaggio verso il discorso del personaggio[62]. Ma non è tutto; dal momento in cui si incorpora alla diegesi il discorso che il personaggio tiene a proposito della sua esperienza, è possibile riformulare la coppia enunciazione-enunciato, sulla quale è costruito questo capitolo, facendo ricorso ad un vocabolario che ne personalizzi i due termini; l'enunciazione diventa il discorso del narratore, mentre l'enunciato diventa il discorso del personaggio. Il problema sarà poi quello di sapere attraverso quali procedimenti narrativi speciali il racconto si costituisce in *discorso di un narratore che racconta il discorso dei suoi personaggi*. Le nozioni di punto di vista e di voce narrativa designano alcuni di questi procedimenti.

È importante prendere subito atto della misura della dislocazione della *mimesis* dell'azione verso la *mimesis* del personaggio, che inaugura l'intera catena di nozioni che porta a quelle di punto di vista e di voce narrativa.

È la considerazione del dramma che aveva condotto Aristotele a dare al personaggio e ai suoi pensieri un posto eminente, anche se sempre subordinato, alla categoria inglobante di *muthos*, nella teoria della *mimesis*: il personaggio appartiene veramente al 'che cosa' della *mimesis*. E siccome la distinzione tra dramma e diegesi dipende solo dal 'come'—vale a dire dal modo di presentazione dei personaggi da parte del poeta—la categoria del personaggio ha gli stessi diritti sia nella diegesi che nel dramma. Per noi, moderni, è al contrario grazie alla diegesi, in quanto

nostre analisi che vertono sul discorso del narratore restano incomplete senza la connessione di una retorica della finzione che noi incorporiamo alla teoria della lettura nella nostra quarta parte.

62 Circa la triade intrigo-personaggio-pensiero nella *Poetica* di Aristotele, cfr. *Tempo e Racconto*, vol. I, pp. 66-68.

contrapposta al dramma, che entriamo più direttamente nella problematica del personaggio, con i suoi pensieri, i suoi sentimenti e il suo discorso. In effetti, nessuna arte mimetica è andata tanto lontana nella rappresentazione del pensiero, dei sentimenti e del discorso, quanto il romanzo. Anzi è l'immensa diversità e l'indefinita flessibilità dei suoi procedimenti che hanno fatto del romanzo lo strumento privilegiato dell'analisi della *psyche* umana, al punto che Käte Hamburger ha potuto fare della scoperta di centri di coscienza immaginari, distinti dai soggetti reali di asserzione rivolti alla realtà, il criterio stesso della frattura tra finzione e asserzione [63]. Opponendosi al pregiudizio secondo il quale il potere di descrivere dall'interno dei soggetti d'azione, di pensiero, di sentimento e di discorso, deriverebbe dalla confessione e dall'esame di coscienza di un soggetto su se stesso, l'Hamburger arriva fino al punto di suggerire che è il romanzo scritto alla terza persona, cioè il romanzo che racconta i pensieri, i sentimenti e le parole di un altro fittizio, che è stato il più lontano dall'indagare l'interiorità degli spiriti [64].

Nel solco di Käte Hamburger, alla quale rende omaggio, Dorrit Cohn in *La Transparenza interiore* [65] non esita a collocare lo studio della narrazione alla terza persona in apertura di un magnifico studio dei « modi di rappresentazione della vita psichica nel romanzo » (è questo il sottotitolo dell'opera). La prima *mimesis* della vita psichica o interiore (l'autore dice: « *mimesis of consciousness* », p. 8) è la mimesis della persona altra rispetto al locutore (« *mimesis of other minds* »). Lo studio della coscienza nei « testi in prima persona », cioè le finzioni che simulano una confessione, una autobiografia [66], è messo al secondo posto e svolto

63 Abbiamo in precedenza esaminato il contributo di Käte Hamburger alla teoria dei tempi verbali. Ma se il preterito epico (cioè diegetico) perde, secondo l'Hamburger, la sua capacità di significare il tempo reale, ciò deriva dal fatto che questo preterito è aggiunto a dei verbi mentali i quali designano l'azione di soggetti-origine (*Ich-Origo*) anch'essi di finzione.

64 Dice Käte Hamburger: « Sono i personaggi epici (*epische Personen*) che fanno della letteratura narrativa quello che essa è » (p. 58); e ancora: « la finzione epica è il solo luogo gnoseologico in cui la *Ich-Originät* (o soggettività) di una terza persona può essere esposta (*dargestellt*) in quanto terza persona » (p. 73).

65 Dorrit Cohn, *Transparent Minds*, Princeton University Press, Princeton, NJ 1978.

66 Nella finzione narrativa in forma di prima persona, il narratore e il personaggio principale si identificano; nella autobiografia soltanto l'autore, il narratore e il personaggio principale si identificano. Cfr., Philippe Lejeune, *Le Pacte autobiographique*, Ed. du Seuil, Paris 1975. Ma qui non è in questione l'autobiografia. Non

secondo gli stessi principi usati nel caso della narrazione in terza persona. Strategia notevole, se si pone attenzione al fatto che, tra i testi in prima persona, ne esiste una grande varietà di cui la prima persona è tanto segnata dalla finzione quanto la terza persona dei racconti costruiti con egli (o ella), al punto che questa prima persona di finzione può permutare, senza gran danno, con una terza persona non meno di finzione, come è capitato di poterlo sperimentare a Kafka e a Proust[67].

Una eccellente pietra di paragone delle tecniche narrative di cui dispone la finzione per esprimere questa 'trasparenza interiore' è fornita dall'analisi dei modi di mettere parole e pensieri dei soggetti di finzione alla terza e alla prima persona. È la via seguita da Dorrit Cohn. Ha il vantaggio di rispettare ad un tempo il parallelismo tra racconti alla terza e racconti alla prima persona e la straordinaria flessibilità inventiva del romanzo moderno in tale ambito.

Il principale procedimento, su entrambi i versanti segnati dalla linea che divide le due grandi classi di finzione narrativa, è la narrazione diretta dei pensieri e dei sentimenti, sia che il narratore li attribuisca ad un altro immaginario o a se stesso. Se nel romanzo nella forma della prima persona l'auto-racconto (*self-narration*) viene considerato, a torto, come scontato, col pretesto che esso simuli una memoria, esso è veramente immaginario, non si può dire la stessa cosa per lo 'psico-racconto' (*psyco-narration*), ovvero narrazione applicata a psiche estranee. Abbiamo qui un accesso privilegiato al famoso problema del narratore onnisciente, problema che riprenderemo più avanti nei termini della questione del punto di vista e della voce. Tale privilegio non costituisce più motivo di scandalo, se si riflette, con Jean Pouillon, che è comunque sempre mediante l'immaginazione che noi comprendiamo tutte le *psiche*

sarà proibito parlarne nella prospettiva di una rifigurazione del tempo operata congiuntamente dalla storia e dalla finzione. È il posto migliore che possa essere assegnato all'autobiografia grazie alla strategia di *Tempo e Racconto*.

67 Due dei testi che studieremo nel quarto capitolo—*Mrs Dalloway* e *Der Zauberberg*—sono racconti di finzione alla terza persona, il terzo è un racconto di finzione alla prima persona—*A la recherche du temps perdu*—nel quale è ricompreso un racconto alla terza persona: *Un amour de Swann*. Il carattere ugualmente fittizio dell'*io* e del *lui* è un potente fattore di integrazione del racconto inquadrato entro il racconto inglobante. Quanto alla permutazione tra l'*io* e il *lui*, *Jean Santeuil* ne è la prova inconfutabile. Questo scambio di pronomi personali non significa che la scelta tra l'una o l'altra tecnica sia senza ragioni e senza effetti propriamente narrativi. Non fa parte delle nostre intenzioni fare il bilancio dei vantaggi e degli inconvenienti dell'una o dell'altra strategia narrativa.

estranee[68]. Il romanziere lo fa non dico senza pena alcuna, ma certo senza scrupoli, dal momento che è proprio del suo magistero conferire espressioni adeguate ai pensieri, pensieri che egli può leggere direttamente, dal momento che li inventa, invece di decifrare i pensieri a partire dalle espressioni, come facciamo nella vita d'ogni giorno. Tutta la magia[69] del romanzo alla terza persona sta in questo corto-circuito.

La finzione romanzesca non dispone solo della narrazione diretta dei pensieri e dei sentimenti, ma anche di due altre tecniche. La prima —quella del monologo riportato (*quoted monologue*)—consiste nel *citare* il monologo interiore dell'altro immaginario o nel far sì che il personaggio citi se stesso nell'atto di intrattenere il monologo, come nel monologo auto-citato[70] (*self-quoted monologue*). Il mio obiettivo non è quello di portare alla luce le licenze, le convenzioni, anche gli aspetti di inverosimiglianza di questo procedimento che presuppone esattamente come nel caso precedente, la trasparenza dello spirito, dal momento che il narratore è colui che aggiusta le parole riferite ai pensieri direttamente colti, senza che si debba risalire dalla parola al pensiero, come avviene nella vita quotidiana. A questa 'magia', nata dalla lettura diretta dei pensieri, il procedimento aggiunge la difficoltà principale di prestare ad un soggetto individuale l'uso di una parola destinata, nella vita pratica, alla comunicazione: che cosa è, in effetti, parlarsi a se stessi? Questo sviamento della dimensione dialogale della parola a vantaggio del soliloquio pone immensi problemi ad un tempo tecnici e teorici che non dipendono dalla mia intenzione bensì da uno studio del destino della soggettività nella letteratura. Per contro, dovremo ritornare sul rapporto tra discorso del narratore e discorso citato del personaggio nel contesto della nostra ulteriore riflessione sul punto di vista e sulla voce.

La terza tecnica, inaugurata da Flaubert e Jane Austen—il famoso stile indiretto libero, l'*erlebte Rede* della stilistica tedesca—consiste non

68 Jean Pouillon, *Temps et Roman*, Gallimard, Paris 1946. « Ogni comprensione è immaginazione » (p. 45).

69 Robert Alter, *Partial Magic: The Novel as a Self-Conscious Genre*, University of California Press, Berkeley 1975.

70 Le virgolette che precedono e chiudono la citazione servono generalmente da segnale. Ma ogni segno può mancare nel romanzo contemporaneo. Comunque il monologo citato o auto-citato rispetta il tempo grammaticale (generalmente è il presente) e la persona (la prima) e consiste in una interruzione del racconto grazie alla presa di parola del personaggio. Il testo tende verso l'illeggibilità quando questi due segni vengono evitati come nei successori di Joyce.

tanto nel citare il monologo, quanto nel raccontarlo; non si parlerà più di monologo riferito, bensì di monologo narrativizzato (*narrated monologue*). Le parole sono infatti, quanto al loro contenuto, quelle del personaggio, ma esse sono 'raccontate' dal narratore al tempo passato e alla terza persona. Le principali difficoltà del monologo riferito o autoriferito (*self-quoted*) più che risolte sono mascherate; è sufficiente, per farle apparire di nuovo, tradurre il monologo raccontato in monologo citato, ristabilendo persone e tempi convenienti. Altre difficoltà che i lettori di Joyce conoscono bene, sovraccaricano un testo nel quale non esiste più frontiera tra il discorso del narratore e quello del personaggio; quanto meno questa combinazione meravigliosa di psico-racconto e di monologo raccontato realizza la più completa integrazione al tessuto della narrazione dei pensieri e delle parole d'altri: il discorso del narratore si fa carico del discorso del personaggio prestandogli la propria voce, mentre il narratore si piega al tono del personaggio. Il 'miracolo' del famoso *erlebte Rede* viene a coronare la 'magia' della trasparenza interiore.

In che modo le nozioni di punto di vista e di voce sono chiamate in causa dalle precedenti considerazioni circa la rappresentazione dei pensieri, dei sentimenti e delle parole mediante la finzione [71]? L'anello intermedio è costituito dalla ricerca di una *tipologia* in grado di dare conto

[71] *Temps et Roman* di Jean Pouillon (*op. cit.*) anticipa la tipologia delle situazioni narrative con la sua distinzione tra visione *con*, visione *da dietro* e visione *dal di fuori*. Ma rispetto alle analisi più recenti, si basa non sulla dissomiglianza, bensì sulla parentela profonda tra la finzione narrativa e la 'comprensione psicologica reale' (p. 69). In entrambi i casi la comprensione è opera d'immaginazione. È quindi essenziale andare volta a volta dalla psicologia al romanzo, e dal romanzo alla psicologia (p. 71). In ogni caso, un privilegio resta accordato alla comprensione di sé nella misura in cui « l'autore di un romanzo cerca di dare al lettore la medesima comprensione dei personaggi che ha lui stesso » (p. 69). Questo privilegio passa attraverso la categorizzazione proposta. Così, ogni comprensione che consiste nel cogliere una interiorità dentro una esteriorità, la visione 'dall'esterno', soffre dei medesimi difetti propri della psicologia behaviourista che crede di inferire l'interno a partire dall'esterno, e anche contestare la pertinenza del primo. Quanto alla visione 'con' e a quella 'da dietro', esse corrispondono a due usi dell'immaginazione nella comprensione: in un caso essa condivide 'con' il personaggio la stessa coscienza irriflessa di sé (p. 80); nell'altro, la visione subisce uno spostamento, non come nella visione dall'esterno, ma nel modo in cui la riflessione oggettiva la coscienza irriflessa (p. 85). Così, per Pouillon, la distinzione tra punto di vista del narratore e punto di vista del personaggio, direttamente ricavata dalla tecnica del romanzo, resta congiunta alla distinzione d'origine sartriana tra coscienza irriflessa e coscienza riflessa. In compenso, il contributo più duraturo di Jean Pouillon mi sembra es-

delle due grandi dicotomie di cui abbiamo appena fatto un uso spontaneo senza tematizzarle. La prima dicotomia pone due tipi di finzioni: da un lato quelle che raccontano la vita di loro personaggi come quelle di terzi (la *mimesis of other minds* di Dorrit Cohn): si parla allora di racconto alla terza persona; d'altra parte, quelle che attribuiscono a loro personaggi la persona grammaticale del narratore: sono i racconti cosiddetti alla prima persona. Ma un'altra dicotomia attraversa la precedente, a seconda del fatto che il discorso del narratore sia o no preminente rispetto al discorso del personaggio. Questa dicotomia si lascia più facilmente identificare nei racconti alla terza persona, proprio nella misura in cui la distinzione tra il discorso narrante e il discorso narrato viene salvaguardata mediante la differenza grammaticale tra persone e tempi del verbo. Essa è più nascosta nelle finzioni alla prima persona, nella misura in cui la differenza tra il narratore e il personaggio non è segnata mediante la distinzione dei pronomi personali; sono quindi altri i segni che hanno il compito di distinguere il narratore e il personaggio sotto l'identità dell'io grammaticale. La distanza dall'uno all'altro può variare, come può variare il grado di preminenza del discorso del narratore rispetto al discorso del personaggio. È questo duplice sistema di variazioni che ha suscitato la costruzione di tipologie che hanno l'ambizione di coprire tutte le possibili situazioni narrative.

Una delle più ambiziose tra queste operazioni è la teoria delle 'situazioni narrative tipiche' di Franz K. Stanzel [72]. Stanzel non ricorre direttamente alle categorie di prospettiva e di voce; preferisce differenziare i tipi di situazioni narrative (*Erzählsituationen*, abbreviato in ES) in funzione del carattere che, a suo giudizio, qualifica universalmente le finzioni romanzesche, e cioè il fatto che esse *trasmettono* (mediano) dei pensieri, dei sentimenti e delle parole [73]. O la mediazione-trasmissione

sere quello della seconda parte della sua opera: « L'espressione del tempo ». La distinzione che vi viene operata tra *romanzo della durata e romanzo del destino* deriva direttamente da quella che qui io chiamo l'esperienza immaginaria del tempo (si veda il capitolo quarto).

72 Frank K. Stanzel, *Die typischen Erzählsituationen im Roman*, 1955. Una riformulazione più dinamica, meno tassonomica, si legge in *Theorie des Erzählens*, Van den Hoeck and Ruprecht, Göttingen 1979. La prima monografia dedicata al problema è stata quella di Käte Friedemann, *Die Rolle des Erzählers in der Epik*, Leipzig 1910.

73 Il termine di medietà (*Mittelbarkeit*, *médiateté*) conserva un senso duplice: offrendo un *medium* alla presentazione del personaggio, la letteratura trasmette al lettore il contenuto della finzione.

privilegia il narratore, che impone dall'alto la sua prospettiva (*auktoriale* ES)[74], oppure la mediazione viene esercitata mediante un riflettore (termine preso a prestito da Henry James), vale a dire un personaggio che pensa, sente, percepisce e che non parla come il narratore ma come uno dei personaggi; il lettore vede allora gli altri personaggi attraverso i suoi occhi (*personale* o *figurale* ES); oppure il narratore si identifica ad un personaggio che parla alla prima persona e vive nello stesso mondo di tutti gli altri personaggi (*Ich*-ES).

A ben vedere, la tipologia di Stanzel, nonostante la sua notevole capacità di chiarificazione, condivide con molte altre tipologie il difetto duplice d'essere troppo astratta per poter essere discriminante e troppo poco articolata per ricoprire tutte le situazioni narrative. La seconda opera di Stanzel tenta di correggere il primo difetto, considerando ciascuna delle sue tre situazioni tipo come il termine *contrassegnato* di una coppia di opposti collocati alle estremità di tre assi eterogenei; l'*auktoriale* ES diventa così il polo contrassegnato sull'asse della 'prospettiva', a seconda che il narratore abbia dei suoi personaggi una visione *esterna*, quindi ampia, o una visione *interna*, quindi limitata. La nozione di prospettiva ottiene così un posto determinato entro la tassonomia. La *personale* o *figurale* ES è il polo contrassegnato sull'asse del 'modo', a seconda che il personaggio definisca o meno la visione del romanzo a nome del narratore, che diviene in tal modo il polo non contrassegnato dell'opposizione. Quanto alla *Ich*-ES, diventa il polo contrassegnato sull'asse della 'persona' a seconda che il narratore appartenga o meno al medesimo ambito ontico comune agli altri personaggi; si evita così di affidarsi al criterio semplicemente grammaticale dell'uso dei pronomi personali.

Quanto al secondo difetto, Stanzel tenta di rimediarvi in qualche modo, intercalando tra le sue tre situazioni tipo, diventate altrettanti poli assiali, una quantità di situazioni intermedie che colloca su di un cerchio (*Typernkreis*). È così possibile dare conto di situazioni narrative diversificate, a seconda che esse si allontanino o si avvicinino all'uno o

[74] Autore è sempre preso qui nel senso di narratore: è il locutore interno responsabile della composizione dell'opera. I termini *auctorial/figural* sono usati in francese come gli equivalenti dei termini tedeschi *auktor/al/personal*. Un termine migliore rispetto ad *auctorial* sarebbe *narratorial* ripreso da Alain Bony, traduttore de *La transparence intérieure*, di Roy Pascal (cfr. Gérard Genette, *Nouveau Discours du récit*, *op. cit.*, p. 81).

all'altro polo. Il problema della prospettiva e della voce diviene così oggetto di una attenzione più particolareggiata: la prospettiva del narratore-autore non può dissolversi senza che la situazione narrativa si avvicini alla *personale* ES, in cui la figura del riflettore viene ad occupare il posto lasciato vacante dal narratore; continuando il movimento circolare, ci si allontana dalla *personale* ES per accostarsi alla *Ich*-ES. Vediamo il personaggio che, nello stile indiretto libero (*erlebte Rede*), parlava ancora mediante la voce del narratore, pur imponendo la propria voce, condividere la medesima ragion d'essere degli altri personaggi; è lui che dice ormai 'io'; il narratore non ha altro da fare che prender a prestito la sua voce.

Nonostante il suo sforzo per dinamizzare la sua tipologia, Stanzel non risponde in modo completamente soddisfacente ai due difetti sopra menzionati. Al difetto di astrazione si risponde in modo adeguato solo se, rinunciando a prendere come punto di partenza dell'analisi dei metalinguaggi che presentano una certa coerenza logica e che descrivono i testi in funzione di tali modelli, ci si pone alla ricerca di teorie che rendono conto della nostra competenza letteraria, cioè della capacità dei lettori nel riconoscere e riassumere degli intrighi e nel raggruppare intrighi simili [75]. Se si adottasse così la regola di seguire da vicino l'esperienza del lettore che va organizzando passo per passo gli elementi della storia raccontata per farne un intrigo, si affronterebbero le nozioni di prospettiva e di voce, non tanto come categorie definite dal loro posto entro una tassonomia, quanto piuttosto come un tratto distintivo, individuato rispetto ad una costellazione indefinita di altri tratti e definito grazie al suo ruolo nella composizione dell'opera letteraria [76].

Quanto al rimprovero di incompletezza, resta senza una risposta pienamente soddisfacente entro un sistema che moltiplica le forme di transizione senza abbandonare il circolo imperativamente regolato dalle tre situazioni narrative tipiche. Così, sembra che non sia adeguatamente va-

75 Jonathan Culler, « Defining Narrative Units », in *Style and Structure in Literature. Essays in the New Stylistics*, a cura di Roger Fowler, Cornell University Press, Ithaca 1975, pp. 123-142.

76 Seymour Chatman, in « The Structure of Narrative Transmission » (in *Style and Structure in Literature*, *op. cit.*, pp. 213-257), tenta di dare conto della competenza del lettore di racconti sulla base di una enumerazione aperta di 'aspetti discorsivi' isolati, al modo degli inventari di tipi di forza illocuzionaria negli atti di discorso in Austin e Searle. Si tratta di una alternativa plausibile rispetto a tassonomie che sarebbero ad un tempo sistematiche e dinamiche.

lutata quella principale caratteristica della finzione narrativa che consiste nel presentare una terza persona come terza persona, in un sistema nel quale le tre situazioni narrative tipiche restano delle variazioni sul discorso del narratore, a seconda che egli simuli l'autorità dell'autore reale, la perspicacia di un riflettore o la riflessività di un soggetto dotato di memoria eccezionale. Ora, sembra che ciò che il lettore può identificare come punto di vista o voce faccia parte del trattamento, mediante tecniche narrative adeguate, del rapporto *bipolare* tra narratore e personaggio.

Queste due serie di annotazioni critiche applicate alla tipologia delle situazioni narrative invitano ad affrontare le nozioni di prospettiva e di voce, da un lato, senza eccessive preoccupazioni di tipo tassonomico, come degli aspetti autonomi caratteristici della composizione delle finzioni narrative, dall'altro, in relazione diretta con questa proprietà principale della finzione narrativa che è quella di produrre il discorso di un narratore raccontando il discorso di personaggi di finzione [77].

[77] Un tentativo particolarmente preoccupato di combinare insieme la sistematicità della tipologia e la sua capacità di produrre dei 'modi narrativi' sempre più differenziati, è quello di cui Ludomír Doležel ha esposto il principio in « The Typology of the Narrator: Point of View in Fiction » in *To Honor R. Jakobson*, Mouton, La Haye 1967, t. I, pp. 541-552. A differenza di quello di Stanzel (qui le tre situazioni narrative tipiche restano semplicemente coordinate), il tentativo di Doležel si basa su una serie di dicotomie, partendo dalla più generale, quella dei testi con o senza locutore. Le prime si distinguono per un certo numero di 'segni' (uso dei pronomi personali, tempi verbali e deittici appropriati, relazione di allocuzione, implicazione soggettiva, stile personale). I secondi sono non 'segnati' a questi diversi livelli: le narrazioni dette 'oggettive' appartengono a questa categoria. I testi con locutori si distinguono a seconda che i segni sopra menzionati caratterizzino il locutore come *narratore* o come *personaggio* (*narrator's speech* vs *characters' speech*). Segue la distinzione tra ambiti di *attività* (o di passività) del narratore. Infine, tutte le dicotomie sono attraversate da quella tra *Er-* e *Ich-Erzählung*. La tipologia di Doležel trova il suo sviluppo in *Narrative Modes in Czech Literature*, University of Toronto Press, Toronto 1973. Essa aggiunge alla precedente una analisi strutturale dei modi narrativi che possono essere assegnati al discorso del narratore o a quello del personaggio. I modi sono distinti su una base testuale il più possibile indipendente dalla terminologia antropologica (narratore 'onnisciente', ecc.): così il narratore esercita le *funzioni* di 'rappresentazione' degli avvenimenti, di 'controllo' della struttura del testo, d''interpretazione' e di 'azione', in correlazione con il personaggio che esercita le medesime funzioni in una proporzione inversa. Combinando questi tratti con la divisione principale tra *Er-* e *Ich-Erzählung*, e completando il modello *funzionale* con un modello *verbale*, si ottiene un modello le cui divisioni binarie prolungano la dicotomia iniziale del discorso del narratore e del discorso del personaggio. Lo studio analitico della prosa narrativa nella letteratura ceca mo-

Il *punto di vista*, diremo, designa all'interno di un racconto alla terza o alla prima persona l'orientamento dello sguardo del narratore verso i suoi personaggi e dei personaggi reciprocamente tra di loro. Interessa la composizione dell'opera e diventa, con Boris Uspensky, l'oggetto di una *poetica della composizione* [78] dal momento che la possibilità di adottare dei punti di vista variabili—proprietà intrinseca alla nozione stessa di punto di vista—dà all'artista l'occasione, da lui sistematicamente sfruttata, di variare i punti di vista all'interno della stessa opera, di moltiplicarli e di incorporarne le combinazioni alla configurazione dell'opera.

La tipologia fornita da Uspensky concerne esclusivamente le risorse compositive offerte dal punto di vista. In tal modo, lo studio della nozione di punto di vista può essere incorporata a quella della configurazione narrativa. Il punto di vista si presta ad una tipologia nella misura in cui, come nota anche Lotman [79], l'opera d'arte può e deve essere letta a

derna (in particolare Kundera) permette di dispiegare il dinamismo del modello adattandolo alla varietà degli stili incontrati nelle opere. La nozione del punto di vista è così identificata allo schema che risulta da queste dicotomie successive. Direi di questa analisi, erede dello strutturalismo russo e praghese, ciò che ho affermato a proposito delle analisi strutturali studiate nel secondo capitolo, e cioè che derivano da una razionalità di secondo grado che esplicita la logica profonda dell'intelligenza narrativa di primo grado. Ora la dipendenza della prima rispetto alla seconda e alla competenza acquisita del lettore che l'esprime, mi sembra più evidente in una tipologia del narratore che in una tipologia alla maniera di Propp, fondata sulle azioni imitate mediante la finzione, in ragione del carattere irriducibilmente antropomorfico dei ruoli di narratore e di personaggio: il primo è *qualcuno* che racconta, il secondo *qualcuno* che agisce, pensa, sente e parla.

78 Boris Uspensky, *A Poetics of Composition, The Structure of the Artistic Text and Typology of a Compositional Form*, University of California Press, Berkeley 1973. L'autore definisce la sua impresa come una « *typology of compositional options in literature as they pertain to point of view* » (p. 5). È una tipologia, non una tassonomia, nella misura in cui non pretende d'essere esaustiva e chiusa. Il punto di vista non è che uno dei modi per accedere all'articolazione della struttura di un'opera d'arte. Questo concetto è comune a tutte le arti interessate alla rappresentazione di una parte qualsiasi della realtà (film, teatro, pittura, ecc.), cioè a tutte le forme d'arte che presentano una dualità di piani: contenuto-forma. Il concetto d'opera d'arte secondo Uspensky è vicino a quello di Lotman e che abbiamo in precedenza menzionato. Come lui, chiama testo « *any semantically organized sequence of signs* » (p. 4). Lotman e Uspensky si riferiscono entrambi all'opera fondamentale di Mikhaïl Bakhtine, *La Poétique de Dostoevskij*, sulla quale ritorneremo più avanti.

79 I. Lotman (*La Structure du texte artistique*, *op. cit.*, pp. 102-116) sottolinea il

diversi livelli. In questo consiste l'essenziale plurivocità dell'opera d'arte. Ora, ciascuno di questi piani costituisce anche un luogo possibile di manifestazione del punto di vista, uno spazio per delle possibilità di composizione tra punti di vista.

È anzitutto sul piano *ideologico*, cioè quello delle valutazioni, che la nozione di punto di vista prende corpo, nella misura in cui una ideologia è il sistema che regola la visione concettuale del mondo in tutta l'opera o in una sua parte. Può essere quella dell'autore o quella dei personaggi. Quello che viene chiamato 'punto di vista dell'autore', non è la concezione del mondo dell'autore reale, ma quella che presiede all'organizzazione del racconto di un'opera particolare. A questo livello, punto di vista e voce sono dei semplici sinonimi: l'opera può far ascoltare altre voci rispetto a quella dell'autore e segnare diversi mutamenti regolati di punti di vista, accessibili ad uno studio formale (per esempio uno studio dell'utilizzo degli epiteti fissi nel campo del folklore).

Dipende dal piano *fraseologico*, cioè quello delle caratteristiche del discorso, lo studio dei contrassegni del primato del discorso del narratore (*authorial speech*) o di quello del discorso di un dato personaggio (*figural speech*), nella finzione in terza persona o nella finzione in prima persona. Questo studio dipende da una poetica della composizione, nella misura in cui i cambiamenti di punto di vista divengono dei vettori di strutturazione (come si può vedere nelle variazioni nell'appellazione dei personaggi, variazioni particolarmente caratteristiche del romanzo russo). È a questo livello che si scorgono tutte le complessità di composizione frutto della correlazione tra il discorso dell'autore e quello del personaggio. (Ritroviamo qui una osservazione fatta in precedenza circa i modi molteplici di riferire il discorso di un personaggio, e una classificazione vicina a quella che abbiamo preso a prestito da Dorrit Cohn [80]).

carattere stratificato del testo artistico. Tale struttura accosta l'attività modellizzante, esercitata dall'opera d'arte nei confronti della realtà, all'attività del *gioco*, che, pure, impegna in certi trattamenti che operano almeno su due piani, quello della pratica quotidiana e quello delle convenzioni del gioco; congiungendo in tal modo dei processi regolari e dei processi aleatori, l'opera d'arte propone un riflesso sia 'più ricco', sia 'più povero' (entrambi ugualmente veri) della vita (*ibid.*, p. 110). Nella nostra quarta parte ritorneremo su questo 'effetto di gioco' (p. 113) che, nella lingua francese, cancella la differenza tra *game* e *play*.

80 La tecnica narrativa più significativa dal punto di vista del gioco con i tempi verbali, e conosciuta sotto il nome d'*erlebte Rede* (lo stile indiretto libero degli autori francesi), risulta dalla contaminazione del discorso del narratore con il discor-

Il piano *spaziale* e quello *temporale* dell'espressione del punto di vista ci interessano in modo prioritario. Anzitutto è la prospettiva spaziale, presa alla lettera, che serve da metafora per tutte le altre espressioni del punto di vista. La logica del racconto comporta una combinazione di prospettive puramente percettive che implicano posizione, angolo d'apertura, profondità di campo (come avviene per il film). Analogamente per la posizione temporale, sia del narratore in rapporto ai suoi personaggi che dei personaggi tra di loro. L'importante, a questo proposito, è il grado di complessità che risulta dalla composizione tra prospettive temporali molteplici. Il narratore può camminare al passo dei suoi personaggi, mettendo il suo presente di narrazione in coincidenza con il suo, accettandone così limiti e ignoranza; può al contrario muoversi in avanti e indietro, considerare il presente dal punto di vista delle anticipazioni di un passato rimemorato o come il ricordo passato di un futuro anticipato, ecc. [81].

Il piano dei *tempi verbali* e degli *aspetti* costituisce un livello distinto, nella misura in cui sono le risorse puramente grammaticali e non i significati temporali propriamente detti, che sono qui trattati. Come in Weinrich, sono le modulazioni lungo la trama di un testo che hanno rilievo per una poetica della composizione. Uspensky s'interessa particolarmente all'alternanza tra il tempo presente, quando è applicato alle scene che segnano una pausa nel racconto e nelle quali il narratore pone il suo presente in sincronia con quello del racconto bloccato, e il tempo passato, quando esprime i sussulti del racconto come mediante *quanta* distinti [82].

Uspensky non vuole mescolare al piano precedentemente percorso il piano *psicologico*, al quale riserva l'opposizione tra punti di vista og-

so del personaggio, il quale, inoltre, vi sovrappone la sua persona grammaticale e il suo tempo verbale. Uspensky nota tutte le sfumature che risultano dalla varietà dei ruoli tenuti dal narratore, a seconda che egli registri, pubblichi o riscriva il discorso del personaggio.

[81] Si confronterà con lo studio che fa Genette delle anisocronie nella *Recherche*... e con le analisi di Dorrit Cohn dei due modelli opposti che dominano il racconto in prima persona: il racconto francamente retrospettivo e dissonante di Proust, in cui la distanza tra narratore e eroe è estrema, e il racconto sincrono e consonante di Henry James, in cui il narratore si rende contemporaneo del suo eroe.

[82] La lingua russa offre inoltre le risorse grammaticali dell'*aspetto*, per dire i caratteri iterativi e durativi di un comportamento o di una situazione.

gettivo e soggettivo, a seconda che gli stati di cose descritti siano trattati come dei fatti che si pensa s'impongano in tutti i modi o come delle impressioni provate da un individuo particolare. È a questo livello che è legittimo opporre punto di vista esterno (un comportamento visto da uno spettatore) e punto di vista interno (interno al personaggio descritto), senza che la localizzazione del locutore nello spazio e nel tempo sia necessariamente determinata. Colui che troppo sbrigativamente chiamiamo osservatore onnisciente è colui per il quale i fenomeni psichici, così come quelli fisici, sono enunciati come osservazioni non riferite ad una soggettività interpretante: « Pensava, sentiva, ecc. ». Un piccolo numero di contrassegni formali bastano: 'apparentemente', 'evidentemente', 'sembrava che', 'come se'. Questi contrassegni, da un punto di vista 'esterno', sono generalmente combinati con la presenza di un narratore collocato in un rapporto di sincronia con la scena dell'azione. Non bisogna quindi confondere i due sensi del termine interno: il primo caratterizza i fenomeni di coscienza che possono essere quelli di una terza persona, il secondo—l'unico qui in causa—caratterizza la posizione del narratore (o del personaggio che ha la parola) in rapporto alla prospettiva descritta. Il narratore può stare sia all'esterno che all'interno, grazie ad un processo che viene detto interno, cioè mentale.

Certe correlazioni si stabiliscono con le precedenti distinzioni, senza che divengano delle corrispondenze da termine a termine: così, tra punto di vista retrospettivo, a livello del tempo, e punto di vista obiettivo, a livello psicologico, e tra punto di vista sincronico e punto di vista soggettivo. Ma è importante non confondere i piani, poiché è proprio dall'interconnessione di questi punti di vista, non necessariamente congruenti, che deriva lo stile dominante di composizione di un'opera. Le tipologie note (racconti in prima o terza persona, situazioni narrative al modo di Stanzel, ecc.) caratterizzano di fatto questi stili dominanti, pur privilegiando implicitamente questo o quel piano.

Non si può non ammirare l'equilibrio raggiunto qui tra lo spirito di analisi e lo spirito di sintesi. Ma l'elogio di gran lunga prevalente riguarda l'arte con la quale la nozione di punto di vista è incorporata in una poetica della *composizione*, e in tal modo collocata entro lo spazio di gravitazione della *configurazione* narrativa. In tal senso, *la nozione di punto di vista segna il punto culminante di uno studio centrato sul rapporto tra enunciazione e enunciato.*

Se questo è lo statuto privilegiato del punto di vista in una problematica della composizione, che ne è della voce narrativa [83]? Questa categoria letteraria non potrebbe essere eliminata da quella di punto di vista, nella misura in cui è inseparabile da quella, inespugnabile, di narratore, inteso come proiezione immaginaria dell'autore reale nel testo stesso. Ora, se il punto di vista può essere definito senza fare ricorso ad una metafora personalizzante, come luogo d'origine, orientazione, angolo d'apertura di una fonte luminosa che, ad un tempo, illumina il suo soggetto e ne capta i tratti [84], il narratore—locutore della voce narrativa—non può essere affrancato nello stesso modo da qualsiasi metafora personalizzante, nella misura in cui è l'autore immaginario del discorso [85].

L'impossibilità di eliminare la nozione di voce narrativa è attestata in modo palese dalla categoria dei romanzi costruiti su una polifonia di voci, ad un tempo perfettamente distinte e poste ciascuna nel suo rapporto con un'altra. Dostoevskij, secondo Mikhaïl Bakhtine, è il creatore di questo genere di romanzi che il geniale critico chiama il 'romanzo polifonico' [86]. Bisogna ben comprendere la portata di questa innovazione. Se, in effetti, questo genere di romanzo segna il punto culminante della nostra ricerca sulla configurazione nel racconto, esso designa altresì un limite della composizione per livelli al di là della quale il nostro punto di partenza nella nozione di intrigo diviene trascurabile. L'ultimo stadio

83 Si trova una eccellente 'messa a punto' del problema fino al 1970 nell'articolo di Françoise van Rossum-Guyon, « Point de vue ou perspective narrative », *Poétique*, 4, 1970, pp. 476-497.

84 In *Nouveau Discours du récit*, Genette propone di sostituire il termine di focalizzazione a quello di punto di vista (pp. 43-52); la personalizzazione, inevitabilmente esigita dalla categoria di narratore, viene allora riportata sulla nozione di voce (pp. 52-55).

85 Ecco perché, in gran parte della critica di lingua tedesca o inglese, si trova l'aggettivo *auktorial* (Stanzel) o *authorial* (Dorrit Cohn). Questo aggettivo che abbiamo reso in francese con *auctorial* (*o narratorial*) presenta il vantaggio di stabilire un altro tipo di relazione: tra autore e autorità, dal momento che l'aggettivo *authoritative* fa la giunzione tra le due costellazioni di senso. Su questo rapporto tra autore e autorità, cfr. Edwards W. Said, *Beginnings*: *Intentions and Method*, *op. cit.*, pp. 16, 23, 83-84. Questo tema si lega a quello della '*molestation*', sopra evocato, p. 51, n. 40.

86 Mikhaïl Bakhtine, *La Poétique de Dostoïevski,* Ed. du Seuil, Paris 1970. La prima edizione in russo è apparsa nel 1929 a Leningrado con il titolo *Problemy tvortchevstva Dostoievskogo*; una seconda edizione accresciuta è stata pubblicata a Mosca nel 1963 col titolo, *Problemy poetiki Dostoievskogo*; una terza edizione è del 1972 e una quarta del 1979. Cfr. Tzvetan Todorov, *Mikhaïl Bakhtine, Le principe dialogique*, seguito da *Ecrits du Cercle de Bakhtine*, Ed. du Seuil, Paris 1981.

della ricerca sarebbe anche il punto di uscita fuori dal campo di qualsiasi analisi strutturale.

Per romanzo polifonico, Bakhtine intende una struttura romanzesca che rompe con quello che chiama il principio monologico (o omofonico) del romanzo europeo, compreso Tolstoj. Nel romanzo monologico è la voce del narratore-autore che si pone come voce solitaria al vertice della piramide delle voci, siano pure armonizzate nel modo più complesso e raffinato che abbiamo prima menzionato, quando abbiamo parlato del punto di vista come principio di composizione. Lo stesso romanzo può essere ricco non solo di monologhi di tutti i generi, ma anche di dialoghi grazie ai quali il romanzo si porterebbe al livello di dramma; può nondimeno costituire, in quanto tutto ordinato, il grande monologo del narratore. Sembrerebbe a prima vista difficile che non sia proprio così, dal momento che si ritiene che il narratore parli con una sola voce, come sarà più avanti confermato dalla retorica della finzione, nel senso di W. Booth. Si tratta quindi di una rivoluzione nella concezione del narratore e della voce del narratore, così come nella concezione del personaggio, che costituisce l'insolita originalità del romanzo polifonico. Il rapporto dialogico tra i personaggi è in effetti sviluppato fino al punto di includervi il rapporto tra il narratore e i suoi personaggi. Scompare la coscienza di un unico autore. Al suo posto sopraggiunge un narratore che *conversa* con i suoi personaggi e diventa a sua volta una pluralità di centri di coscienza irriducibili ad un comune denominatore. È questa 'dialogizzazione' della voce stessa del narratore che pone la differenza tra romanzo monologico e romanzo dialogico. È quindi lo stesso rapporto tra discorso del narratore e discorso del personaggio che è interamente sovvertito.

Il nostro primo movimento è quello di rallegrarci vedendo il principio stesso della struttura dialogica del discorso, del pensiero e della coscienza di sé, elevato al rango di principio strutturale dell'opera romanzesca [87]. Il nostro secondo movimento è quello di chiederci se il principio dialogico, che sembra coronare la piramide dei principi di composizione della finzione narrativa, non sta forse minando alla base le fondamenta dell'edificio, cioè il ruolo organizzatore della costruzione dell'intrigo, anche estesa a tutte le forme di sintesi dell'eterogeneo per cui la

[87] Le pagine consacrate al dialogo, in quanto principio 'translinguistico' generale del linguaggio in tutti gli atti di discorso, meritano attenzione alla stessa stregua dell'esame della forma *particolare* del romanzo polifonico (*op. cit.*, pp. 238-264).

finzione narrativa resta una *mimesis* di azione. Scivolando dalla *mimesis* d'azione alla *mimesis* del personaggio, poi a quella dei suoi pensieri, dei suoi sentimenti e del suo linguaggio, e superando l'ultima soglia, quella dal monologo al dialogo, sia sul piano del discorso del narratore che su quello del personaggio, non abbiamo forse surrettiziamente sostituito alla costruzione dell'intrigo un principio strutturante radicalmente differente, che è proprio il dialogo?

Le notazioni in tal senso abbondano nella *Poetica di Dostoevskij*. Il venir meno dell'intrigo a vantaggio di un principio di coesistenza e di interazione sta ad attestare l'emergenza di una forma *drammatica* nella quale lo spazio tende a soppiantare il tempo [88]. Un'altra immagine si impone: quella del *contrappunto*, che rende simultanee tutte le voci. La nozione stessa di *polifonia*, posta sullo stesso piano di quella di organizzazione dialogica, lo lasciava già intendere. La coesistenza delle voci sembra essersi sostituita alla configurazione temporale dell'azione, che è stata il punto di partenza di tutte le nostre analisi. Inoltre, con il dialogo, interviene un fattore di incompiutezza e di incompletezza, che segna non solo i personaggi e la loro visione del mondo, ma la stessa composizione, condannata, sembra, a restare come tenuta in sospeso, incompiuta. Bisogna allora concludere che solo il romanzo monologico obbedisce ancora al principio di composizione fondato sulla costruzione dell'intrigo?

Penso che non sia lecito ricavare questa conclusione. Nel capitolo che dedica « alle particolarità di composizione e di genere nelle opere di Dostoevskij » (pp. 145-237), Bakhtine cerca nella perennità e nella riemergenza di forme di composizione ereditate dal romanzo d'avventura, dalla confessione, dalla vita dei santi e soprattutto dalle forme del comico serio, che mettono insieme, a loro volta, il dialogo socratico e la satira menippea, le opportunità offerte da un genere che senza essere come tale un tipo di intrigo, costituisce una *matrice* di intrighi. Questo genere, che chiama 'carnevalesco', è perfettamente identificabile, nonostante la varietà delle sue incarnazioni [89]. Il genere 'carnevalesco' diviene così

[88] *Ibid.*, p. 23. Sottolineando la rapidità dei cambiamenti avvenuti nel corso del racconto, Bakhtine nota: « La rapidità 'catastrofica' dell'azione, il 'turbine' degli avvenimenti, il dinamismo delle sue opere... non rappresentano (come del resto non avviene in nessun'altra situazione) la vittoria sul tempo; al contrario, la rapidità è il solo mezzo per dominare il tempo nel tempo » (p. 62).

[89] Si vedranno i quattordici tratti distintivi che Mikhaïl Bakhtine riconosce alla letteratura carnevalesca (dialogo socratico, satira menippea) (pp. 155-165). Non esi-

trionfo grazie all'azione, non sarebbe piuttosto una vittima la cui crescita avviene nella dimensione della lucidità, della potenza riflessiva?

È questa ipotesi di lettura che bisogna sottoporre alla verifica di un secondo percorso attraverso i sette capitoli de *La Montagna incantata* [30].

[30] Una valutazione positiva dell'addestramento dell'eroe è stata proposta dal 1933, da Hermann J. Weigand nell'opera precedentemente citata. Weigand è stato il primo a caratterizzare *La Montagna incantata* come 'romanzo pedagogico'; ma vede in questa *novel of self-development* (p. 4) *a quest for* Bildung *that transcends any specific practical aims* (*ibid.*), dove l'accento principale è posto sull'*integrazione* progressiva di una esperienza totale da cui emerge un atteggiamento affermativo nei confronti della vita nel suo insieme. Anche le principali crisi riferite nella prima parte (la tentazione di andarsene, la convocazione da parte del dottor Behrens che farà di Hans un ospite del Berghof, la notte di Walpurgis) trovano l'eroe sempre capace di scelta e di 'elevazione' (*Steigerung*). Certo, l'autore riconosce volentieri che la fine della prima parte segna il punto culminante della simpatia per la morte: chiama *Der Zauberberg* « *the epic of disease* » (p. 39). Ma la seconda parte segnerà la subordinazione del fascino per la morte rispetto al fascino per la vita (p. 49). Lo attesta l'episodio « Neve », « *spiritual climax of clarity that marks the acme of his capacity to span the poles of cosmic experience... that he owes the resource which enables him ultimately to sublimate even his passion for Clawdia into this interested friendship* ». Con la seduta spiritica, H. Weigand vede l'esperienza dell'eroe confinare col misticismo (l'ultimo capitolo del libro di Weigand è espressamente consacrato al misticismo); ma, secondo l'autore, la seduta di occultismo non fa mai perdere per Hans Castorp il controllo della sua volontà di vivere; inoltre, l'esplorazione dell'ignoto, del proibito, arriva fino a rivelare « *the essential ethos of sin for Thomas Mann* » (p. 154); è questo il versante 'russo', il versante Clawdia, di Castorp. Da ella, egli apprende che non c'è curiosità senza qualche perversità. Il problema è quello di sapere se l'eroe ha *integrato*, come pretende Weigand, questo caos d'esperienze, « *synthesis is the principle that governs the pattern of the Zauberberg from first to last* » (p. 157). Il lettore troverà nel *Thomas Mann* di Hans Meyer (Suhrkamp, Frankfurt 1980) una valutazione più negativa dell'addestramento di Hans Castorp al Berghof. Hans Meyer, passando sotto silenzio il *Zeitroman*, mette francamente l'accento sull'« epopea della vita e della morte » (p. 114). La posta in gioco dell'educazione dell'eroe è certamente la realizzazione di un nuovo rapporto con la malattia, con la morte, con la decadenza, in quanto *Faktum* della vita, rapporto contrastante con la nostalgia della morte, derivato da Novalis e che regna incontrastato in *La morte a Venezia*, l'opera di Thomas Mann che precede appunto *La Montagna incantata*. È lo stesso Thomas Mann ad attestarlo nel suo discorso di Lubecca: « *Was ich plante, war eine groteske Geschichte, worin die Faszination durch den Tod, die das venezianischen Novelle gewesen war, ins Komische gezogen werden sollte*: *etwas wie ein Satyrspiel alzo zum 'Tod in Venedig'* » (p. 116). Secondo Hans Meyer, il tono ironico adottato da questo romanzo pedagogico fissa un secondo contrasto, non più soltanto con l'eredità romantica, ma con il romanzo di formazione di tipo goethiano: invece di uno sviluppo continuo del-

Il romanzo comincia così: « Un giovanotto d'aspetto semplice e comune era partito in piena estate da Amburgo, sua città natale, diretto a Davos, nel Canton dei Grigioni, dove contava di rimanere tre settimane in visita presso un suo parente » [p. 7] (p. 7). Lo *Zeitroman* è così situato grazie alla semplice menzione delle tre settimane [31]. Ma c'è di più: nella rilettura, la voce narrativa si riconosce fin dalla prima caratterizzazione dell'eroe come un giovane 'semplice' (*einfach*) che avrà la sua eco nelle ultime righe del romanzo, dove il narratore interpella direttamente il suo eroe: « Avventure del corpo e dello spirito, avventure che affinarono la tua semplicità, ti fecero vivere nello spirito ciò che probabilmente non vivrai nella carne » [p. 757] (p. 723). Inoltre, l'ironia di questa voce si nasconde nell'apparente constatazione: « Andava in visita per tre settimane ». Rileggendo, queste tre settimane creeranno contrasto con i sette anni passati a Berghof. Così questo innocente esordio nasconde un interrogativo: che succederà della semplicità di questo giovane, quando il suo progetto sarà frantumato dall'avventura

l'eroe, *Der Zauberberg* raffigurerebbe un eroe essenzialmente *passivo* (p. 122), ricettivo nei confronti degli estremi, ma sempre ad uguale distanza, nel 'mezzo', proprio come la Germania a sua volta lacerata tra umanismo e anti-umanismo, tra l'ideologia del progresso e quella della decadenza. La sola cosa che l'eroe può aver appreso è sapersi distanziare (*Abwendung*, p. 127) da tutte le impressioni, conferenze, conversazioni che deve subire. Ne deriva che l'accento deve essere posto sull'influsso pedagogico esercitato dagli altri protagonisti—Settembrini, Nephta, Mme Chauchat e Peperkorn—,se si vuole cogliere tutta l'ampiezza del grande affresco sociale che colloca *La Montagna incantata* accanto a Balzac, mentre la distanzia da Goethe e più ancora da Novalis. Hans Meyer non ignora certo l'opposizione tra tempo di lassù e tempo di quaggiù; anzi la avvicina espressamente all'opposizione che Bergson instaura tra il piano del sogno e quello dell'azione. Ma, per ciò che riguarda lo stesso Hans Castorp, ritiene che tra i parassiti borghesi del Berghof, tutti condannati a morte, Hans Castorp non poteva imparare nulla, poiché non aveva nulla da imparare (p. 137). È su questo punto che la mia interpretazione si diversifica da quella di Hans Meyer, senza identificarsi con quella di Hermann Weigand. Quel che vi era da imparare al Berghof è un nuovo rapporto col tempo e il suo svanire, *il cui modulo si trova nel rapporto ironico del narratore con il suo racconto*. A questo proposito, trovo una conferma nel notevole studio che Hans Meyer ha dedicato al passaggio dall'ironia alla parodia in Thomas Mann (*op. cit.*, pp. 171-183).

31 Richard Thieberger, in *Der Begriff der Zeit bei Thomas Mann, vom Zauberberg zum Joseph*, Verlag für Kunst und Wissenschaft, Baden-Baden 1962 (« Die Zietaspekte im Zauberberg », pp. 25-65), si è impegnato a raccogliere tutte le considerazioni sul tempo presenti sia nelle conversazioni, sia nei pensieri (cioè nel discorso interiore) attribuiti ai personaggi del racconto, sia nei commenti del narratore. Devo a lui la scelta delle notazioni più tipiche.

che lui stesso ha messo in atto? Noi sappiamo che la durata del soggiorno sarà l'esito drammatico dell'intero racconto.

In questo brevissimo primo capitolo, il narratore si serve una prima volta del rapporto con lo spazio per significare il rapporto con il tempo; l'allontanamento dal paese natale opera come l'oblio: « Si dice che il tempo è il Lete, ma anche l'aria delle lontananze è un'acqua simile, e se i suoi effetti hanno minore intensità sono però di tanto più rapidi » [p. 8] (p. 8). Arrivato al Berghof, Hans Castorp vi porta la visione del tempo del basso. Le prime discussioni tra Hans e suo cugino Joachim, già acclimatato al tempo dell'alto, portano in primo piano la discordanza tra i due modi di esistere e di abitare. Hans e Joachim non parlano il medesimo linguaggio sul tempo: Joachim ha già smarrito la precisione delle misure: « Tre mesi sono ai loro occhi come un giorno... Qui si cambiano le proprie concezioni » [p. 15] (p. 11). Viene in tal modo creata nel lettore una attesa; la conversazione non servirà soltanto, come qui, quale semplice procedura per fare apparire al livello del linguaggio la differenza tra modi di concepire e sperimentare il tempo: essa sarà il medium privilegiato dell'addestramento dell'eroe [32]. Il secondo giorno, completo, raccontato dal capitolo III, è fatto di avvenimenti secondari che si incalzano; i pasti sembra che si succedano senza tregua; una popolazione eteroclita viene scoperta in un breve lasso di tempo che sembra ad un tempo ben riempito e, soprattutto, esat-

32 Il capitolo II opera un'immersione nel passato. Questo ritorno all'indietro—del resto assai abituale nel romanzo del XIX secolo e dell'inizio del XX— non è estraneo alla costruzione dell'effetto di prospettiva di cui abbiamo parlato precedentemente. In effetti il capitolo mette a punto le *Urerlebnisse*, usiamo il linguaggio di Weigand (*op. cit.*, pp. 25-39), che guidano in modo sotterraneo la crescita spirituale che accompagna il venir meno dell'interesse per il tempo misurato: senso della continuità delle generazioni, simbolizzata dalla trasmissione della tazza battesimale; senso duplice della morte, ad un tempo sacra e indecente, avvertito per la prima volta dinanzi alle spoglie mortali del nonno; senso incontenibile della libertà, raffigurata dal gusto della sperimentazione e dell'avventura; inclinazione erotica, sottilmente evocata dall'episodio della matita presa a prestito da Pribislav Hippe, quella stessa matita che nella *Walpurgisnacht* Clawdia Chauchat chiederà che Hans le restituisca. Oltre al fatto che queste *Urerlebnisse* nascondano le energie tenaci che faranno dell'esperienza negativa del tempo una esperienza di *Steigerung* interiore, la loro evocazione dopo la scena dell'"arrivo', e *prima* del racconto agitato della prima giornata, ha come funzione precisa quella di avviare l'esperienza principale della cancellazione del tempo; bisognava aver conferito al tempo questa antichità, questo spessore e questa densità per dare la misura della perdita provata, precisamente quando le misure del tempo vengono meno.

tamente ritmato dalle passeggiate, dai controlli del termometro, dalle soste di riposo; le conversazioni con Joachim, poi con il primo precettore Settembrini, messo in scena dal narratore senza indugi, accentuano i malintesi del linguaggio già avvertiti il giorno precedente, quello dell'"arrivo'. Hans Castorp si meraviglia delle approssimazioni di Joachim[33]. Nel suo primo incontro con Settembrini, difende le sue 'tre settimane' [34]. Ma la discussione con Settembrini ha fin dal principio una andatura diversa rispetto a quelle con Joachim: il malinteso è immediatamente il principio di una investigazione, di una ricerca; Settembrini ha ragione: « La curiosità la contiamo fra le nostre prerogative » [p. 92] (p. 61). La sezione intitolata *Gedankenschärfe*—Acutezza di pensiero—introduce i problemi di una speculazione che l'arte del racconto cercherà in tutti i modi di portare a narrazione. Nella scena del termometro, la sicurezza di Hans viene meno ma non la sua vigilanza; non è forse ad ore ben *precise* e per la durata di *sette* (sette!) minuti che si misura la temperatura [35]? Hans s'attacca all'ordinamento di quello che si potrebbe chiamare il *tempo clinico*; ma è appunto ciò che disarticola il tempo. Quanto meno Hans fa il primo passo nell'ordine della acutezza di pensiero, dissociando il tempo, così come appare al '*sentimento*' (*Gefühl*), dal tempo misurato dal movimento della lancetta che percorre il quadrante. Minuscole scoperte, senza dubbio, ma che non bisogna mancare di intendere in termini di acutezza di pensiero [36], anche se nettamente prevalente è

33 « Ultimamente (*neulich*) ci saranno forse otto settimane...—Ma allora non puoi dire: ultimamente, osservò Hans Castorp in tono asciutto e sull'attenti. Come dici? Be', be', non ultimamente. Che precisione, caspita. Ho detto un periodo di tempo così press'a poco. Dunque qualche tempo fa... » [p. 57] (p. 56).

34 « O Dio, tre settimane. Ha sentito, tenente? O non c'è un certo che di impertinente nel fatto di dire: vengo per tre settimane e poi riparto? Noi non conosciamo la misura del tempo, signore, se mi permette di informarla. L'unità più piccola di tempo per noi è il mese. Contiamo in grande stile noi (*im grossen Stil*), quest'è una prerogativa del regno delle ombre » [p. 63] (p. 61).

35 Lo stesso Joachim, per il vantaggio temporale che ha su Hans, è di aiuto per accentuare la perplessità del cugino: « Già, quando ci si fa attenzione, il tempo passa molto lentamente. Il fatto di dover misurare la temperatura quattro volte al giorno non mi riesce noioso o antipatico, tutt'altro, anzi perché esso mi dà occasione di capire che cosa sia in realtà un minuto, che cosa siano sette minuti completi, quando invece per tutti i sette giorni della settimana ci si rigira qui intorno senza dare alcun valore al tempo » [p. 70] (p. 68). Il narratore continua: « Il nostro giovanotto non era solito a filosofeggiare, eppure in quel momento sentiva un vivo bisogno di farlo » [p. 71] (p. 69).

36 « Oggi ho una acutezza straordinaria di pensiero. Che cos'è il tempo? torna a

la perplessità [37]. Non è senza importanza, per l'educazione del nostro eroe, che una prima e improvvisa illuminazione su ciò che il tempo potrebbe essere veramente gli sia data in *sogno*. Ma come il tempo si annuncia? Come « una suora muta, un termometro senza graduazione, uno strumento per quelli che volevano ingannare » [p. 98] (p. 95). La scena del termometro è ad un tempo ripresa e abolita: le cifre sono scomparse dal termometro; il tempo normale è scomparso, come su un orologio che non segni più le ore. Grazie alla loro tonalità « di gioia debordante e di speranza », i due sogni riferiti appartengono al seguito dei « momenti felici »—per parlare già come Proust—che scandiranno la ricerca e sui quali le ultime righe del romanzo chiameranno l'attenzione in una seconda lettura: « istanti sono venuti dove nei sogni che tu governavi (*ahnungsvoll und regierungsweise*) un sogno d'amore è nato per te, dalla morte e dalla lussuria del corpo » [p. 756]. È vero che questo sogno non è ancora di quelli che l'eroe può esser detto aver 'governato'. Quanto meno puntualizza una curiosità che, per essere a sua volta prigioniera dell'attrattiva erotica esercitata da Clawdia Chauchat, è abbastanza forte per farlo resistere al consiglio che gli prodiga Settembrini, di ripartire: « Egli parlava in tono insistente... » [p. 93] (p. 90).

L'erosione del senso del tempo e del suo linguaggio adeguato continua nel grande capitolo IV che ricopre le tre settimane che Hans Castorp si proponeva di passare come semplice visitatore a Berghof. La confusione delle stagioni concorre a confondere i punti di riferimento abituali del tempo, mentre si impegnano a fondo le interminabili discussioni politico-culturali con Settembrini (Naphta non è ancora stato introdotto). Nel caso di una prima lettura, queste discussioni interminabili tendono a far perdere di vista il filo dell'esperienza temporale dell'eroe e fare uscire il *Bildungsroman* dai limiti dello *Zeitroman*. Ad una seconda

dire Hans Castorp » [p. 71] (p. 69). È curioso seguire il nostro eroe in questa sorta di parodia di Agostino che egli certo ignora. Ma lo conosce bene il narratore!

37 « Ho ancora in testa una quantità di pensieri sul tempo, tutto un complesso, ti assicuro » [p. 72] (p. 70). « Dio mio, siamo ancora al primo giorno? Mi pare di essere qui da tanto tempo... da tanto tempo. Per carità, non ricominciamo a filosofeggiare sul tempo, disse Joachim. Stamane mi hai fatto venire una confusione in testa—No, no, sta' tranquillo, ho dimenticato tutto, soggiunse Hans Castorp. Ho dimenticato tutto il complesso. La mia testa ora è completamente vuota, ne è uscito tutto quanto » [p. 88] (p. 86). « D'altra parte mi sembra invece di non essere qui da un giorno solo, ma da molto tempo... ecco, precisamente come se qui io fossi diventato più vecchio e più perspicace, così mi pare.—Anche più perspicace? disse Settembrini... » [p. 91] (p. 89).

lettura, risulta che il ruolo assegnato all'*Exkurs über den Zeitsinn*—'Divagazioni sul tempo'—è quello di reinserire il grande dibattito circa il destino della cultura europea nella storia dell'addestramento compiuto dall'eroe, e assicurare così in tal modo l'equilibrio tra *Zeitroman* e *Bildungsroman*. Un termine è decisivo in questo delicato aggiustaggio che è opera esclusiva del narratore [38]: l'"immedesimarsi' (*diesem Sicheinleben an fremden Ort*) [p. 110] (p. 107) come fenomeno ad un tempo culturale e temporale. La digressione parte di qui per diventare ruminazione del narratore stesso sulla monotonia e la noia: è falso, si dice, che queste impressioni rallentino il corso del tempo. Al contrario: « Vacuità e monotonia possono, è vero, prolungare il momento e l'ora, renderli 'noiosi', ma i grandi e i grandissimi periodi di tempo ne vengono abbreviati, possono risolversi perfino in quantità trascurabili » [p. 110] (p. 107). Questo duplice effetto di abbreviazione e di allungamento toglie qualsiasi univocità all'idea di lunghezza di tempo e consente una sola risposta alla domanda: « Da quanto tempo? »: « Da tanto tempo » [p. 112] (p. 108).

Il tono generale dell'*Exkurs* è piuttosto quello di una messa in guardia: « In fondo ci sono delle circostanze particolari in questo immedesimarsi nella vita in luoghi estranei, in questo sia pure penoso adattamento e mutamento d'abitudini cui ci si sottopone quasi di spontanea volontà e nel preciso intento di rinunciarvi appena il periodo è finito o poco dopo, per tornare alla situazione anteriore » [p. 110] (p. 107). Per conseguenza, che si tratti di tutt'altra cosa rispetto ad una interruzione, ad un intermezzo nel corso principale della vita, ciò che una monotonia troppo ininterrotta rischia di fare perdere è la stessa coscienza della durata, « coscienza così strettamente congiunta e affine al senso stesso della vita che l'uno non può subire un indebolimento senza che l'altro non ne risenta pregiudizio » [p. 110] (p 107). L'espressione 'sentimento della vita' (*Lebensgefühl*) non manca certo di una qualche ironia. Pure, attribuendo dei pensieri analoghi al suo eroe, il narratore nota che ha solo qualche passo in più rispetto a lui sul cammino della acutezza di pensiero [39]. Ora, la curiosità dell'eroe non è mai smussata anche se tal-

[38] Il narratore, intervenendo senza alcuna vergogna, dichiara: « Queste osservazioni sono state introdotte qui soltanto perché il giovane Hans Castorp rimuginava qualcosa di simile » (p. 108).

[39] « Hans Castorp aveva ancora da imparare ad ogni passo, da osservare più esattamente il già visto e da accogliere in sé il nuovo con l'impressionabilità caratteri-

volta la sfiora il desiderio di « sfuggire una buona volta al cerchio magico (*Bannkreis*) del Berghof, di respirare profondamente all'aria libera » [p. 124].

Allo svanire del tempo, di cui l'eroe è così la vittima solo in parte lucida, concorre ancora l'episodio dell'apparizione, in uno stato di sogno desto, di Pribislav Hippe, il collegiale con la matita, i cui occhi e lo sguardo diventano quelli di Clawdia Chauchat. A favore del carattere emblematico di questo *leitmotiv* della matita presa a prestito e restituita [40] (che offrirà al narratore una finale enigmatica all'episodio della *Walpurgisnacht* di cui parleremo più avanti), questo episodio che Thieberger chiama in modo adeguato *verträumte Intermezzo*, questo episodio fa risalire alla superficie la profondità di un tempo cumulativo, già sondato mediante la regressione del capitolo II—profondità che conferisce a sua volta all'istante presente una sorta di durata infinita [p. 129]. È a partire da questa profondità che si costruirà più tardi il seguito dei sogni d'eternità.

Ancor prima che le tre settimane previste giungano al termine, per Hans, « la reviviscenza del suo senso della durata » s'è attenuata; eppure i giorni che fuggono non smettono di distendersi « in un'attesa (*Erwartung*) continuamente rinnovata » [p. 150]: l'attrattiva di Clawdia e la prospettiva della partenza conferiscono ancora al tempo movimento e tensione [41]. Ma, nel complesso, quando il termine delle tre settimane s'avvicina, Hans Castorp è già stato conquistato alle idee con le quali Joachim l'aveva accolto: « tre settimane quassù erano un nulla, gliel'avevano detto tutti subito. Al Berghof la più piccola unità di misura per il tempo era rappresentata dal mese » [p. 172] (p. 166). Non si dispiace

stica nei giovani » [p. 112] (p. 109). Nello stesso senso, il narratore parla dello spirito di intraprendenza (*Unternehmungsgeist*) di Hans Castorp. Thieberger accosta questo *Exkurs* all'apologia che Joachim fa della musica, la quale conserva, almeno lei, un ordine, delle divisioni precise. Settembrini riprende: « La musica sveglia il tempo, sveglia noi ad un più fine godimento del tempo, sveglia insomma, per questo ed in questo è morale. L'arte è morale in quanto sveglia » [p. 21] (p. 118). Ma Hans Castorp oppone la sua distrazione a questa diatriba moralizzante che resta quella di un precettore.

40 Tra i *leitmotiv*, soffermiamoci sulla tazza battesimale—« Questo pezzo antico che si trasmetteva invariabilmente di padre in figlio »— e ancora il tremore del nonno (durante la notte di Walpurgis).

41 Le due voci del narratore e dell'eroe si uniscono per puntualizzare: « Eh, il tempo è una cosa molto difficile da spiegare » [p. 150] (p. 146). La lucidità si riduce alla sospensione di tale interrogativo.

già d'aver riservato così poco tempo per questo soggiorno? E, nel sottoporsi alla regola del 'termometro' (sottotitolo importante di questo capitolo IV) [170], non è forse diventato come tutti gli altri malati, la preda della montagna incantata [42]?

'Immedesimato', Hans Castorp è comunque pronto per la prima esperienza d'eternità sulla quale si apre il capitolo V, ancora più lungo del precedente. Il narratore, fin dall'inizio, ha ripreso le cose in mano, per ritornare al problema, posto dal *Vorsatz*, della lunghezza del romanzo: « In un batter d'occhio, dice, lo prevediamo, il secondo gruppo di tre settimane, sarà trascorso e liquidato » [p. 195] (p. 187). Qui l'estraneità presunta del rapporto tra l'*Erzählzeit* e l'*erzählte Zeit* concorre a mettere in risalto quella dell'esperienza stessa, fatta dall'eroe della finzione: sono delle leggi della narrazione, si dice, che vogliono che l'esperienza del tempo di scrittura e di lettura si raccolgano secondo la misura dell'avventura dell'eroe; ora che la legge dell'alto ha prevalso, non resta più altro che immergersi nello spessore del tempo. Non ci sono più testimoni che provengono dal basso. Il tempo del sentimento ha eliminato il tempo degli orologi. Per conseguenza si apre il mistero del tempo, per nostra *sorpresa* (il termine ritorna due volte) [p. 195].

L'episodio *Ewigkeitssuppe und plötzliche Klarheit*—'zuppa dell'eternità e luce improvvisa' [pp. 195 ss] (pp. 187 ss)—non contiene, a ben vedere, uno dei 'miracoli' annunciati, ma piuttosto il fondo—anzi il bassofondo—sul quale i 'miracoli' decisivi si disporranno. Strana eternità, in effetti, questa eternità *identitaria*. È ancora la voce narrativa che dice di questo seguito di giorni simili passati nel letto. « Ti porta il brodo come te l'ha portato ieri, come te lo porterà domani... È un presente senza estensione in cui ti si porta eternamente il brodo. Parlar di noia in rapporto all'eternità sarebbe un paradosso e noi vogliamo evitare i paradossi, specialmente vivendo insieme col nostro eroe » [p. 195] (p. 188). Il tono ironico non lascia alcun dubbio. Questa notazione è della massima importanza; il lettore deve conservarla, nel tempo cumulativo della rilettura che questo tipo di romanzo esige in modo particolare: il senso dell'*Ewigkeitssuppe* deve restare come in sospeso fino a quando arriverà la replica mediante le due altre esperienze dell'eterni-

42 Al termine di due settimane, il regime di vita di coloro che stavano lassù « aveva cominciato ad assumere ai suoi occhi un carattere di inviolabilità sacra e naturale, così che la vita in pianura, vista da lassù, gli appariva strana e capovolta » [p. 157] (p. 152).

tà, quella della 'Notte di Valpurga' alla fine dello stesso capitolo e quella della scena della 'Neve' al capitolo VII.

L'elemento narrativo che supporta questo commentario del narratore è la nuova condizione di Hans Castorp, inchiodato, per ordine del dottor Behrens, nel letto di morte dell'ospite precedente; tre settimane di questa eternità sono percorse al galoppo in dieci pagine. Conta solo « l'eternità immobile di quest'ora » [p. 202], che si esprime altrettanto bene mediante una accumulazione di notazioni riguardanti l'ora: non si sa più che giorno sia; ma si sa che ora è di « questa giornata frantumata e artificialmente abbreviata » [p. 204]. Tocca a Settembrini, con il tono del letterato, dell'umanista politico, raccontare il rapporto che ogni cosa, religione e amore, intrattengono con la morte. La radioscopia può fornire in modo brutale la diagnosi fatale: Hans Castorp è già la viva preda della malattia e della morte. La vista del suo fantasma sullo schermo luminoso del dottor Behrens è una prefigurazione della sua decomposizione, uno sguardo nella sua tomba: « Con sguardi penetranti e profetici e, per la prima volta, capì che doveva morire » [p. 233] (p. 224).

L'ultimo computo esatto del tempo—nuova ironia del narratore—si ferma a sette settimane, le sette settimane che Hans Castorp si proponeva di trascorrere al Berghof: è il narratore che lo fa per noi [pp. 33-234]. Non è senza importanza che quest'ultimo conto (si conteranno ancora sei settimane fino a Natale e sette fino alla famosa 'notte') sia collocato sotto il titolo della sotto-sezione *Freiheit*, 'Libertà' [p. 233]. Il progresso dell'educazione di Hans Castorp è inseparabile dalla vittoria nei confronti di quest'ultimo soprassalto della preoccupazione per il tempo datato. Ancora più importante: il nostro eroe impara a separarsi dal suo maestro italiano, nella misura in cui si distacca dal tempo [43]. Ma non se ne libererà prima d'essersi sottratto al nichilismo dell'*Ewigkeitssuppe* che, per contro, non smette di deporre la sua malsana impronta sull'amore, confuso con la malattia e la morte [44].

43 È notevole che, nel suo disprezzo per i Russi e la loro negligenza prodiga nei confronti del tempo, il precettore italiano faccia l'elogio del Tempo: « Il Tempo è un dono di Dio, concesso agli uomini affinché lo mettano a profitto, a profitto, ingegnere, in servizio del progresso umano » [p. 258] (p. 248). Weigand non manca di sottolineare qui il gioco sottile tra lo spirito tedesco, lo spirito italiano e quello slavo. Questo gioco costituisce una delle numerose surdeterminazioni di questa leggenda del tempo.

44 L'autore prende ancora una volta il suo lettore per mano: « Come tutti quan-

Ormai, l'educazione di Hans Castorp prenderà i colori di una emancipazione grazie al tempo vuoto. Un'altra sotto-sezione di questo lungo capitolo, nel corso del quale il tempo esce dai suoi punti di riferimento superando sette settimane, si intitola *Forschungen*, 'Investigazioni' [p. 283]. È appesantito da apparenti digressioni sull'anatomia, la vita organica, la materia, la morte, l'insieme di voluttà e sostanza organica, di corruzione e creazione. Per quanto sia infatuato dalle sue letture di anatomia, è comunque da solo che Hans si è fatto la sua formazione sul tema della vita nel suo rapporto con la voluttà e la morte, a partire dal segno emblematico dello scheletro della mano radiografata. Hans Castorp è già diventato un osservatore—come il narratore. A 'Investigazioni' fa seguito la *Totentanz*—'Danza macabra' [p. 303]: tre giorni di festività in onore di Natale, ma senza un raggio della Natività, ma segnati solo dalla contemplazione del cadavere del defunto '*Gentleman rider*'! Il carattere sacro e indecente della morte, altre volte intravisto, di fronte alle spoglie mortali del nonno, nuovamente si impone. Per quanto macabro sia l'impulso che porta Hans Castorp dal capezzale di un morente ad un altro, egli è mosso dalla preoccupazione di rendere omaggio alla vita, nella misura in cui l'onore reso alla morte gli sembra essere la via obbligata di tale omaggio [pp. 313-314]. Un « ragazzo viziato dalla vita », secondo la felice espressione di Settembrini, non può che occuparsi dei « figli della morte » [p. 326]. Difficile dire, a questo stadio, se, nell'esperienza che lo modifica, Hans Castorp è prigioniero di quelli che stanno lassù oppure sul cammino della libertà.

È in questo stato di indecisione, in cui l'attrattiva del macabro tende ad occupare lo spazio lasciato libero dallo svanire del tempo, che, pochi giorni prima della conclusione dei suoi primi sette mesi di soggiorno, esattamente la vigilia del martedì grasso, quindi in occasione del Carnevale, l'eroe è afferrato dalla straordinaria esperienza che l'ironico narratore ha collocato sotto il titolo di *Walpurgisnacht*—'Notte di Valpurgis' [pp. 340 ss.). Comincia con Hans Castorp che si rivolge con il 'tu' familiare a Settembrini mezzo sbronzo, il quale non manca di scor-

ti anche noi ci arroghiamo il diritto di esprimere i pensieri particolari che sorgono in noi durante il corso di questo racconto ed esprimiamo la supposizione che Hans Castorp non avrebbe sorpassato il periodo di tempo originariamente stabilito per il suo soggiorno 'fra quelli di lassù', non l'avrebbe sorpassato, dico, neppure fino al punto attuale della nostra narrazione, se alla sua anima semplice non fosse stata concessa dalle profondità del passato una spiegazione in certo qual modo soddisfacente circa il significato e lo scopo della vita » [p. 244] (p. 234).

gervi l'emancipazione del suo 'alunno' (« Questo suona come un addio... » [p. 348]) e culmina nella conversazione non lontana dal delirio con Clawdia Chauchat, nel bel mezzo della « serata danzante dei malati travestiti » [45]. Da questo linguaggio amoroso in 'tu', iniziato e terminato con il gioco della matita prestata e resa—la matita di Hippe!—nasce una visione quasi onirica, in cui si avverte un senso di eternità, eternità ben diversa, senza dubbio, dall'*Ewigkeitssuppe*, ma comunque eternità *sognata*: « Per me è come un sogno; il fatto di essere qui, di fronte a te, *un rêve singulièrement profond, car il faut dormir trés profondement pour rêver comme cela... Je veux dire: c'est un rêve bien connu, rêvé de tous temps, long, éternel, oui; être assis près de toi comme à présent, voilà l'éternité* » [pp. 355-356] (p. 344). Eternità sognata, che l'annuncio da parte di Clawdia della sua imminente partenza, accolta come la notizia di un cataclisma, basta a fare vacillare. Ma Clawdia, predicando la libertà mediante il peccato, il pericolo, la perdita di sé, avrà rappresentato altro per Hans rispetto a quello che per Ulisse rappresentarono le sirene, quando Ulisse si fece legare all'albero del suo naviglio per resistere al loro canto? Il corpo, l'amore e la morte sono troppo fortemente legati, la malattia e la voluttà, la bellezza e il marciume ancora troppo confusi, perché la perdita del senso del tempo contato sia pagata con il coraggio di vivere di cui questa perdita è il prezzo [46]. L'*Ewigkeitssuppe* ha avuto come seguito solo una eternità di sogno, una eternità di carnevale: *Walpurgisnacht*!

La composizione del capitolo VI che, da solo, occupa più della metà della seconda parte de *La Montagna incantata*, è una buona illustrazione della differenza, non solo tra *Erzählzeit* e *erzählte Zeit*, ma tra il tempo raccontato e l'*esperienza del tempo* proiettata dalla finzione.

Sul piano del tempo raccontato, la struttura narrativa è assicurata dagli scambi sempre più rari e sempre più drammatici tra quelli che

[45] Questa scena, non fa forse, irresistibilmente, pensare alla scena delle teste da morto in *A la recherche du temps perdu*, dopo la visione decisiva nella biblioteca del duca di Guermantes?

[46] L'ironia dell'ultima parola—« Ed ella uscì »—lascia il lettore all'oscuro sul punto di sapere ciò che Clawdia e Hans hanno fatto del resto della notte di questo carnevale. Più tardi, la confidenza al povero Wehsal desterà la nostra curiosità ma senza soddisfarla. L'ironico autore nota, allora: « Abbiamo ragioni di tacere davanti ai nostri lettori » [p. 451]. Più tardi, al suo ritorno. Clawdia parlerà ancora della « nostra notte come una notte di sogno » [p. 631]. La curiosità di Mynheer Peeperkorn non riuscirà a togliere il velo.

stanno in alto e quelli che stanno in basso, scambi che raffigurano al tempo stesso gli assalti del tempo normale sulla durata detemporalizzata che è il dato comune del Berghof. Joachim, ripreso dalla sua vocazione militare fugge dal sanatorio. Naphta, il secondo precettore—questo gesuita d'origine giudea, ad un tempo con tendenze anarchiche e reazionarie—viene introdotto nella storia, rompendo il faccia-a-faccia tra Settembrini e Hans Castorp. Lo zio di Amburgo, in qualità di delegato di coloro che stanno in basso, tenta, invano, di strappare suo nipote all'incantesimo. Joachim ritorna al Berghof per morirvi.

Da tutti questi avvenimenti emerge un episodio—*Schnee*, 'Neve' [p. 493]—che solo merita d'essere inscritto nella successione degli istanti di sogno e dei sogni d'amore evocati nelle ultime righe del romanzo, 'istanti' (*Augenblicke*) che restano delle cime discontinue dove il tempo raccontato e l'esperienza del tempo trovano insieme il loro culmine. L'arte della composizione sta tutta in questa capacità di produrre questa congiunzione al vertice tra tempo raccontato e esperienza del tempo.

Al di qua di questa cima e prima di venirvi, le ruminazioni di Hans Castorp sul tempo—amplificate da quelle del narratore—distendono fino quasi al punto di rottura il quadro narrativo che abbiamo appena disegnato, come se la storia dell'addestramento spirituale non smettesse di sottrarsi alle contingenze materiali. È il narratore che occupa la prima scena, aiutando in un certo senso il suo eroe a mettere in ordine i suoi pensieri, mentre l'esperienza del tempo, sottraendosi alla cronologia e approfondendosi, si decomponeva in prospettive inconciliabili. Smarrendo il tempo misurabile, Hans Castorp è arrivato alle stesse aporie che sono state provocate dalla nostra discussione della fenomenologia del tempo in sant'Agostino, circa i rapporti tra il tempo dell'anima e il cambiamento fisico: « Che cos'è il tempo? Un mistero; un mistero privo di essenza, inafferrabile e potente. Una condizione del mondo delle apparenze, un movimento congiunto e immedesimato all'esistenza del corpo nello spazio, e nel suo movimento » [p. 365] (p. 351). A ben vedere non è quindi il tempo *interiore* che fa difficoltà, una volta liberato dalla misura, bensì l'impossibilità di conciliarlo, con degli aspetti *cosmici* del tempo, che, lungi dall'esser scomparsi con ogni altro interesse per lo scorrere del tempo, saranno progressivamente esaltati. Ciò che preoccupa Hans Castorp è appunto l'equivocità del tempo—la sua perenne circolarità e la sua capacità di produrre il cambiamento: « Troppe domande! Il tempo è attivo, produce. Che cosa produce? Cambiamenti » (*Ibid.*). Il tempo è un mistero, precisamente per il fatto che le percezioni che si impongono a suo riguardo non si lasciano unificare. (È esattamente ciò che a mio avviso costituisce l'enigma insuperabile. Ecco perché perdono senza difficoltà il narratore che sembra ispirare a Hans Castorp i suoi pensieri) [47]. Davvero il romanzo si è allontanato dalla semplice finzione della scomparsa di un tempo misurabile! Ciò che questa scomparsa ha in un certo senso liberato è il contrasto tra l'eternità immobile e i cambiamenti prodotti, che si tratti di cambiamenti visibili delle stagioni e del rinnovamento della vegetazione (per tutto questo Hans Castorp nutre un interesse nuovo) o di questi cambiamenti più nascosti, di cui Hans ha fatto l'esperienza in se stesso—e questo nonostante l'*Ewigkeitssuppe*—a vantaggio della sua attrattiva erotica per Clawdia, poi in occasione del momento di pienezza della *Walpurgisnacht*, e ora nell'*attesa* del suo ritorno. La passione di Hans Castorp per l'astronomia, che al momento sostituisce quella per l'anatomia, conferisce ormai all'esperienza monotona del tempo delle proporzioni cosmiche. La contemplazione del cielo e degli astri conferisce alla fuga del tempo una paradossale fissità che confina con l'esperienza nietzschiana dell'eterno ritorno. Ma chi potrebbe gettare un ponte tra l'eternità sognata della *Walpurgisnacht* e l'eternità contemplata della fissità del cielo [48]?

L'addestramento di Hans Castorp passa ormai attraverso la scoperta dell'equivocità dei pensieri dentro e mediante la confusione dei sentimenti [49]. Tale scoperta non rappresenta una piccola progressione se confrontata con la stagnazione degli ospiti del Berghof nel semplice non-tempo. Nell'incommensurabile, Hans Castorp ha scoperto l'immemoriale (« Questi sei mesi lunghissimi, e che pure erano fuggiti in un batter d'occhio ») [p. 367].

Questo profondo mutamento nell'esperienza del tempo è inscritto dal narratore nella successione degli avvenimenti che costituiscono il tempo

47 « Hans Castorp rimuginava queste e altre cose simili nel suo cervello... Poneva queste domande a se stesso appunto perché sapeva di non potervi rispondere » [p. 365] (p. 352).

48 Thieberger ha certamente ragione di evocare a questo punto *Le Storie di Giuseppe* che congiungono la passione per l'osservazione del cielo all'arcaismo di miti così come all'antichità della sapienza.

49 « Se ci penso bene, e se devo dire la verità, il letto, intendo la poltrona a sdraio, è stato per me molto più profittevole, mi ha ispirato pensieri più di quanto non abbia saputo fare il mulino laggiù in molti anni » [p. 398] (p. 383).

raccontato del romanzo. Da un lato, l'attesa del ritorno di Clawdia è l'occasione di un altro addestramento: quello del saper resistere all'assenza. Hans Castorp è ora abbastanza forte per resistere alla tentazione di lasciare la montagna incantata con Joachim: no, non partirà con lui, non diserterà per la pianura (« Perché da solo io non troverò mai e poi mai la strada per tornare in pianura ») [p. 438] (p. 421). L'eternità immobile ha compiuto almeno la sua opera negativa, la perdita di addestramento alla vita. Tale passaggio attraverso il negativo costituisce per eccellenza la peripezia centrale del *Bildungsroman* così come del *Zeitroman*. A sua volta, il 'tentativo respinto' (è il titolo dell'episodio) dello zio Tienappel, venuto da Amburgo per prendere la data del ritorno del fuggiasco, non fa che trasformare in ostinazione la resistenza che resta la sola risposta disponibile all'azione distruttrice dell'eterna vanità. A partire di qui, Hans è l'ostaggio del dottor Behrens e della sua ideologia medica che non fa altro che raddoppiare il culto della malattia e della morte che regna al Berghof? Oppure è il nuovo eroe di una gnosi dell'eternità e del tempo? Entrambe le interpretazioni sono accuratamente gestite dal narratore. Hans Castorp si è certo disamorato della vita, in questo la sua esperienza è sicuramente sospetta. Per contro, la sua resistenza agli assalti della pianura « significava la completa libertà all'idea della quale ormai il suo cuore più non fremeva » [p. 463] (p. 445)[50].

Questa libertà, Castorp la esercita principalmente nei confronti delle sue guide, Settembrini e Naphta. Il narratore, molto opportunamente, ha fatto apparire il secondo nella seconda parte del suo racconto, dando così al suo eroe l'opportunità di stare ad eguale distanza dai due educatori inconciliabili e così raggiungere insensibilmente la posizione superiore che lui, il narratore, occupa palesemente fin dal *Vorsatz*. Ora Naphta non rappresenta una tentazione meno rilevante di Settembrini e il suo umanesimo ottimista. Le sue divagazioni, nelle quali Settembrini non vede altro che un misticismo della morte e del delitto, riprendono sotterraneamente la lezione del messaggio lasciato da Clawdia nella famosa *Walpurgisnacht*: se non parla di salvezza mediante il male, professa che la virtù e la salute non sono stati 'religiosi'. Questo strano cristianesimo a tinte nietzschiane—o comuniste[51]—per il quale « essere

[50] Le sue lunghe uscite con gli sci non sono senza rapporto con questa conquista della libertà. Gli danno anche l'aiuto di un uso attivo del tempo, che prepara l'episodio cruciale 'Neve'.

[51] Le sue divagazioni hanno spesso il tempo come tema. Naphta fa polemica con-

uomo vuol dire essere malato » [p. 490] (p. 470), gioca nel romanzo dell'educazione di Hans Castorp il ruolo della tentazione diabolica, dello sprofondare nel negativo figurato dall'*Ewigkeitssuppe*. Ma il tentatore, così come l'emissario della pianura, non riesce ad interrompere l'intrepida sperimentazione dell'eroe.

L'episodio intitolato *Schnee*—'Neve' [pp. 493 ss.] che ora affrontiamo, certo quello decisivo dopo la *Walpurgisnacht*, ricava il suo risalto dal fatto di seguire immediatamente l'episodio delle manovre diaboliche di Naphta (episodio significativamente e ironicamente intitolato '*Operazioni spirituali*'). È inoltre importante che esso abbia come cornice la fantasmagoria dello *spazio* nevoso che, curiosamente, si accosta a quello delle spiagge marine: « La monotonia fondamentale del paesaggio era comune ad ambedue le zone » [p. 497] (p. 478). La Montagna devastata dalla neve è in verità ben più che un elemento decorativo per la scena decisiva: essa è l'equivalente *spaziale* della stessa esperienza temporale. *Das Urschweigen*—il 'Silenzio eterno' [p. 501]—unisce lo spazio e il tempo entro un'unica simbolica. Inoltre, lo scontro tra lo sforzo umano da un lato e la natura e gli ostacoli dall'altro, indica simbolicamente proprio il cambiamento di registro del rapporto tra tempo ed eternità—posta in gioco spirituale dell'episodio [52]. Tutto oscilla allorquando il coraggio divenuto *sfida*—questo « rifiuto ostinato alla prudenza ragionevole » [p. 507]—il lottatore ingrigito di fatica (e di porto) è visitato da una visione di vegetazione e di azzurro, di canti d'uccelli e di luce: « La stessa cosa avveniva nel paesaggio che si stendeva in quel momento davanti ai suoi occhi. Esso mutata e si apriva in un crescente splendore » (*sich öffnete in wachsender Verklärung*) [p. 517] (p. 497). Certo, il ritorno del ricordo di un Mediterraneo mai visitato, ma conosciuto « da sempre » (*von je*, *ibid.*) [p. 498], non è privo di terrore (le due vecchie che dividono un bambino, sopra un bacile, tra le fiamme di un braciere...). Come se ciò che è laido fosse irrimediabilmente legato a ciò che è bello! Come se la follia e la morte appartenessero alla vita—« altrimenti la vita non sarebbe vita » [p. 522]! Ma ormai

tro lo 'sfruttamento criminale' del tempo, questa 'istituzione divina, valida per tutti', appartiene solo a Dio [p. 425]. Cfr. anche la sua apologia del tempo comunista « per il quale nessuno dovrà mai più avere un premio » [p. 430].

52 « In una parola: Hans Castorp aveva coraggio, lassù. Il coraggio davanti agli elementi significa non ottusa tranquillità nei rapporti con essi, ma cosciente dedizione e paura mortale vinta per simpatia » [p. 502] (p. 483).

Hans non sa più che farsene dei suoi precettori. *Sa*. Che cosa sa? « *Per riguardo alla bontà e all'amore, l'uomo non deve concedere alla morte la signoria sui propri pensieri* » [p. 523] (p. 504).

Così, all'eternità sognata della *Walpurgisnacht*, inseparabile dal culto della malattia e della morte, risponde un'altra eternità—« da sempre »—che è ad un tempo la ricompensa e l'origine del coraggio di vivere.

È allora meno importante che Joachim ritorni al Berghof e che il suo ritorno si inscriva in apparenza nella medesima assenza di pesantezza temporale come per l'arrivo di Hans. Le controversie possono creare conflitti tra Settembrini e Naphta sul tema dell'alchimia e della framassoneria: si instaura un nuovo rapporto con il mondo della malattia e della morte, rapporto che annuncia un segreto cambiamento del rapporto con il tempo stesso. Lo sta ad attestare l'episodio della morte di Joachim. È senza ripugnanza e senza attrattiva che Hans assiste il moribondo e chiude gli occhi del morto [53]. Il sentimento perduto della lunghezza del tempo trascorso, la confusione delle stagioni hanno potuto far precipitare questo disinteresse per le misure del tempo—« Poiché si è perduto il tempo e il tempo ci ha perduti » [p. 576]—la vita riprende a poco a poco il suo primato rispetto alla seduzione per la malattia.

È questo nuovo interesse per la vita che è messo alla prova nel corso del capitolo VII, segnato essenzialmente dal ritorno al Berghof di Clawdia Chauchat, inopinatamente accompagnata da Mynheer Peeperkorn. La stravaganza delle collere reali, il delirio bacchico del gigante olandese non ispirano a Hans Castorp tanto la gelosia attesa quanto piuttosto una riverenza carica di timore, progressivamente sostituita da una sorta di affabilità gioiosa. Così, malgrado la rinuncia a Clawdia che questo arrivo insolito impone, il beneficio non è di poco conto: anzitutto i due 'educatori' dell'"eroe insignificante' hanno perduto qualsiasi ascendente su di lui, misurati come sono secondo la grandezza di quel personaggio al quale il narratore conferisce—per poco tempo—una presenza e una potenza fuori dal comune. È soprattutto l'insolito rapporto triangolare che si instaura tra Mynheer, Clawdia e Hans che esige da quest'ulti-

[53] Si noterà l'ironia del titolo di questo episodio: *Als Soldat und brav* [p. 525] (p. 505). Joachim è stato strappato alle armi per morire in un sanatorio; ma la sua sepoltura sarà quella di un soldato: premonizione di tutte le sepolture spalancate dalla Grande Guerra, questa stessa Grande Guerra che, alla fine del capitolo VII, si abbatterà sul Berghof come un colpo di tuono.

mo un controllo delle emozioni dove la malizia si mescola alla sottomissione. Sotto il pungolo dell'Olandese, le decisioni prendono a loro volta un che di delirante e di burlesco. Il confronto con Clawdia è molto più difficile da valutare, tanto l'ironia del narratore fa vacillare il senso apparente; il termine genio viene alla superficie: « Queste regioni geniali », « un sogno geniale », « la morte è il principio geniale », « la strada geniale », ecc. [p. 630]. Il nostro eroe è forse diventato, come gli replica Clawdia, un filosofo distrutto? Sorprendente vittoria sui precettori, se il *Bildungsroman* non produce che un « genio » imbevuto di ermetismo e di occultismo [54]. Ma l'ipotesi meno ragionevole sarebbe quella di attendere dal nostro eroe una crescita rettilinea, così come Settembrini si rappresenta il Progresso dell'Umanità! Il suicidio dell'Olandese, la confusione dei sentimenti che ne deriva gettano Hans in uno stato per il quale il narratore non ha trovato che un nome: *Der grosse Stumpfsinn*—'La grande stoltezza' [p. 661] [55]. La grande stoltezza: « Nome cattivo, apocalittico, adatto in tutto e per tutto ad ispirare paura... Hans Castorp aveva paura. Gli sembrava che 'tutto ciò' non dovesse finire bene, gli sembrava che la fine dovesse essere una catastrofe, una ribellione della natura paziente, una bufera, una raffica che avrebbe spazzato via tutto, che avrebbe rotto l'incanto del mondo, strappato la vita dal 'punto morto' e preparato un tremendo giudizio universale all'epoca stolta » [p. 671] (p. 640). I giochi di carte, sostituiti dal fonografo, non gli fanno fare un passo fuori da questo stato. Anche dietro un'aria di Gounod, e il canto dell'Amore proibito, ciò che vede drizzarsi è la Morte. Il godimento e il marciume non sono stati strappati l'uno dall'altro? Oppure la rinuncia e il controllo di sé assumono a loro volta proprio gli stessi colori di quelle affezioni esangui che credevano d'aver vinto? La seduta spiritica (collocata apposta con il sotto-titolo *Fragwürdigstes*—'Una questione molto problematica') [p. 691], che culmina nell'apparizione fantastica del cugino Joachim, porta la sperimentazione sul tempo alle frontiere indecise dell'equivoco e dell'impostura. 'L'estra-

54 Il bacio sulla bocca, alla russa, che il narratore avvicina al modo « un poco equivoco » [p. 633] con cui il dottor Krokowski parlava dell'amore nelle sue inquietanti conferenze, segna una sconfitta o una vittoria,—o più sottilmente, l'ironico richiamo del senso vacillante del termine amore, che sta tra la pietà e la voluttà?

55 « Egli non vedeva che cose lugubri, inquietanti, e sapeva che cosa vedeva: la vita al di fuori del tempo, la vita indifferente e priva di speranza, la vita, sbandamento di una stagnazione attiva, la vita morta ».

neità inquietante' [p. 738] della scena del duello tra Settembrini e Naphta (Settembrini spara in aria e Naphta si pianta un proiettile nella testa) porta la confusione al colmo. « Erano dei tempi così bizzarri... » [p. 743].

Scoppia il 'colpo di tuono'—*Der Donnerschlag*—che conosciamo tutti, questa esplosione capace di stordire, miscela funesta di stoltezza e di irritazione accumulate—sono i titoli delle due precedenti sezioni—un colpo di tuono storico..., « il colpo di tuono che per noi fa saltare la montagna incantata (chiamata così per la prima volta) e che getta fuori dalla sua porta, senza riguardi, colui che da ormai sette anni vi viveva » [p. 750] (p. 716). Così parla la voce del narratore. D'un sol colpo è annullata la distanza, e la stessa distinzione tra paese di lassù e pianura. Ma è l'irruzione del *tempo storico* che spezza dall'esterno la prigione incantata. Di colpo, ritornano tutti i nostri dubbi sulla realtà dell'addestramento di Hans Castorp: gli era davvero possibile liberarsi dal sortilegio di lassù senza essere strappato al cerchio incantato? L'esperienza dominante, opprimente dell'*Ewigkeitssuppe* è mai stata superata? L'eroe ha potuto far meglio che lasciare che si sovrapponessero le une sulle altre tante esperienze inconciliabili, incapace di poter mettere alla prova dei fatti la sua capacità di integrarle? Oppure, bisogna dire che la situazione nella quale la sua esperienza si è svolta era la più adatta a rivelare l'irriducibile pluralità dei significati del tempo? E che la confusione alla quale lo strappa la grande storia era il prezzo da pagare per mettere a nudo lo stesso paradosso del tempo?

L'epilogo non è fatto per cancellare la perplessità del lettore: in un ultimo scoppio di ironia, il narratore mescola la sagoma di Hans Castorp alle altre ombre del grande massacro: « Così nel tumulto, nella pioggia, nel crepuscolo, egli sparisce dalla nostra vista » [p. 757] (p. 723). Di fatto, il suo destino di combattente dipende da un'altra storia, dalla storia del mondo. Ma il narratore suggerisce che tra la storia raccontata—« essa non fu né breve né lunga, fu una storia ermetica » [p. 757]—e la storia dell'Occidente che si gioca sui campi di battaglia, esiste un legame di analogia che, a sua volta, pone una domanda: « Da questa festa della morte... sorgerà un giorno l'amore? » (*ibid.*). Il libro si chiude su questa domanda. Ma ciò che importa è che la domanda sia preceduta da una affermazione meno ambigua, che riguarda solo la storia raccontata: è il tono certo di questa altra domanda che insinua una nota di speranza nella stessa domanda finale. Il giudizio formulato dal narratore sulla sua storia prende qui la forma retorica di una interpellazione dell'eroe: « Avventure del corpo e dello spirito, avventure che affinarono la tua semplicità (*die deine Einfachleit steigerten*) ti fecero vivere nello spirito ciò che probabilmente non vivrai nella carne ». (*Ibid.*).

L'elevazione (*Steigerung*) qui evocata ha senza dubbio consentito all'eroe di « sopravvivere in spirito » (*im Geist überleben*) e gli ha lasciato solo poche probabilità « di sopravvivere nella carne » (*im Fleische*). Gli è mancata la verifica dell'azione, criterio supremo del *Bildungsroman*. Sta qui l'ironia, forse anche la parodia. Ma lo scacco del *Bildungsroman* è il rovescio della riuscita dello *Zeitroman*. L'addestramento di Hans Castorp si limita alla venuta di alcuni istanti (*Augenblicke*) che, presi insieme, non hanno altra consistenza che quella di un « sogno d'amore ». Quanto meno l'eroe ha 'governato' i sogni dai quali è sorto questo sogno d'amore. Per conseguenza, l'ironia del narratore e la perplessità del lettore non sono forse ad un tempo l'immagine e il modello di quelle dell'eroe, nel momento dell'interruzione brutale della sua avventura spirituale?

Se ci chiediamo ora quali elementi possiamo ricavare da *Der Zauberberg* per il nostro tema della rifigurazione del tempo, risulta assai chiaro che non bisogna attendersi dal romanzo una soluzione speculativa alle aporie del tempo, bensì, in un certo modo, la loro *Steigerung*, la loro *elevazione di un grado*. Il narratore si è liberamente dato una situazione estrema dove la cancellazione del tempo misurabile è già compiuta quando vi fa comparire il suo eroe. L'addestramento al quale questa prova lo condanna costituisce a sua volta una esperienza di pensiero che non si limita a riflettere passivamente questa condizione di assenza del peso della temporalità, bensì esplora i paradossi della situazione limite in tal modo messi a nudo. La congiunzione, mediante la tecnica narrativa, tra il romanzo del tempo, il romanzo della malattia e il romanzo della cultura, è il *medium* che l'immaginazione del poeta produce per portare agli estremi la lucidità che una tale esplorazione esige.

Andiamo più avanti: l'opposizione netta tra il tempo normale di coloro che stanno in basso e la perdita di interesse per le misure del tempo da parte di coloro che stanno in alto non rappresenta altro che il grado zero dell'esperienza di pensiero condotta da Hans Castorp. Il conflitto tra la durata interiore e l'irrevocabile esteriorità del tempo degli orologi non può quindi esserne la posta in gioco ultima, come è invece possibile dire ancora nel caso di *Mrs. Dalloway*. Nella misura in cui si arrangiano i rapporti tra coloro che sono in basso e coloro che sono in alto, un nuovo spazio di esplorazione si dispiega, nel quale i paradossi che vengono alla luce sono precisamente quelli che affliggono l'esperienza interna del tempo, quando quest'ultima è sganciata dal suo rapporto con il tempo cronologico.

Le esplorazioni più fruttuose, a questo proposito, riguardano il rapporto tra tempo ed eternità. E qui le relazioni suggerite dal romanzo sono straordinariamente varie: tra la 'zuppa dell'eternità' della metà del primo tomo, poi « il sogno ben noto sognato da sempre, lungo, eterno » della 'Notte di Walpurgis', sul quale si chiude il primo tomo, infine l'esperienza estatica nella quale culmina l'episodio della 'Neve' nel tomo secondo, le differenze sono notevoli. L'eternità stessa dispiega qui i suoi paradossi, che la situazione insolita del Berghof rende ancora più insoliti. Il fascino per la malattia e la corruzione rivela una eternità di morte, la cui impronta nel tempo è la sempiterna ripetizione del Medesimo. Da parte sua, la contemplazione del cielo stellato diffonde una benedizione di pace su una esperienza in cui l'eternità è a sua volta corrotta dal 'cattivo infinito' del movimento senza fine. Il versante cosmico dell'eternità, che sarebbe meglio chiamare perpetuità, è difficilmente conciliabile con il versante onirico delle due principali esperienze della 'Notte di Walpurgis' e dell'episodio della 'Neve', in cui l'eternità inclina dalla morte verso la vita, ma senza mai arrivare ad unire eternità, amore e vita, al modo di Agostino. Per contro, il distacco ironico, che è forse lo stato più 'elevato' al quale accede l'eroe, ottiene sull'eternità di morte una precaria vittoria che è vicina all'atarassia stoica. Ma la situazione insuperabile di fascinazione alla quale risponde questa distanza ironica non permette di mettere quest'ultima alla verifica dell'azione. Solo l'irruzione della grande Storia—*Der Donnerschlag*—ha potuto spezzarne il fascino.

Quanto meno il distacco ironico, grazie al quale Hans Castorp raggiunge il suo narratore, avrà permesso all'eroe di dispiegare un ventaglio di possibilità esistenziali, anche se non è riuscito a farne la sintesi. In tal senso, la discordanza prevale, alfine, sulla concordanza. Ma la coscienza della discordanza è stata 'elevata' di un grado.

III. ALLA RICERCA DEL TEMPO PERDUTO: IL TEMPO RITROVATO

È leggittimo cercare in *Alla ricerca del tempo perduto*[56] una *favola sul tempo*?

È stato possibile, paradossalmente, contestarlo in modi diversi. Non mi attarderò sulla confusione, ormai dissipata dalla critica contemporanea, tra ciò che sarebbe una autobiografia mascherata di Marcel Proust, autore, e l'autobiografia in forma di finzione del personaggio che dice io. Noi sappiamo ora che, se l'esperienza del tempo può essere la posta in gioco del romanzo, ciò non è in ragione dei prestiti che il romanzo opera nei confronti dell'esperienza del suo autore *reale*, quanto piuttosto grazie al potere proprio della finzione letteraria di creare un eroe-narratore che svolge una certa ricerca di se stesso, ricerca che ha come posta in gioco proprio la dimensione del tempo. Resta da determinare in che modo. Prescindiamo dalla parziale omonimia tra 'Marcello', l'eroe-narratore di *Alla ricerca*, e Marcel Proust, l'autore del romanzo, non è agli avvenimenti della vita di Proust, eventualmente trasposti nel romanzo, e di cui il romanzo porta la cicatrice, che il racconto deve il proprio statuto di *finzione*, bensì alla sola *composizione narrativa*, la quale proietta un mondo nel quale l'eroe-narratore tenta di ritrovare il senso di una vita anteriore, anch'essa a sua volta interamente di finzione. Tempo perduto e tempo ritrovato devono essere entrambi intesi come le caratteristiche di una esperienza di finzione dispiegata all'interno di un mondo di finzione.

La nostra prima ipotesi di lettura sarà quindi quella di considerare, senza compromessi, l'eroe-narratore come l'entità di finzione che sorregge la favola sul tempo che costituisce *Alla ricerca.*

Un modo più forte di contestare il valore esemplare di *Alla ricerca* in quanto favola sul tempo, è quello di dire, con Gilles Deleuze, in *Proust et les signes*[57], che la principale posta in gioco di *Alla ricerca* non è il tempo, bensì la verità. Tale contestazione si fonda sull'argomentazione, assai solida, secondo la quale « l'opera di Proust è fondata non sulla esposizione della memoria bensì sull'apprendimento dei segni »

[56] Marcel Proust, *A la recherche du temps perdu*, testo critico a cura di P. Clarac e André Ferré, Gallimard, coll. 'La Pléiade' 3 voll., Paris 1954. In parentesi tonde i rimandi alla tr. it. Einaudi, Torino 1978.

[57] Gilles Deleuze, *Proust et les signes*, PUF, Paris 1983[6].

(p. 11): segni della mondanità, segni dell'amore, segni sensibili, segni dell'arte; se, comunque, « essa è ricerca del tempo perduto, è nella misura in cui la verità ha un rapporto essenziale con il tempo » (p. 23). A questa argomentazione risponderei che questa mediazione attraverso l'apprendimento dei segni e la ricerca della verità non compromette in alcun modo la qualificazione di *Alla ricerca* come favola sul tempo. L'argomentazione di Deleuze distrugge solo quelle interpretazioni che hanno confuso *il Tempo ritrovato* con le esperienze di memoria involontaria e che, per questo, hanno trascurato il lungo addestramento della disillusione che conferisce a *Alla ricerca* quell'ampiezza che manca invece alle esperienze brevi e fortuite di memoria involontaria. Infatti, se l'apprendimento dei segni esige la via lunga che *Alla ricerca* sostituisce alla via breve della memoria involontaria, esso non esaurisce affatto il senso di *Alla ricerca*: la scoperta della dimensione extra-temporale dell'opera d'arte costituisce una esperienza eccentrica in rapporto a qualsiasi apprendimento dei segni; ne consegue che se *Alla ricerca* è una favola sul tempo, è nella misura in cui essa non si identifica né con la memoria involontaria né con l'apprendimento dei segni—che, in effetti, esige del tempo—ma pone il problema del *rapporto* tra questi due livelli d'esperienza e l'esperienza che non ha eguali di cui il narratore ritarda lo svelamento per circa tremila pagine.

Ciò che costituisce la singolarità di *Alla ricerca*, è che l'apprendimento dei segni, così come l'irruzione dei ricordi involontari, offre il profilo di un interminabile errare, interrotto più che coronato dall'improvvisa illuminazione che trasforma retrospettivamente tutto il racconto nella storia invisibile di una vocazione. Il tempo ritorna ad essere una posta in gioco, dal momento che si tratta di accordare la lunghezza smisurata dell'apprendimento dei segni con l'immediatezza di una visitazione tardivamente raccontata, che qualifica, retrospettivamente l'intera ricerca come tempo perduto [58].

Di qui la nostra seconda ipotesi di lettura: al fine di non conferire alcun privilegio esclusivo né all'apprendimento dei segni, che privereb-

[58] La tavola quasi sincronica dei segni, nell'opera di Deleuze, e la gerarchia delle configurazioni temporali che corrisponde a questo grande paradigma dei segni, non devono fare dimenticare né la storicità della formazione, né soprattutto la storicità singolare che segna lo stesso avvenimento della visitazione, la quale modifica a posteriori il senso della formazione precedente, in primo luogo il suo significato temporale. È il carattere *eccentrico* dei segni dell'arte in rapporto a tutti gli altri che produce questa singolare storicità.

be la rivelazione finale del suo ruolo di chiave ermeneutica per l'intera opera, né alla rivelazione finale, che spoglierebbe d'ogni significato le migliaia di pagine che la precedono, e sopprimerebbe il problema stesso del rapporto tra la ricerca e il ritrovamento, occorre rappresentarsi il ciclo di *Alla ricerca* secondo la figura dell'ellisse della quale un fuoco è la la ricerca e l'altro la visitazione. *La favola sul tempo è allora quella che crea il rapporto tra i due fuochi* della *Ricerca.* La sua originalità è quella di aver nascosto il problema e la sua soluzione fino alla fine del percorso dell'eroe, riservando così ad una seconda lettura l'intelligenza dell'intera opera.

Un terzo modo, ancora più forte, per demolire i titoli di *Alla ricerca* per esser considerata una favola circa il tempo, è quello di fare riferimento con Anne Henry in *Proust romancier, le tombeau égyptien*[59], al primato narrativo stesso di *Alla ricerca* e vedere nella forma romanzesca la proiezione, sul piano dell'aneddoto, di un sapere filosofico costituito altrove e quindi esterno al racconto. Secondo l'autore di questo brillante studio, il « corpus dogmatico che doveva sostenere l'aneddoto in ognuno dei suoi punti » (p. 6) deve essere cercato nel romanticismo tedesco, in particolare nella filosofia dell'arte, anzitutto proposta da Schelling nel *Sistema dell'idealismo trascendentale*[60], ripresa da quella di Schopenhauer in *Il mondo come volontà e rappresentazione*, per essere infine psicologizzata, anche in Francia, dai maestri di filosofia di Proust, Séailles, Darlu e soprattutto Tarde. L'opera, presa al suo livello narrativo, si basa quindi su un « supporto teorico e culturale » (p. 19) che la precede. Ora, ciò che qui ci importa è che la posta in gioco di questa filosofia che regge dall'esterno il processo narrativo non è il tempo, ma ciò che Schelling chiamava l'*Identità*, cioè la soppressione della divisione tra lo spirito e il mondo materiale, la loro riconciliazione nell'arte e la necessità di fissare l'evidenza metafisica, per darle forma duratura e concreta, nell'opera d'arte. *Alla ricerca*, per conseguenza, non è soltanto una autobiografia in termini di finzione—oggi tutti sono in questo d'accordo— ma un romanzo d'invenzione, il 'romanzo del *Genio*' (pp. 23 ss.). E non è tutto. Fa parte ancora delle prescrizioni teoriche che reggono l'opera, la trasposizione psicologica che la dialettica ha dovuto subire per diventare romanzo—trasposizione che, a sua volta, appartie-

59 Anne Henry, *Proust romancier, le tombeau égyptien*, Flammarion, Paris 1983.
60 Anne Henry riporta due estratti significativi della VI parte del *Sistema dell'idealismo trascendentale* (*op. cit.*, pp. 33 e 40).

ne al terreno epistemologico antecedente la costruzione del romanzo. Ora, agli occhi di Anne Henry, il transfert della dialettica sulla psicologia rappresenta non tanto una conquista quanto il deteriorarsi dell'eredità romantica. Se quindi il passaggio da Schelling a Tarde attraverso Schopenhauer spiega come l'unità perduta, secondo il romanticismo, sia potuta diventare tempo perduto, e che la duplice redenzione del mondo e del soggetto si sia potuta trasformare in riabilitazione di un passato individuale, in una parola, se in modo globale la memoria sia potuta diventare il mediatore privilegiato della nascita del genio, non bisogna nascondersi che questo trasferimento dello scontro all'interno di una coscienza esprime e lo smarrimento e la continuazione della grande filosofia dell'arte ricevuta dal romanticismo tedesco.

Il nostro ricorso a Proust per illustrare la nozione di esperienza immaginaria del tempo è così doppiamente contestato: non soltanto il nocciolo teorico di cui il romanzo sarebbe la dimostrazione subordina il problema del tempo ad una questione più elevata, quella dell'identità perduta e ritrovata, ma il passaggio dall'identità perduta al tempo perduto presenta le stigmate di una credenza che è venuta meno. Legando la promozione dell'aspetto psicologico, dell'io, della memoria, al deteriorarsi di una grande metafisica, Anne Henry tende a svalutare tutto ciò che dipende dal romanzesco in quanto tale: che l'eroe della ricerca sia un pigro borghese, che trascina la sua noia da un amore deluso ad un altro, e da un salotto fatuo ad un altro, esprime un impoverimento adeguato al « trasferimento dello scontro all'interno di una coscienza » (p. 46): « Una vita piatta, borghese, mai devastata da cataclismi..., fornisce la mediocrità ideale per un racconto di tipo sperimentale »[61] (p. 56). Una lettura notevolmente corroborante di *Alla ricerca* deriva da questo sospetto, che mina alle radici il prestigio del genere narrativo in quanto tale. Dal momento in cui la principale posta in gioco è stata portata dall'unità perduta al tempo perduto, tutti i titoli di prestigio del romanzo del genio perdono il loro splendore.

Ammettiamo per ipotesi questa tesi secondo la quale *Alla ricerca* sarebbe nato da una « trasposizione del sistema in forma di romanzo ».

[61] « L'effettuazione dell'Identità prevedeva infatti come luogo di compimento la coscienza dell'artista, ma era una essenza metafisica, non un soggetto psicologico—aspetto che il romanzo fatalmente finirà per fissare » (p. 44). E più avanti: « Proust ha pensato solo a fissarsi in questa zona intermedia tra il sistema e il concreto che permette il genere romanzo » (p. 55).

Il problema della *creazione* narrativa diventa per questo, a mio avviso, solo più enigmatico e la sua soluzione più difficile. Paradossalmente, si ritorna alla spiegazione mediante le fonti: è certo oramai abbandonata la teoria ingenua dei prestiti nei confronti della vita di Proust, ma per finire ad una teoria raffinata dei prestiti al pensiero di Proust. Ora la nascita di *Alla ricerca* come romanzo esige piuttosto che si cerchi entro la composizione narrativa il principio della assunzione da parte del racconto di « speculazioni nate altrove », quelle di Séailles e di Tarde, così come quelle di Schelling e di Schopenhauer. Il problema non è più quello di sapere come la filosofia dell'unità perduta abbia potuto degenerare in ricerca del tempo perduto, ma come la ricerca del tempo perduto, che è considerata la matrice originaria dell'opera, operi, con mezzi strettamente narrativi, la ripresa della problematica romantica dell'unità perduta [62].

Quali sono questi mezzi? Il solo modo per reintegrare le « speculazioni allogene » dell'autore entro l'opera narrativa è quello di attribuire al narratore-eroe, non soltanto una esperienza di finzione, ma dei « pensieri » che ne sono il momento riflessivo più acuto [63]. Non sappiamo for-

62 Anne Henry non ha ignorato il problema: « Non si è ancora fatto nulla fino a quando non è stata chiarita questa presentazione così particolare che Proust dà dell'Identità, il suo compimento nel vivo di una reminiscenza » (p. 43). Ma la risposta che la Henry dà lascia intatta la difficoltà, dal momento che si cerca ancora fuori dal romanzo, in una mutazione della cultura intellettuale alla fine del XIX secolo, la chiave del processo di psicologizzazione subìto dall'estetica del genio. Questa inversione del rapporto tra fondazione teorica e processo narrativo invita a chiedersi quale rivoluzione venga operata da *la Recherche* nella tradizione del *Bildungsroman*, che *Zauberberg* di Thomas Mann ha piegato nel senso che abbiamo cercato di dire. Il decentramento operato da *la Recherche* dell'avvenimento redentore rispetto al lungo apprendimento dei segni lascia piuttosto pensare che inscrivendo la sua opera nella tradizione del *Bildungsroman* Marcel Proust sovverte in modo diverso rispetto a Thomas Mann la legge del romanzo di formazione; rompe con la visione ottimista di uno sviluppo continuo e ascendente dell'eroe alla ricerca di se stesso. Così messa a confronto con la tradizione del *Bildungsroman*, la creazione romanzesca di Proust sta nell'invenzione di un intrigo che congiunge mediante mezzi rigorosamente narrativi l'apprendimento dei segni e l'avvento della vocazione. Anne Henry evoca anche questa parentela con il *Bildungsroman*; ma, a suo giudizio, la scelta di questa formula romanzesca partecipa della degradazione globale che segna la filosofia dell'identità perduta diventando psicologia del tempo perduto.

63 Il problema posto non è senza analogia con quello che ci poneva l'analisi strutturale di Genette. Anche Genette vedeva ne 'l'Arte poetica', inserita nella meditazione dell'eroe sull'eternità dell'opera d'arte, una intrusione dell'autore nell'opera. La nostra replica era stata quella di introdurre la nozione di mondo dell'opera e di una esperienza fatta dall'eroe sotto l'orizzonte di questo mondo. Voleva dire accor-

se, da Aristotele, che nella *Poetica* la *dianoia* è una componente principale del *muthos* poetico? Ora, la teoria narrativa ci offre qui un aiuto insostituibile, che diventerà la nostra terza ipotesi di lettura, e cioè la possibilità di distinguere, in un romanzo scritto alla prima persona, molteplici *voci narrative*.

Alla ricerca lascia intendere almeno due voci narrative, quella dell'eroe e quella del narratore.

L'eroe racconta le sue avventure mondane, amorose, sensoriali, estetiche nella misura in cui accadono; qui l'enunciazione adotta la forma di una avanzata orientata verso il futuro, proprio quando l'eroe si ricorda; di qui la formula del « futuro nel passato » che proietta *Alla ricerca* verso il suo dispiegamento; è ancora l'eroe che riceve la rivelazione del senso della sua vita anteriore come storia invisibile di una vocazione; a questo proposito è della massima importanza distinguere la voce dell'eroe da quella del narratore, non soltanto per collocare le sue reminiscenze nella corrente di una ricerca che avanza, ma per preservare il carattere di avvenimento che è proprio della visitazione.

Ma bisogna ascoltare anche la voce del *narratore*: questi è in anticipo rispetto alla progressione dell'eroe poiché la sorvola; è lui che, più di cento volte nell'opera, dice: « come si vedrà più avanti ». Ma, soprattutto, è lui che depone, sull'esperienza raccontata dall'eroe, il significato: tempo ritrovato, tempo perduto. Al di qua della rivelazione finale la sua voce è così bassa che è a malapena distinguibile dalla voce dell'eroe (e questo autorizza a parlare di narratore-eroe)[64]. Non è più così nel corso

dare all'opera la capacità di proiettarsi a sua volta in una trascendenza immaginaria. Analoga risposta vale per la spiegazione di Anne Henry: è nella misura in cui l'opera progetta un narratore-eroe che *pensa* la sua esperienza, che essa può raccogliere, nella sua immanenza trascendente, i resti di una speculazione filosofica.

64 Eppure è facile riconoscerla negli aforismi e nelle massime che lasciano intendere il carattere esemplare dell'esperienza raccontata; ancora è facilmente riconoscibile nell'*ironia* latente che prevale attraverso il racconto delle scoperte dell'eroe nell'universo mondano; Norpois, Brichot, Mme Verdurin e, sempre più, borghesi e aristocratici cadono vittime della crudeltà del tratto, percepibile appena per un orecchio mediamente esercitato; per contro è solo alla seconda lettura che il lettore che conosce lo svolgimento dell'opera percepisce ciò che sarà nella decifrazione dei segni dell'amore l'equivalente dell'ironia nella decifrazione dei segni mondani: un tono fuori luogo, che forza il tratto della delusione e così assegna, senza dirlo espressamente, il significato 'tempo perduto' ad ogni esperienza amorosa; come dire, è la voce narrativa che è responsabile del tono globalmente peggiorativo che prevale nella decifrazione dei segni dell'amore; più tenue si fa la voce narrativa nella deci-

e a partire dal racconto della grande visitazione: la voce del narratore tende talmente a prevalere che finisce per coprire quella dell'eroe; è allora che l'omonimia tra l'autore e il narratore gioca al massimo, con il rischio di fare del narratore il porta-parola dell'autore, nella sua grande dissertazione sull'arte. Ma, anche allora, è la ripresa da parte del narratore delle concezioni dell'autore che fa fede per la lettura. Le sue concezioni sono allora incorporate ai pensieri del narratore. A loro volta, questi pensieri del narratore accompagnano l'esperienza viva dell'eroe che illuminano. Così facendo, essi partecipano del carattere di avvenimento che riveste, per l'eroe, la nascita di una vocazione di scrittore.

Per sottoporre a verifica le nostre ipotesi di lettura, proponiamo successivamente tre questioni: 1. Quali sarebbero i segni del ritrovamento del tempo per chi ignorasse la conclusione di *Alla ricerca*, nel *Tempo ritrovato* (noi sappiamo che fu scritta nello stesso periodo di *Dalla parte di Swann*)? 2. Grazie a quali mezzi narrativi precisi la speculazione sull'arte è incorporata nel *Tempo ritrovato* alla storia invisibile di una vocazione? 3. Quale rapporto il progetto dell'opera d'arte, frutto della scoperta della vocazione di scrittore, instaura tra il tempo ritrovato e il tempo perduto?

Le due prime questioni ci collocano volta a volta nei due fuochi dell'ellisse di *Alla ricerca*, la terza ci fa superare lo scarto che li separa. È su quest'ultima questione che si decide l'interpretazione che a nostra volta proporremo di *Alla ricerca del tempo perduto*.

1. *Il tempo perduto*

Il lettore di *Dalla parte di Swann*, privato dell'interpretazione retrospettiva che la conclusione del romanzo proietta sul suo inizio, non ha ancora alcun mezzo per mettere in parallelo la camera di Combray, nella quale una coscienza avverte, nel dormiveglia, la perdita della sua identità, del suo momento e del suo luogo, con la biblioteca dell'hôtel Guermantes, dove una coscienza vigile fino all'eccesso riceve una illuminazione decisiva. In compenso, questo lettore non mancherà di notare taluni tratti singolari di tale avvio. Fin dalla prima frase, la voce del narratore, parlando da nessun luogo, evoca un altro tempo che non è

frazione dei segni sensibili; eppure è lei che insinua una domanda, una richiesta di senso, nel vivo delle impressioni, al punto da romperne il fascino e dissiparne gli incantesimi. Il narratore fa così costantemente dell'eroe una coscienza disincantata.

né datato né situato, sprovvisto di qualsiasi indicazione di distanza in rapporto al presente dell'enunciazione, un altro tempo a sua volta moltiplicato senza fine (è stata sovente commentata la congiunzione del passato composto con l'avverbio Per molto tempo: « Per molto tempo mi sono coricato presto la sera. A volte... ») [I, p. 3] (p. 5). Così, il principio per il narratore rinvia ad un antecedente senza frontiere (dal momento che l'unico inizio cronologico concepibile, la nascita dell'eroe, non potrebbe apparire in questo duo di voci). È in questo 'altre volte' dei dormiveglia che sono classificati i ricordi d'infanzia, che il racconto distanzia di due gradi dal presente assoluto del narratore [65].

Questi stessi ricordi si organizzano attorno ad un episodio singolare, l'esperienza della *madeleine*; anche questo episodio ha il suo al di qua e il suo al di là. Al di qua, sono nient'altro che arcipelaghi di ricordi senza alcun legame; solo emerge il ricordo di un certo bacio della sera, collocato a sua volta sullo sfondo di un rituale consueto [66]: bacio materno rifiutato, all'arrivo di M. Swann; bacio atteso nell'angoscia: bacio ancora mendicato, una volta finita la serata; bacio finalmente ottenuto, ma subito spogliato della qualità della felicità attesa [67]. Per la prima volta, la voce del narratore si fa distinta; evocando il ricordo di suo padre, il narratore osserva: « Tanti anni sono passati da allora. Il muro delle scale su cui vidi salire il riflesso della sua candela non esiste più da un pezzo... Da molto tempo anche mio padre ha cessato di poter dire alla mamma: 'Va' col bambino'. La possibilità di ore simili non rinascerà mai per me » [I, p. 37] (p. 41). Il narratore dice così il tempo perdu-

65 I momenti del dormiveglia servono come da prima condizione per questo inserimento: « La mia memoria era scossa » [I, p. 8] (p. 11). Una seconda condizione è data dall'associazione di una camera all'altra: Combray, Balbec, Paris, Doncières, Venezia, ecc. [I, p. 9] (p. 11). Il narratore non manca di ricordare, al momento opportuno, questa struttura di inserimento: « Così, per molto tempo, quando, stando sveglio di notte, ripensavo a Combray, non ne rividi mai se non quella specie di lembo luminoso, che si stagliava in mezzo a tenebre indistinte, ecc. » [I, p. 43] (p. 48). Sarà così fino alla chiusura di questa sorta di 'preludio' (come lo chiama H.R. Jauss, *Zeit und Erinnerung in Marcel Proust « A la recherche du temps perdu »*, Carl Winter, Heidelberg 1955) nel quale tutti i racconti d'infanzia e la storia stessa dell'amore di Swann, sono inclusi.

66 Questo rituale è riferito, come è giusto, all'imperfetto: « quel bacio prezioso e fragile che la mamma mi confidava di consueto quand'ero nel mio letto, nel momento di addormentarmi, dovevo trasportarlo dalla sala da pranzo alla mia camera e custodirlo per tutto il tempo che mi spogliavo... » [I, p. 23] (p. 26).

67 « Sarei dovuto essere felice: non ero tale » [I, p. 38] (p. 42).

to, nel senso di tempo abolito. Ma egli dice anche il tempo ritrovato: « Ma, da qualche tempo, ricomincio a percepire assai bene, se tendo l'orecchio, i singhiozzi ch'ebbi la forza di trattenere davanti a mio padre, e che non scoppiarono se non quando mi ritrovai solo con la mamma. In realtà non sono mai cessati; e solo perché la vita ora tace più spesso intorno a me, io li sento di nuovo, come quelle campane di conventi che i frastuoni della città coprono così bene durante il giorno che si crederebbero ferme, ma riprendono a suonare nel silenzio della sera » [*ibid.*] (*ibid.*). Senza la ripresa dei medesimi pensieri alla fine de *Il Tempo ritrovato*, riconosceremmo la dialettica del tempo perduto e del tempo ritrovato nella voce bassa del narratore?

Viene l'episodio cardine di questo esordio, raccontato al passato remoto: l'esperienza di quel biscotto detto *madeleine* [I, p. 44] (p. 49). La transizione con il suo al di qua è ottenuta mediante una osservazione del narratore che dichiara l'infermità della *memoria volontaria* e che rimette alla *casualità* il compito di riscoprire l'oggetto perduto. Per chi ignora la scena finale nella biblioteca dell'hôtel Guermantes, che lega espressamente la restituzione del tempo perduto alla creazione di una opera d'arte, l'esperienza della *madeleine* può portare su una falsa pista un lettore che non metta in riserva, nel cuore delle sue attese, tutte le reticenze che accompagnano l'evocazione di questo momento felice: « Un piacere delizioso mi aveva invaso, isolato, *senza nozione della sua causa* » [I, p. 45] (p. 49). Di qui la domanda: « Donde m'era potuta venire quella gioia violenta? Sentivo che era legata al sapore del tè e del biscotto, ma lo sorpassava incommensurabilmente, non doveva essere della stessa natura. Donde veniva? Che significava? Dove afferrarla? » [*ibid.*] (p. 50). Ora, la domanda posta così nasconde l'inganno di una risposta troppo corta, che sarebbe semplicemente quella della memoria involontaria [68]. Se la risposta data da « questo stato sconosciuto » era saturata dal ritorno improvviso del ricordo della prima piccola *madeleine* offerta dalla zia Léonie, *La Ricerca* avrebbe, appena iniziata, raggiunto il suo scopo: essa si limiterebbe alla ricerca di simili reviviscenze, per le quali il men che si possa dire è che non richiedono certo la fatica di un'arte. Che non sia così, un solo indizio lo lascia intendere al lettore

68 L'inganno è nella domanda: « Toccherà mai la superficie della mia piena coscienza, quel ricordo, l'attimo antico che l'attrazione di un attimo identico è venuta così di lontano a richiamare, a commuovere, a sollevare nel più profondo di me stesso? Non so » [I, p. 46] (p. 51).

dotato di fine udito; è una parentesi, e dice così: « (pur ignorando sempre e dovendo rimandare a molto più tardi la scoperta della ragione per cui questo ricordo mi rendesse così felice) » [I, p. 47] (p. 52). Solo ad una seconda lettura, istruiti da *Il tempo ritrovato*, queste notazioni messe come in riserva dal narratore prenderanno senso e forza[69]. Pure, esse sono già percepibili ad una prima lettura, anche se fanno una modesta resistenza all'interpretazione affrettata secondo la quale l'esperienza immaginaria del tempo in Proust consisterebbe nell'equazione tra tempo e memoria involontaria, la quale farebbe spontaneamente coincidere due impressioni distinte ma simili, e questo in forza del puro caso[70].

Se l'estasi della *madeleine* non è niente più che un segno premonitore della rivelazione finale, essa ne ha già quanto meno la forza, quella di aprire la porta del ricordo e di permettere il primo abbozzo del *Tempo ritrovato*: i racconti di Combray [I, pp. 48-187] (pp. 53-198). Per una lettura superficiale del *Tempo ritrovato*, la transizione al racconto di Combray sembra derivare dalla più ingenua convenzione narrativa, anche se essa non sembra artificiale e retorica. Per una seconda lettura più avvertita, l'estasi della *madeleine* apre il tempo ritrovato dell'infanzia, *come* la meditazione nella biblioteca aprirà quello del tempo di verifica della vocazione finalmente riconosciuta. La simmetria tra il principio e la fine si rivela così essere il principio che dirige la composizione: se Combray è sorto dalla mia tazza di tè [I, p. 48] (p. 52) come il racconto della *madeleine* esce dai dormiveglia di una camera da letto, è nel

69 È l'intero *Temps retrouvé* che si annuncia in questa notazione del narratore, che riflette sul tentativo dell'eroe per fare ritornare l'estasi: « Poi una seconda volta, gli faccio intorno il vuoto, di nuovo gli metto di fronte il sapore ancora recente di quel primo sorso e sento in me trasalire qualcosa che si fosse come disancorato a una grande profondità, non so che sia, ma sale adagio, adagio; sento la resistenza e odo il rumore delle distanze traversate » [I, p. 46] (p. 51). Questa espressione: 'distanze traversate' sarà, come vedremo, la nostra ultima parola.

70 H.R. Jauss interpreta l'esperienza della *madeleine* come la prima coincidenza tra l'io che racconta e l'io raccontato; inoltre vive il *nunc* iniziale, sempre già preceduto da un prima abissale, ma capace di aprire la porta al cammino in avanti dell'eroe. Duplice paradosso, quindi: fin dall'inizio del racconto, l'io che racconta è un io che si ricorda di ciò che l'ha preceduto; ma raccontando a ritroso, egli offre all'eroe la possibilità di cominciare il suo viaggio in avanti: in tal modo viene preservato, fino alla fine del romanzo, lo stile del 'futuro nel passato'. Il problema dei rapporti tra orientamento verso il futuro e desiderio nostalgico del passato è al centro dei capitoli consacrati a Proust in *Etudes sur le temps humain* di Georges Poulet, Plon et Ed. du Rocher, Paris 1952-1968, t. I, pp. 400-438; t. IV, pp. 299-335.

modo in cui la meditazione nella biblioteca determinerà la serie delle verifiche ulteriori. Tale organizzazione che regola la composizione narrativa non impedisce affatto alla coscienza d'avanzare: alla coscienza confusa delle prime pagine (« Ero più spoglio dell'uomo delle caverne ») [I, p. 5] (p. 7) risponde lo stato di una coscienza che veglia, mentre il giorno s'annuncia [I, p. 187] (p. 198).

Non vorrei lasciare la sezione 'Combray', senza aver cercato di dire ciò che, nei ricordi d'infanzia, allontana dalla speculazione sulla memoria involontaria e orienta già l'interpretazione nel senso di un apprendimento dei segni, senza peraltro che questo apprendimento in ordine disperso si lasci ancora facilmente reinscrivere nella storia di una vocazione.

Combray è anzitutto la sua chiesa, « che riassumeva tutta la città » [I, p. 48] (p. 53). Da un lato essa impone a tutto ciò che la circonda, grazie alla sua duratura stabilità [71], la dimensione di un tempo non svanito ma attraversato; dall'altro, mediante i suoi personaggi da vetrata e da tappezzeria e grazie alle sue pietre tombali, essa imprime un carattere generale di insieme di immagini da decifrare su tutti gli esseri viventi che l'eroe accosta. Parallelamente, l'assidua frequentazione dei libri da parte del giovane eroe tende a fare dell'immagine l'accesso privilegiato al reale [I, p. 85] (p. 94).

Combray è ancora l'incontro dello scrittore Bergotte (il primo dei tre artisti del racconto ad essere introdotto, secondo una gradazione sapientemente controllata, ben prima della pittrice Elstir e del musicista Vinteuil). Questo incontro contribuisce a trasformare in esseri di lettura gli oggetti circostanti.

Ma soprattutto il tempo dell'infanzia resta fatto di isolotti disparati tanto incomunicabili che, nello spazio, i 'due lati', il lato di Méséglise, che si rivela essere quello di Swann e di Gilberte, e il lato di Guermantes, quello dei *nomi* favolosi di una aristocrazia irraggiungibile, quello soprattutto di Mme de Guermantes, il primo oggetto di un amore inac-

71 « Un edificio che occupava, se così si può dire, uno spazio di quattro dimensioni—la quarta era quella del Tempo—, che spiegava attraverso i secoli la sua nave, che, di galleria in galleria, di cappella in cappella, pareva oltrepassare e superare non pochi metri soltanto, ma epoche successive donde usciva vittoriosa » [I, p. 61] (p. 67). Non è un caso se, concludendo il percorso, *Le Temps retrouvé* si chiuderà su un'ultima evocazione della chiesa di Combray: il campanile di Sant'Ilario è fin da ora uno degli emblemi del tempo, secondo l'espressione di Jauss, uno dei suoi *figurativi* simbolici.

cessibile. George Poulet [72] ha ragione di mettere a questo proposito in stretto parallelismo l'incomunicabilità delle isole di temporalità e quella dei luoghi, degli spazi, degli esseri. Distanze non misurabili separano gli istanti evocati così come i luoghi traversati.

Combray è ancora [73], a differenza dei momenti felici, il richiamo di taluni avvenimenti annunciatori di disillusioni, il cui senso è a sua volta rinviato ad una ricerca ulteriore: così la scena di Montjouvain, tra Mlle de Vinteuil e la sua amica, dove l'eroe, che si rivela per un voyeur, è introdotto per la prima volta nel mondo di Gomorrhe. Non è senza importanza, per la comprensione ulteriore della nozione di tempo perduto, che questa scena venga presentata con dei tratti abominevoli: Mlle de Vinteuil che sputa sul ritratto di suo padre, collocato su una piccola tavola, di fronte al canapé. Tra questa profanazione e il tempo perduto, viene stabilito un legame segreto, ma è troppo dissimulato perché possa essere percepito. L'attenzione del lettore viene piuttosto orientata verso la lettura dei segni da parte del voyeur, e l'interpretazione da parte sua delle insinuazioni del desiderio. Più precisamente è verso quello che Deleuze chiama il secondo cerchio dei segni, quello dell'amore, che viene orientata l'arte di decifrare grazie a questo episodio insolito [74]. L'evocazione del 'lato di Guermantes' non è meno stimolante nei confronti della riflessione sui segni e la loro interpretazione. Guermantes, indicano anzitutto nomi favolosi collocati su personaggi di tappezzeria e figure di vetrate. È a questo onirismo dei nomi che il narratore riconduce, mediante un nuovo tocco quasi impercettibile, i prodromi della vocazione che dovrebbe essere oggetto della narrazione della *Ricerca.* Ma questi pensieri di sogno creano, come la lettura di Bergotte, una sorta di sbar-

72 Georges Poulet, *L'Espace proustien*, Gallimard, Paris 1963, pp. 52-74.

73 Le differenze d'epoca non sono mai datate: « Quell'anno... » [I, p. 144] (p. 154), « quell'autunno... » [pp. 154-155] (p. 164), « e sempre in quel momento ancora... » [I, p. 155 ecc.] (p. 166).

74 « Forse da una impressione provata egualmente nei pressi di Montjouvain, qualche anno dopo, impressione rimasta allora oscura, nacque, molto più tardi, l'idea che mi son fatta del sadismo. Si vedrà più tardi come, per tutt'altre ragioni, il ricordo di quell'impressione dovesse avere una parte importante nella mia vita » [I, p. 159] (p. 169).

Questo « vedremo più avanti », seguito da un « doveva », contribuisce a raddrizzare in un senso prospettico la direzione globalmente retrospettiva. La scena è ad un tempo rammemorata, proiettata verso il suo futuro e così rimessa a distanza. Sul rapporto tra temporalità e desiderio in Proust, cfr. Ghislaine Florival, *Le Desir chez Proust*, Nauwelaerts, Louvain-Paris 1971, pp. 107-173.

ramento, come se le creazioni artificiali del sogno rivelassero il vuoto del proprio genio [75].

Quanto alle impressioni, raccolte nel corso delle passeggiate, se esse fanno ostacolo alla vocazione d'artista, è nella misura in cui l'esteriorità materiale sembra governarle, coltivando « l'illusione come di una fecondità » [I, p. 179] (p. 190) che dispensa dalla fatica di cercare ciò che « si nascondeva dietro di esse » (*ibid.*). L'episodio dei campanili di Martinville, che replica quella della *madeleine*, ricava il suo senso appunto dal suo contrasto con il troppo-pieno delle impressioni ordinarie, come anche dei sogni ossessivi. La promessa di qualche cosa di nascosto, da cercare e da trovare, aderisce strettamente al « piacere particolare » [I, p. 180] (p. 191) dell'impressione. Ciò che conduce la ricerca è già la passeggiata: « Non sapevo la ragione del piacere che avevo provato scorgendoli all'orizzonte e il dovere di giungere a scoprire questa ragione mi appariva ben penoso; ero tentato di mettere in serbo nella mia testa quelle linee in movimento nel sole senza pensarvi più per il momento » [I, p. 180] (pp. 191-192). È comunque per la prima volta che la ricerca del senso passa attraverso le parole, prima, e una scrittura, poi [76].

Prescindendo dalle notazioni ancora rare, e tutte negative, relative alla storia di una vocazione, e soprattutto prescindendo dal rapporto nascosto tra la storia di una vocazione e i due episodi di felicità connessi con Combray, ciò che sembra dominare l'esperienza ancora iniziale del tempo nella sezione « Combray », è il carattere non coordinabile dei

75 « E quelle fantasticherie m'avvertivano che, poiché volevo un giorno essere uno scrittore, era tempo di sapere che cosa mi proponessi di scrivere. Ma, appena me lo domandavo, cercando di trovare un argomento in cui potessi racchiudere un significato filosofico infinito, l'intelletto cessava di funzionare, non vedevo più che il vuoto di fronte alla mia attenzione, sentivo che il genio mi mancava o che forse una malattia cerebrale ne impediva la nascita [I, pp. 172-173] (p. 184). E più avanti: « Quindi, sfiduciato, rinunciavo per sempre alla letteratura, nonostante gl'incoraggiamenti che m'aveva dati Bloch » [I, pp. 173-174] (p. 184-185); si veda anche I, pp. 178-179 (p. 189).

76 « Senza dire a me stesso che quel che si nascondeva dietro i campanili di Martinville doveva essere qualcosa di analogo ad una bella frase, dacché mi si era rivelato sotto forma di parole che mi davan piacere, chieste matita e carta al dottore, nonostante gli sbalzi della carrozza, per scaricarmi la coscienza ed obbedire all'entusiasmo, composi il breve brano che segue, che ho ritrovato poi e al quale ebbi a far subire solo pochi mutamenti... » [I, p. 181] (p. 192).

grappoli di avvenimenti non datati [77], assimilati « a giacimenti profondi del mio suolo mentale » [I, p. 184] (p. 196). Massa indistinta di ricordi, che solo « delle fessure, e delle crepe vere e proprie » [I, p. 186] (p. 198) rendono distinte. In una parola, il tempo perduto di Combray è il paradiso perduto nel quale « la fede creatrice » [I, p. 184] (p. 196) non si distingue ancora dall'illusione della realtà nuda e muta delle cose esteriori.

È senza dubbio per sottolineare il carattere di finzione autobiografica dell'intera *Ricerca*, che il suo autore ha voluto intercalare *Un amore di Swann*—cioè un racconto alla terza persona—tra « Combray » e i « Nomi », che sono entrambi racconti alla prima persona. Al tempo stesso, l'illusione di immediatezza che i racconti d'infanzia avevano potuto produrre, grazie al loro fascino classico, viene dissolto da questa emigrazione del racconto in un personaggio altro. Inoltre, *Un amore di Swann* costruisce la macchina infernale di un amore corroso dall'illusione, dal sospetto, dalla delusione; un amore condannato a passare attraverso l'angoscia dell'attesa, il morso della gelosia, la tristezza del declino e l'indifferenza per la propria morte; ora tale costruzione servirà da modello per il racconto di altri amori, principalmente quello dell'eroe per Albertine. È proprio in forza di questo suo ruolo paradigmatico che *Un amore di Swann* dice qualche cosa sul tempo.

Inutile insistere sul fatto che il racconto non è datato: è congiunto grazie ad un legame debole ai sogni, a loro volta ricacciati nel passato indeterminato del narratore addormentato che parla nelle prime pagine del libro [78]. In questo modo, il racconto di *Un amore di Swann* si trova inquadrato nei ricordi brumosi dell'infanzia, in quanto passato che precede la nascita. L'artificio basta a spezzare irrimediabilmente la linea cronologica e ad aprire il racconto ad altre qualità del tempo passato, indifferenti alle date. Più importante è la distensione del legame tra questo racconto e la storia di una vocazione, ritenuta la struttura della *Ricerca* nel suo insieme. Il legame si istituisce al livello della « associazione dei ricordi », evocati alla fine della sezione « Combray ». La pic-

[77] « Ma anche così e restando presenti in quelle tra le mie impressioni d'oggi a cui possono ricollegarsi, danno loro dei sostrati, una profondità, una dimensione di più che alle altre » [I, pp. 185-186] (p. 197).

[78] « Così me ne stavo spesso fino al mattino a pensare ai tempi di Combray (...) e, per associazione di ricordi a quanto avevo appreso, da molti anni lasciata quella cittadina, intorno a un amore di Swann anteriore alla mia nascita... » [I, p. 186] (pp. 197-198).

cola frase della sonata di Vinteuil serve, chiaramente, come congiunzione tra l'esperienza della *madeleine* (e dei campanili di Martinville) e la rivelazione della scena finale, a vantaggio dei suoi ritorni successivi nella storia dell'eroe, ritorni rafforzati ne *La Prigioniera*, grazie al ricordo del pezzo a sette voci di Vinteuil, omologo potente della piccola frase [79]. Questa funzione della piccola frase nell'unità del racconto può restare inavvertita in ragione dello stretto legame tra la piccola frase e l'amore di Swann per Odette. È come innamorato della piccola frase [I, p. 212] (p. 226) che Swann si rifà al suo ricordo. Questi è troppo investito nell'amore per Odette per suscitare l'interrogazione contenuta nella sua promessa di felicità. Tutto lo spazio è occupato da una domanda più imperiosa, spinta fino alla frenesia, quella che la gelosia non smette di suscitare. L'apprendimento dei segni dell'amore, mescolato a quello dei segni della mondanità, nel salotto Verdurin, è il solo a far coincidere la ricerca del tempo perduto con la ricerca della verità, e il tempo perduto stesso con la defezione che distrugge l'amore. Niente consente quindi di interpretare il tempo perduto in funzione di un qualche tempo ritrovato, l'evocazione della stessa piccola frase non è infatti liberata dalla sua ganga amorosa. Quanto alla « passione della verità » [I, p. 273] (p. 291), che è messa in moto dalla gelosia, niente consente di attribuirle l'aura di prestigio del tempo ritrovato. Il tempo è semplicemente perduto, nel duplice senso di passato e dissipato [80]. L'idea di tempo ritrovato potrebbe essere suggerita soltanto o dal peso accordato ad alcuni momenti rari in cui il ricordo « riuniva quelle particelle, aboliva gli spazi » [I, p. 314] (p. 333) di un tempo a brandelli, oppure la quiete del segreto inutilmente inseguito nel tempo della gelosia e infine trafitto nel tempo dell'amore morto [I, p. 317] (p. 336). L'apprendimento

79 Per un lettore di *Temps retrouvé* un passaggio come questo è immediatamente eloquente: « ...Swann trovava in sé, nel ricordo della frase da lui udita, in certe sonate che s'era fatte eseguire, per vedere se non ve la scoprisse, la presenza di una di quelle realtà invisibili cui aveva cessato di credere e alle quali, come se la musica avesse avuto sull'aridità morale di cui soffriva una sorta di influsso elettivo, sentiva di nuovo il desiderio e quasi la forza di consacrare la propria vita » [I, p. 211] (p. 225). E ancora: « Nella sua grazia leggera, aveva qualche cosa di compiuto, come il distacco che succede al rimpianto » [I, p. 218] (p. 233).

80 Non è senza importanza che Swann resti uno scrittore mancato: non scriverà più il suo studio su Ver Meer. Come è già stato suggerito dal suo rapporto con la piccola frase della sonata di Vinteuil, morirà senza avere conosciuto la rivelazione dell'arte. È detto chiaramente ne *Le Temps retrouvé* (III, pp. 877-878).

dei segni sarebbe, in questo contesto, terminato con l'accedere al distacco.

Il modo in cui la terza parte di *Dalla parte di Swann*, intitolata « Nomi di Paese » [I, pp. 383-427] (p. 407-454), si rifà a ciò che precede per quanto concerne la connessione delle durate, merita attenzione [81]. Sono in effetti le medesime « notti insonni » [I, p. 383] (p. 407) il cui richiamo aveva funzionato come inquadratura per i racconti d'infanzia legati a Combray che legano nuovamente, nel ricordo sognante, le camere del Grand Hôtel de la Plage di Balbec alle camere di Combray. Non c'è quindi da stupirsi se un Balbec sognato preceda il Balbec reale—in un'epoca dell'adolescenza dell'eroe in cui i Nomi anticipano rispetto alle cose e ne dicono la verità prima di qualsiasi percezione. Così sono i nomi di Balbec, di Venezia, di Firenze, generatori di immagini e, attraverso l'immagine, di desiderio. Che cosa può fare il lettore, a questo stadio del racconto, di questo « tempo immaginario » dove diversi viaggi sono raccolti sotto un solo nome [I, p. 392] (p. 417)? Non può che tenerlo di riserva, dal momento in cui gli Champs-Elysées, ben reali, dei giochi con Gilberte vengono ad occultare il sogno: « In quel giardino pubblico niente si riallacciava ai miei sogni » [I, p. 394] (p. 418). Questo iato tra il « duplicato » immaginario (*ibid.*) e il reale è forse un'altra figura del tempo perduto? Senza dubbio. La difficoltà nell'unire questa figura e tutte quelle che seguono alla linea generale del racconto è ancora accresciuta dall'assenza di identità apparente tra i personaggi precedenti di Swann e soprattutto di Odette—che al termine del racconto intermedio alla terza persona, si poteva credere « scomparsa »—e lo Swann e l'Odette che si rivelano essere i genitori di Gilberte all'epoca dei giochi ai Champs-Elisées [82].

81 Per ancorare il suo racconto d'« un amore di Swann » al racconto principale, il narratore comune al racconto in terza persona e al racconto in prima persona si prende cura di fare apparire un'ultima volta Odette (quanto meno la prima Odette che per il lettore diventerà certamente la madre di Gilberte nell'autobiografia immaginaria dell'eroe) « nel crepuscolo di un sogno » [I, p. 378] (p. 389), poi nella ruminazione del risveglio. Così *Un amore di Swann* si compie nella medesima regione semi-onirica del racconto di « Combray ».

82 L'autore—non più il narratore—non prova alcuna difficoltà a fare incontrare ai Champs-Elysées il giovane Marcel e la Gilberte della breve discesa di Combray—il cui gesto indecente d'allora [I, p. 141] (p. 151) resterà un enigma fino al *Temps retrouvé* [III, p. 693]. Le coincidenze romanzesche non imbarazzano Proust. Analogamente per il narratore che, trasformandole anzitutto in peripezie del suo raccon-

Per il lettore che interrompesse la sua lettura di *Alla Ricerca* alla ultima pagina di *Dalla parte di Swann*, il tempo perduto si riassumerebbe nella « contraddizione che vi è nel cercare nella realtà i quadri della memoria ai quali mancherebbe sempre l'incanto che proviene loro dalla memoria stessa e dal non essere percepiti dai sensi » [I, p. 427] (p. 453). Quanto a *Alla Ricerca*, essa sembrerebbe limitarsi ad una lotta senza speranza con questo scarto crescente che genera l'oblio. Anche i momenti felici di Combray, dove la distanza tra l'impressione presente e l'impressione passata si trova magicamente trasformata in una contemporaneità miracolosa, potrebbero sembrare travolti dal medesimo oblio devastatore. Di questi istanti di grazia non sarà più possibile averne—con una sola eccezione—al di là delle pagine di « Combray ». Solo il sapore della piccola frase della sonata di Vinteuil—sapore che noi conosciamo solo grazie al racconto entro il racconto—resta portatore di un'altra promessa. Ma di che? È riservato al lettore del *Tempo ritrovato* svelarne l'enigma, così come quello dei momenti lieti di Combray.

Sola resta quindi aperta, al di qua di questa svolta, la via della disillusione, nella lunga decifrazione dei segni del mondo, dell'amore e delle impressioni sensibili, che si può ascoltare da *All'ombra delle fanciulle in fiore* fino a *La Fuggitiva*.

2. *Il tempo ritrovato*

Trasferiamoci d'un sol balzo ne *Il Tempo ritrovato*, secondo fuoco della grande ellisse di *Alla Ricerca*, riservando per la terza tappa della nostra ricerca il superamento dell'intervallo, smisuratamente ampliato, che separa i due fuochi.

Che cosa intende il narratore per tempo ritrovato? Per tentare di rispondere a questa domanda, noi ci serviremo della simmetria tra l'inizio e la fine del grande racconto. E come l'esperienza della maddalena delimita, in *Dalla parte di Swann*, un prima e un dopo, il prima dei dor-

to, poi attribuendo al caso degli incontri un senso quasi soprannaturale, riesce a trasmutare tutte le coincidenze in destini. *La Recherche* è piena di questi incontri inverosimili che il racconto fa fruttificare. L'ultimo e il più significativo, sarà, come vedremo più avanti, la congiunzione del « côte de Swann » e del « côte de Guermantes » nell'apparizione della figlia di Gilberte e di Saint-Loup nelle ultime pagine del romanzo.

miveglia e il dopo del tempo ritrovato di Combray, analogamente la grande scena della biblioteca dell'hôtel Guermantes delimita un al di qua al quale il narratore ha conferito un'ampiezza significativa, e un al di là in cui si scopre il significato ultimo del *Tempo ritrovato.*

Non è in effetti *ex abrupto* che il narratore riferisce l'avvenimento che segna la nascita di uno scrittore. Ne prepara la deflagrazione mediante il superamento di due gradi iniziatici: il primo, che occupa la gran parte delle pagine, è fatto d'un intrigo d'avvenimenti mal coordinati tra loro, quanto meno nello stato in cui il manoscritto incompiuto del *Tempo ritrovato* ci è stato lasciato, ma tutto segnato dal duplice segno della disillusione e del distacco.

È significativo che *Il Tempo ritrovato* cominci con il racconto di un soggiorno a Tansonville, non lontano dal Combray dell'infanzia, il cui effetto non è quello di ravvivare il desiderio bensì di spegnerne il desiderio [83]. Di questa perdita di curiosità, l'eroe sul momento si commuove, tanto essa pare confermare il sentimento già provato negli stessi luoghi: « che mai sarei capace di scrivere » [III, p. 691]. Bisogna rinunciare a *rivivere* il passato se il tempo perduto deve, in un modo ancora sconosciuto, essere *ritrovato.* Questa morte del desiderio di rivedere è accompagnata da quella del desiderio di possedere le donne che abbiamo amato. È notevole che il narratore consideri questa « non curiosità » come « portata dal Tempo », entità personificata che non sarà mai attribuita senza resti né al tempo perduto né all'eternità, e che resterà fino alla fine simbolizzata, come nei più antichi adagi sapienziali, mediante la sua potenza di distruzione. Ci ritorneremo alla fine.

Tutti gli avvenimenti raccontati, tutti gli incontri riferiti nel seguito, sono collocati sotto il medesimo segno del declino, della morte: il racconto da parte di Gilberte della povertà delle sue relazioni con Saint-Loup divenuto suo marito, la visita della chiesa di Combray la cui capacità di durare nel tempo sottolinea la precarietà dei mortali; soprattutto l'improvvisa notazione dei 'lunghi anni' passati dall'eroe in una casa di salute, che contribuisce in modo realistico al sentimento di allontanamento e di distanziamento esigiti dalla visione finale [84]. Quanto

83 « Quando mi resi conto di quanto poco ero curioso di Combray » [III, p. 691] (p. 674). « Ma separato dai luoghi che mi accadeva di riattraversare da una intera vita diversa, non c'era fra essi e me e loro quella contiguità da cui nasce, anche prima di essercene accorti, l'immediata, deliziosa e totale deflagrazione del ricordo » [III, p. 692] (p. 674).

84 Anche il celebre *pastiche* dei Goncourt [III, pp. 709-717], che serve da prete-

alla descrizione di Parigi in guerra concorre a dare quella impressione di erosione che segna tutte le cose [85]; la frivolezza dei salotti parigini assume un'aria di decadimento [III, p. 726]; il dreyfusismo e l'anti-dreyfusismo sono caduti nell'oblio; la visita di Saint-Loup ritornato dal fronte è quella di un fantasma; si viene a sapere della morte di Cottard; poi di quella di M. Verdurin. È l'incontro fortuito di M. de Charlus in una strada di Parigi in guerra che depone su questa sinistra iniziazione il sigillo di una abiezione mortale. Dalla degradazione del suo corpo, dei suoi amori, sale una strana poesia [III, p. 766] che il narratore attribuisce al completo distacco al quale l'eroe ancora non ha potuto accedere [III, p. 774]. La scena nel bordello di Jupien, dove il barone si fa flagellare a colpi di catene da militari in libera uscita, riduce il quadro di una società in guerra alla sua quintessenza di abiezione. Il nuovo incrocio, nel racconto, tra l'ultima visita di Saint-Loup, rapidamente seguita dall'annuncio della sua morte—che evoca un'altra morte, quella di Albertine [86]—e il racconto delle ultime turpitudini di Charlus, fino al suo arresto, conferiscono a queste pagine un'aria di turbine funebre, che prevarrà di nuovo, ma carico di un ben altro significato, nella scena simmetrica che fa seguito alla grande rivelazione, la scena del pranzo di teste di morti, prima prova dell'eroe convertito all'eternità.

Per sottolineare ancora di quale niente la rivelazione sia circondata,

sto al narratore per fustigare una letteratura da memorialista, fondata sulla potenza immediatamente esercitata « di guardare e ascoltare » [III, p. 718], viene a rafforzare la tonalità generale del racconto nel quale è interpolato, per il disgusto che la lettura delle pagine, attribuite per via di finzione ai Goncourt, ispira all'eroe nei confronti della letteratura, e per gli ostacoli che essa solleva nei confronti della crescita della sua vocazione » [III, pp. 709, 718].

85 È vero che la trasfigurazione del cielo di Parigi per mezzo delle luci dei proiettori e l'assimilazione degli aviatori alle Walkyrie wagneriane [III, pp. 759, 762] gettano sullo spettacolo di Parigi in guerra un tocco di estetismo, di cui è difficile dire se accresce il carattere spettrale di tutte le altre scene vicine, o se tale tocco già dipende dalla trasposizione letteraria consustanziale al tempo ritrovato. In tutti i modi, la frivolezza continua ad accompagnare la morte: « I divertimenti colmano ciò che forse saranno, se i Tedeschi continueranno ad avanzare, gli ultimi giorni della nostra Pompei. E questo li salverà dalla frivolezza » [III, p. 806] (p. 105).

86 « E poi scoprirsi come le loro due vite avessero un segreto parallelo, ch'io non avevo supposto » [III, p. 848] (p. 145). L'accostamento tra queste due scomparse dà l'occasione al narratore di una meditazione sulla morte, che sarà più tardi integrata alla prospettiva del tempo ritrovato: « Nondimeno la morte sembra soggetta a certe leggi » [III, p. 850] (p. 146). Più precisamente la morte accidentale che, a modo suo, associa il caso e il destino, per non dire la predestinazione (*ibid.*).

il narratore introduce una brutale frattura nel suo racconto: « La nuova casa di salute nella quale mi ritirai non mi ha guarito, come non mi ha guarito la prima; e molti anni passarono prima che la lasciassi » [III, p. 874). Un'ultima volta, durante il tragitto di ritorno a Parigi, l'eroe fa il bilancio pietoso del suo stato: « menzogna della letteratura », « inesistenza dell'ideale al quale avevo creduto », « ispirazione impossibile », « assoluta indifferenza »...

A questo primo grado dell'iniziazione mediante le tenebre della reminiscenza succede un secondo grado molto più breve, indicato da segni premonitori [87]. Il tono del racconto si rovescia in effetti dal momento in cui l'eroe si lascia sedurre, come già prima a Combray, dal nome di Guermantes, letto sull'invito alla festa data dal principe. Ma questa volta il tragitto in vettura sembra un volo: « E come un aviatore che fino a quel momento s'è trascinato penosamente a terra, 'decollando' all'improvviso, io mi alzai lento verso le silenziose quote della memoria » [III, p. 858] (p. 155). L'incontro con il decadimento, nella persona di M. de Charlus, convalescente da un attacco apoplettico—« che aveva imposto al vecchio principe decaduto la shakespeariana maestà di un Re Lear » [III, p. 859] (p. 156)—non basta a interrompere l'ascensione. L'eroe discerne piuttosto, in questa sagoma sprofondata, « una sorta di dolcezza quasi fisica, di distacco dalle realtà della vita, che tanto colpiscono in quelli che la morte ha già accolto nella sua ombra » [III, p. 860] (p. 156). È allora che l'eroe accoglie come un 'avvertimento' portatore di salvezza una serie di esperienze in tutto analoghe, per la felicità che esse dispensano, a quelle di Combray « che le ultime opere di Vinteuil m'era parso sintetizzassero » [III, p. 866] (p. 163): l'urto del piede contro delle piastrelle diseguali, il tintinnio di un cucchiaio contro un piatto, la rigidezza inamidata di un tovagliolo piegato. Ma, mentre in precedenza il narratore aveva dovuto rimettere a più tardi l'illustrazione delle ragioni di tale felicità, questa volta è ben deciso a risolvere l'enigma. Non che il narratore non abbia colto, dall'epoca di Combray, che l'intensa gioia avvertita derivava dalla fortuita congiunzione tra due impressioni simili nonostante la loro distanza nel tempo; del resto, questa volta ancora l'eroe non tarda a riconoscere Venezia e le due pietre di

87 « Ma a volte, proprio nell'attimo in cui tutto ci sembra perduto, giunge il messaggio che ci può salvare: abbiamo bussato a porte che davan tutte sul nulla; e la sola per cui si può entrare e che avremmo cercato invano cent'anni, in quella urtiamo inavvertitamente, e s'apre » [III, p. 866] (p. 162).

seguali del battistero di san Marco sotto l'impressione della pavimentazione diseguale di Parigi. L'enigma da risolvere non è dunque che la distanza temporale possa essere annullata 'per caso', 'come per incanto', nell'identità di un medesimo istante: è che la gioia ricevuta sia « analoga ad una certezza e bastevole senza altre prove, a rendermi indifferente la morte » [III, p. 867] (p. 164). In altri termini, l'enigma da risolvere è quello del *rapporto* tra i momenti felici, offerti dal caso e dalla memoria involontaria, e la « storia invisibile di una vocazione ».

Il narratore ha così costruito, tra la massa considerevole dei racconti che si estendono per migliaia di pagine e la scena decisiva della biblioteca, una transizione narrativa che fa orientare il senso del *Bildungsroman* dall'apprendimento dei segni alla visitazione. Presi insieme i due momenti di questa transizione narrativa hanno valore ad un tempo di rottura e di sutura tra i due fuochi di *Alla Ricerca*. Rottura, grazie ai segni della morte, che sanzionano lo scacco di un apprendimento di segni privati del principio in grado di decifrarli. Sutura, grazie ai segni premonitori della grande rivelazione.

Eccoci ora al cuore della grande scena della visitazione che decide del primo senso—ma non dell'ultimo—da riconoscere alla nozione stessa di *tempo ritrovato*. Lo statuto narrativo di quella che può essere letta come una grande dissertazione sull'arte—anche come l'arte poetica di Marcel Proust inserita di forza nel suo racconto—è assicurato dal legame diegetico sottile che il narratore stringe tra questa scena principale e il racconto anteriore degli avvenimenti con valore di transizione iniziatica. Questo legame gioca ad un tempo su due piani; anzitutto sul piano aneddotico: il narratore si è preoccupato di situare il racconto degli ultimi segni di avvertimento nello stesso luogo del racconto della grande rivelazione: « il salottino-biblioteca attiguo al *buffet* » [III, p. 868] (p. 164); sul piano tematico, poi: è sui momenti felici e i segni premonitori che il narratore innesta la sua meditazione sul tempo, la quale deriva così dai pensieri del narratore che riflette su ciò di cui il caso gli aveva in precedenza fatto dono [88]. Infine, ad un piano riflessivo più pro-

[88] Si noterà che questa speculazione narrativizzata è riferita al tempo imperfetto, tempo dello sfondo secondo Harald Weinrich, per contrasto con il passato semplice, tempo dell'incidenza, del punto di vista della messa in rilievo del racconto (cfr. sopra p. 119). La meditazione sul tempo costituisce in effetti lo sfondo sul quale si staglia la decisione di scrivere. Ci vuole un nuovo passato semplice di incidenza aneddotica per interrompere la meditazione: « In quel momento il maggiordomo venne ad annunziarmi che il primo pezzo era finito; potevo lasciare la biblioteca ed

fondo, la speculazione sul tempo è ancorata nel racconto a titolo di avvenimento fondatore della vocazione di scrittore. Il ruolo di origine, così assegnato alla speculazione nella storia di una vocazione, assicura il carattere irriducibilmente narrativo di questa stessa speculazione.

Ciò che sembra mettere questa speculazione a distanza dal racconto, è che il tempo che essa porta alla luce non è anzitutto tempo ritrovato, nel senso di tempo perduto ritrovato, ma la sospensione stessa del tempo: l'*eternità* o, per parlare come il narratore, « l'essere extra-temporale » [III, p. 871] (p. 167)[89]. E sarà così fino a quando la speculazione non sarà ripresa dalla decisione di scrivere, che restituisce al pensiero la intenzione di un'opera da fare. Che l'extra-temporale sia solo il primo momento del tempo ritrovato, ci è garantito da alcune notazioni del narratore: anzitutto il carattere fuggevole della stessa contemplazione; poi la necessità di confermare la scoperta fatta dall'eroe di un essere extra-temporale che lo costituisce sul « celeste nutrimento » dell'essenza delle cose; infine il carattere immanente e non trascendente di una eternità che, in modo misterioso, circola tra il presente e il passato di cui essa assicura l'unità. L'essere extra-temporale non esaurisce quindi il senso intero del *Tempo ritrovato*. È, certamente, *sub specie aeternitatis* che la memoria involontaria opera il suo miracolo nel tempo[90] e che l'intelligenza può tenere sotto un medesimo sguardo la distanza dell'eterogeneo e la simultaneità dell'analogo; ed è proprio l'essere extratemporale, quando arruola le analogie offerte dal caso e dalla memoria involontaria così come il lavoro d'apprendimento dei segni, che riconduce il corso perituro delle cose alla loro essenza « al di fuori del tempo » [III, p. 871]. Eppure manca ancora a questo « essere extra-temporale » il potere di « ritrovare i giorni andati » [III, p. 871] (p. 167). È a questo punto decisivo che si rivela il senso del processo narrativo costitutivo della favola sul tempo. Resta da operare la congiunzione delle

entrare nelle sale. Mi ricordai allora del luogo dove mi trovavo » [III, p. 918] (p. 212).

89 E ancora: « Un attimo affrancato dall'ordine temporale ha ricreato in noi, per percepirlo, l'uomo affrancato dall'ordine temporale » [III, p. 873] (p. 169).

90 Parlando di questo essere extra-temporale che l'eroe era stato senza saperlo nell'episodio della piccola maddalena, il narratore precisa: « Soltanto lui aveva il potere di farmi ritrovare i giorni andati, il Tempo Perduto, dinanzi al quale gli sforzi della mia memoria e della mia intelligenza restavano sempre arenati » [III, p. 871] (p. 167).

due valenze assegnate e come giustapposte al tempo ritrovato [91]. Talora l'espressione designa l'extra-temporale, talora designa l'atto di ritrovare il tempo perduto. Soltanto la decisione di scrivere metterà fine alla dualità di senso del tempo ritrovato. Al di qua di tale decisione, questa dualità sembra insormontabile. L'extra-temporale, in effetti, si rifà ad una meditazione sull'origine stessa della creazione estetica, in un momento contemplativo sciolto da qualsiasi inscrizione in un'opera effettiva e senza considerazione del lavoro della scrittura. Nell'ordine dell'extra-temporale, l'opera d'arte, considerata nella sua origine, non è il prodotto dell'artigiano di parole: essa preesiste a noi stessi; essa deve solo essere scoperta; a questo livello, creare vuol dire tradurre.

Il tempo ritrovato, nel secondo senso del termine, nel senso di tempo perduto *risuscitato*, procede dalla fissazione di questo momento contemplativo fuggevole *entro un'opera durevole*. Il problema è allora, come diceva Platone delle statue di Dedalo sempre pronte a fuggire, di incatenare questa contemplazione inscrivendola nella durata: « Così a questa contemplazione dell'essenza delle cose, io ora ero deciso a consacrarmici, a determinarla; ma in qual modo? con quale mezzo? » [III, p. 876] (p. 172). È a questo punto che la creazione artistica, riprendendo la meditazione estetica, offre la sua mediazione: « Ora, tale metodo, che mi pareva il solo, in che altro poteva consistere se non nella creazione di un'opera d'arte? » [III, p. 879] (p. 174). L'errore di Swann, a questo proposito, era stato quello di assimilare la felicità proposta dalla piccola frase della sonata al piacere dell'amore: egli « non era stato capace di cercarla nella creazione artistica » [III, pp. 877-878] (p. 173). È qui, anche, che la decifrazione dei segni viene in aiuto della contemplazione fuggevole, non per sostituirsi ad essa, tanto meno per precederla, ma, sotto il suo controllo, per chiarirla.

La decisione di scrivere ha così la capacità di trasporre l'extra-temporale della visione originale nella temporalità della resurrezione del tempo perduto. In questo senso si può dire, in tutta verità, che *la Ricer-*

91 Il narratore anticipa questo ruolo di mediatore tra le due valenze del tempo ritrovato, quando riconosce: « E, di sfuggita, notavo che l'opera d'arte ch'io ormai mi sentivo pronto a iniziare pur senza essermici deliberatamente risolto, avrebbe presentato grandi difficoltà » [III, pp. 870-871] (p. 166). Bisogna notare, con Georges Poulet, che la fusione nel tempo è anche fusione nello spazio: « Sempre, in tali resurrezioni, il remoto luogo generato dalla sensazione in comune s'era avvinto un istante, come un lottatore, col luogo attuale » [III, pp. 874-875] (p. 170).

ca racconta la transizione da un significato all'altro del tempo ritrovato: ed è in questo che essa è una favola sul tempo.

Resta da dire come il carattere narrativo della nascita di una vocazione è assicurato mediante la messa alla prova, che segue la rivelazione della verità dell'arte, e mediante l'impegno dell'eroe nell'opera da fare. Questa messa alla prova passa attraverso la sfilata della *morte*. E non è esagerato dire che è proprio il rapporto con la morte che costituisce la differenza tra i due significati del tempo ritrovato: l'extra-temporale, che trascende « le inquietudini a proposito della mia morte » e rende « incurante delle vicissitudini del futuro » [III, p. 871] (p. 167), e la risurrezione nell'opera del tempo perduto. Se la sorte di quest'ultima è finalmente rimessa alla fatica della scrittura, la minaccia della morte non è meno grande nel tempo ritrovato che nel tempo perduto [92].

È quello che il narratore ha voluto significare facendo seguire il racconto della conversione alla scrittura con lo stupefacente spettacolo offerto dagli invitati a pranzo del principe di Guermantes; questo pranzo, di cui tutti gli invitati sembrano essersi « composto un volto » [III, p. 920]—a voler esser precisi, un volto di morte—viene espressamente interpretato dal narratore come « un colpo di scena », di cui dice che « era destinato a sollevare contro il mio assunto l'obiezione più grave » [III, p. 920] (p. 214). Ma quale? Certo il richiamo della morte che, senza presa sull'extra-temporale, minaccia la sua espressione temporale, l'opera d'arte stessa.

Quali sono, in effetti, i personaggi di questa danza macabra? « Un teatrino dove, per identificare nelle marionette coloro che avevamo conosciuto, occorreva leggere contemporaneamente su diversi piani, posti dietro di quelle e che donavan loro la dimensione della profondità, e che costringeva a uno sforzo mentale ogniqualvolta avevamo davanti quei vecchi pupazzi, giacché dovevamo guardarli al tempo stesso con gli oc-

92 Il « linguaggio universale » [III, p. 903] (p. 198) nel quale l'impressione deve essere tradotta non manca certo di rapporto con la morte: come la storia per Tucidide, l'opera d'arte, per il narratore de *la Recherche*, può fare « di coloro che non sono più, nella loro più genuina essenza, un acquisto perpetuo per tutte le anime » [III, p. 903] (p. 198). Perpetuo? Sotto questa ambizione si nasconde la morte: « I dispiaceri sono servitori oscuri, detestati, contro i quali lottiamo, cadendo ogni giorno di più sotto il loro dominio; servitori atroci, insostituibili, che per vie sotterranee ci conducono alla verità e alla morte. Felici coloro che hanno incontrato la prima innanzi di incontrar la seconda, e pei quali, per quanto vicine debbano essere l'una all'altra, l'ora della verità è sonata innanzi l'ora della morte » [III, p. 910] (p. 204).

chi e con la memoria. Un teatrino di marionette immerse nei colori immateriali degli anni, di marionette esternanti il tempo, il tempo che d'abitudine non è visibile, che per diventarlo va in cerca di corpi e dovunque li incontra se ne impossessa per mostrar su di loro la propria lanterna magica » [III, p. 924] (p. 218)[93]. E che cosa annunciano tutte queste teste di moribondi, se non l'avvicinarsi della propria morte dell'eroe [III, p. 927]? Ecco la minaccia: « Io scoprivo l'azione demolitrice del Tempo, proprio nel momento in cui volevo accingermi a rendere chiare, a rendere comprensibili in una opera d'arte, delle realtà extra-temporali » [III, p. 930] (pp. 224-225). Confessione notevole: il vecchio mito del Tempo distruttore sarebbe allora più forte della visione del tempo ritrovato grazie all'opera d'arte? Sì, se si separa il secondo significato del tempo ritrovato dal primo. Ed è proprio di questa tentazione che, fino alla fine del racconto, l'eroe è la preda. Ora, tale tentazione è potente, nella misura in cui il lavoro della scrittura si fa nello stesso tempo del tempo perduto. Peggio, nella misura in cui il racconto che precede ha, in un certo modo, proprio in quanto racconto, sottolineato il carattere di avvenimento fugace connesso alla scoperta della sua abolizione nel sopra-temporale. Ma non è l'ultima parola: per l'artista capace di preservare il rapporto del tempo risuscitato con l'extra-temporale, il Tempo rivela la sua altra faccia mitica: l'identità profonda che conservano gli esseri, nonostante la loro degradazione, sta ad attestare « il potere di totale rinnovamento posseduto dal Tempo, che, pur rispettando l'unità dell'individuo e le leggi della vita, riesce a mutare così la scena e a introdurre arditi contrasti nei due successivi aspetti di uno stesso personaggio » [III, p. 936] (p. 229). « Tale artista, d'altra parte, nota il narratore, lavora molto lentamente » (*ibid.*).

93 Ritornerò, nella conclusione, su questa visibilità del tempo 'esteriorizzato' che rischiara i mortali con la sua lanterna magica. Nello stesso senso, un poco più avanti: « ...non era più soltanto ciò che erano diventati i giovani di ieri, bensì anche ciò che sarebbero diventati quelli di oggi, a darmi con tanta evidenza la sensazione del Tempo » [III, p. 945] (p. 236). È ancora il problema della « sensazione del tempo passato » [III, p. 957] e dell'alterazione degli esseri come di « un effetto (ma che questa volta si esercita sull'individuo e non sullo strato sociale) del Tempo » [III, p. 964]. Questa figurazione del tempo, nella danza macabra, è da includere nella « galleria delle figure simboliche » (Jauss, *op. cit.*, pp. 152-166) che lungo tutta *la Recherche*, costituiscono altrettante figurazioni del tempo invisibile: Abitudine, Tristezza, Gelosia, Oblio e ora Vecchiaia. Questa emblematica, direi, conferisce visibilità a « l'artista, il Tempo ».

Che questo patto tra le due figure del *Tempo ritrovato* possa essere concluso e preservato, il narratore ne ha visto un segno nell'incontro che niente di quanto precede lasciava prevedere: l'apparizione della figlia di Gilberte Swann e di Robert de Saint-Loup, che simbolizza la riconciliazione tra i due « lati », quello di Swann grazie a sua madre e quello di Guermantes grazie a suo padre: « La trovavo molto bella: colma ancora di speranze. Ridente, composta di quegli anni stessi ch'io avevo perduto, rassomigliava alla mia giovinezza » [III, p. 1032] (p. 320). Questa apparizione che concretizza una riconciliazione, più volte annunciata o anticipata nell'opera, mira forse a suggerire che la creazione ha un patto con la giovinezza—con la « natalità », direbbe Hannah Arendt—che rende l'arte, a differenza dell'amore, più forte della morte [94]?

Questo segno non è più, come i precedenti, annunciatore o premonitore: è un « pungolo »: « Infine questa idea di Tempo aveva per me un ultimo pregio, era un pungolo, m'avvertiva che era tempo di cominciare se volevo raggiungere ciò che avevo a volte presentito nel corso della mia vita, in brevi sprazzi di luce, sulla strada di Guermantes, nelle mie passeggiate in carrozza con Mme de Villeparisis, che mi aveva fatto stimare la vita degna d'essere vissuta. Quanto più me lo sembrava ora, ora ch'io sapevo ch'era possibile illuminarla, la vita che noi viviamo nelle tenebre, e ricondurla alla sua verità, essa che di continuo viene mistificata, per realizzarla alfine in un libro! » [III, p. 1032] (pp. 320-321).

3. *Dal tempo ritrovato al tempo perduto*

Al termine di questa indagine su *Alla Ricerca* considerata come favola sul tempo, resta da precisare il *rapporto* che il racconto stabilisce tra i due fuochi dell'ellisse: l'apprendimento dei segni, con il suo tempo perduto, *e* la rivelazione dell'arte, con la sua esaltazione dell'extra-temporale. È questo rapporto che caratterizza il tempo come tempo ritrovato, più esattamente come tempo *perduto-ritrovato*. Per comprendere l'aggettivo, bisogna interpretare il verbo: che cosa vuol dire ritrovare il tempo perduto?

94 « Il Tempo, incolore e impalpabile, s'era—affinché, per così dire, io potessi vederlo e toccarlo—materializzato in lei modellandone un capolavoro, mentre parallelamente, ahimè, su di me non aveva compiuto che la sua opera » [III, p. 1031] (p. 320).

Per rispondere a questo interrogativo, noi vogliamo, ancora una volta, conoscere soltanto i pensieri del narratore meditando su un'opera che non è ancora stata scritta (nella finzione, questa opera non è quella che abbiamo appena preso in considerazione). Ne deriva che sono le difficoltà previste di un'opera ancora da fare quelle che meglio designano il senso da dare all'atto di ritrovare il tempo.

Queste difficoltà le troviamo condensate nella dichiarazione con la quale il narratore tenta di caratterizzare il senso della sua vita passata in rapporto all'opera da fare: « Così tutta la mia vita, fino a questo giorno, si sarebbe e non si sarebbe potuto riassumerla sotto questo titolo: una vocazione » [III, p. 899] (p. 194).

L'ambiguità saggiamente giocata tra il sì e il no merita riflessione: no, « la letteratura non aveva avuto alcuna parte nella mia vita » (*ibid.*); sì, tutta questa vita « formava una *riserva* » quasi vegetativa di cui l'organismo in germe si alimentava: « Così la mia vita era *legata* (sottolineatura mia) a ciò che l'avrebbe condotta a maturazione » (*ibid.*).

Quali difficoltà deve dunque superare l'atto di ritrovare il tempo perduto? E perché la loro soluzione porta questo segno di ambiguità?

Una prima ipotesi si presenta: il rapporto sul quale si costruisce l'atto di ritrovare il tempo secondo la dimensione dell'intera *Ricerca* non sarebbe forse estrapolato da quello che la riflessione scopre negli esempi canonici di reminiscenza portata a chiarezza, illuminata? Per contro, queste esperienze infime non costituirebbero forse un laboratorio in miniatura nel quale si forgia il *rapporto* che conferisce la sua unità all'insieme della *Ricerca*?

Analoga estrapolazione si legge nella seguente dichiarazione: « Ciò che noi chiamiamo realtà è un certo rapporto fra quelle sensazioni e quei ricordi che ci circondano simultaneamente—rapporto che sopprime una qualsiasi visione cinematografica, la quale appunto per questo tanto più s'allontana dal vero quanto più pretende di aderirvi—rapporto unico che lo scrittore deve ritrovare se vuol concatenare per sempre nel suo discorso i due termini differenti » [III, p. 889] (pp. 184-185). Tutto ha un peso qui: « rapporto unico », come nei momenti felici e in tutte le esperienze analoghe di reminiscenza, una volta illuminate, rapporto da « ritrovare », rapporto in cui due termini differenti sono « concatenati per sempre in un discorso ».

Una prima pista è così aperta, ed essa porta a cercare quelle tra le figure di stile che hanno precisamente come funzione quella di porre il rapporto tra due oggetti diversi. Questa figura è la *metafora*. È ciò che il narratore attesta in una dichiarazione [95] nella quale vedo volentieri, con Roger Schattuck [96], una delle chiavi ermeneutiche di *Alla Ricerca*: questo rapporto metaforico, portato alla luce grazie alla chiarificazione dei momenti felici, diventa la matrice di tutti i rapporti in cui due oggetti distinti sono, nonostante la loro differenza, elevati all'essenza e sottratti alle contingenze del tempo. L'intero apprendimento dei segni che costituisce la lunghezza di *Alla Ricerca*, cade così sotto la legge individuata sull'esempio privilegiato di alcuni segni premonitori, già portatori di quel senso duplice che l'intelligenza deve solo portare a chiarezza. La metafora regna laddove la visione cinematografica puramente successiva fallisce, nell'incapacità di mettere in rapporto sensazioni e ricordi. Il narratore ha colto l'applicazione generale che può essere fatta di questo rapporto metaforico, quando lo afferma « analogo nel campo dell'arte a quello che è il rapporto unico, della legge causale, in campo scientifico » (*ibid.*). Per conseguenza non c'è più alcuna enfasi nel dire che sensazioni e ricordi, nel contesto dell'intera *Ricerca*, sono saldati « coi necessari anelli dello stile » (*ibid.*). Lo stile, a questo punto, non designa niente di ornamentale, bensì l'entità singolare che risulta dalla congiunzione, in una opera d'arte unica, tra le domande dalle quali essa deriva e le soluzioni che offre. Il tempo ritrovato, in questo primo senso, è il tempo perduto eternizzato dalla metafora.

Questa prima pista non è l'unica: la soluzione *stilistica*, posta sotto l'emblema della metafora, chiede il complemento di una soluzione che possiamo chiamare *ottica* [97]. Il narratore ci impegna a seguire questa se-

[95] Questo testo, che fa seguito a quello che abbiamo appena notato, deve essere citato per intero: « In una descrizione, possiamo elencare all'infinito gli oggetti che figuravano nel luogo descritto, la verità comincerà soltanto quando lo scrittore avrà preso due oggetti differenti, ne avrà stabilito il rapporto, analogo nel campo dell'arte a quello che è il rapporto unico, della legge causale, in campo scientifico, e li avrà saldati coi necessari anelli dello stile, oppure, come la vita stessa, quando confrontando una qualità comune a due sensazioni, avrà liberato l'essenza loro riunendole entrambe, per sottrarle alle contingenze del tempo, in una metafora » [III, p. 889] (p. 185).

[96] Roger Schattuck, *Proust's binoculars*; *a study of memory, time, and recognition in 'A la recherche du temps perdu'*, Random House, New York 1963, apre con questo testo famoso uno studio di cui dirò più avanti i meriti.

[97] Sono debitore, per le osservazioni che seguono, all'opera citata di Schattuck. Non si limita a rilevare le immagini ottiche che troviamo ne *la Recherche* (lanterna magica, caleidoscopio, telescopio, microscopio, lenti di ingrandimento, ecc.), ma

conda pista, pronto a identificare poi il punto in cui le due si ricongiungono, dichiarando che « lo stile per lo scrittore, così come il colore per il pittore, non è questione di tecnica bensì di visione » [III, p. 895] (pp. 190-191).

Per visione, bisogna intendere ben altro che una reviviscenza dell'immediato: una lettura dei segni, che, come ben sappiamo, richiede un apprendimento. Se il narratore chiama *visione* l'esperienza del tempo ritrovato, è nella misura in cui questo apprendimento è coronato da un *riconoscimento* che è il segno stesso dell'extratemporale sul tempo perduto [98]. Sono, ancora una volta, i momenti felici che illustrano in miniatura questa visione stereoscopica divenuta riconoscimento. Ma l'idea di una « visione ottica » si applica all'intero apprendimento dei segni. Questo apprendimento, in effetti, è tutto un formicolio di errori ottici, che retrospettivamente rivestono il senso di un misconoscimento. A questo proposito, quella sorta di danza macabra—il pranzo di teste—che fa seguito alla grande meditazione non è soltanto segnata dal segno della morte, ma da quello del non-riconoscimento [III, pp. 931, 948, ecc.]. L'eroe si sbaglia perfino nel riconoscere Gilberte. Questa scena è capitale, per il fatto che colloca retrospettivamente l'intera anteriore ricerca sotto il segno di una commedia degli errori (ottici) e al tempo stesso sulla traiettoria di un progetto di riconoscimento integrale. Questa interpretazione globale de *Alla Ricerca* in termini di riconoscimento autorizza a considerare l'incontro dell'eroe con la figlia di Gilberte come un'ultima scena di riconoscimento, nella misura in cui, come s'è detto in precedenza, la giovane figlia incarna la riconciliazione tra i due lati, quello di Swann e quello di Guermantes.

Le due piste che abbiamo seguito si incontrano da qualche parte: metafora e riconoscimento hanno in comune di elevare due impressioni al

si impegna a discernere le regole di una diottrica proustiana fondata sul contrasto binoculare. L'ottica proustiana non è un'ottica diretta, ma sdoppiata, che autorizza Schattuck a qualificare *la Recherche* tutt'intera come una *stereo-optics of Time.* Il testo canonico, al riguardo, è il seguente: « Sotto tutti questi aspetti, una *matinée* come quella in cui io mi trovavo (...) era qualcosa di simile, essa, a ciò che una volta si sarebbe detta una 'veduta ottica', una veduta ottica degli anni, però la veduta non d'un monumento ma d'una persona posta nella prospettiva deformante del Tempo » [III, p. 925] (p. 219).

98 Roger Schattuck lo sottolinea magnificamente: il momento ultimo del libro non è un momento felice, ma un riconoscimento (p. 37): « *After the supreme rite of recognition at the end, the provisional nature of life disappears in the discovery of the straight path of art* » (p. 38).

piano dell'essenza, senza abolire la loro differenza: « Infatti, 'riconoscere' qualcuno, o meglio ancora, dopo non essere riusciti a riconoscerlo, identificarlo, significa pensare, sotto una sola denominazione, due cose contraddittorie » [III, p. 939] (p. 233). Questo testo capitale stabilisce l'equivalenza tra metafora e riconoscimento, facendo della prima l'equivalente logico del secondo (« pensare sotto una sola denominazione due cose contraddittorie ») e facendo del secondo l'equivalente temporale della prima (« ammettere che chi era qui, la persona che ricordiamo, non esiste più e che quella che c'è è un essere che non conosciamo », *ibid.*). Così si può dire che la metafora è nell'ordine dello stile quello che il riconoscimento è nell'ordine della visione stereoscopica.

Ma la difficoltà rinasce in questo stesso punto: in che cosa consiste il rapporto tra lo stile e la visione? Con questo interrogativo noi tocchiamo il problema che domina l'insieme de *Alla Ricerca*, quello del *rapporto* tra la scrittura e l'impressione, vale a dire, in un senso ultimo, tra la letteratura e la vita.

Un terzo senso della nozione di tempo ritrovato si scoprirà su questa nuova pista: il tempo ritrovato, diremo ora, è l'*impressione ritrovata*. Ma che cosa è l'impressione ritrovata? Bisogna, ancora una volta, partire dall'esegesi dei momenti felici ed estenderla all'intero apprendimento dei segni portato avanti lungo tutta *la Ricerca*. L'impressione, per essere ritrovata, deve anzitutto essere perduta in quanto godimento immediato, prigioniera del suo oggetto esteriore; questo primo stadio della riscoperta segna l'intera interiorizzazione dell'impressione [99]; un secondo stadio è la trasposizione dell'impressione in legge, in idea [100]; un terzo è l'inscrizione di questo equivalente spirituale entro un'opera d'arte; ci sarebbe un quarto stadio, al quale si fa allusione una sola volta ne *la Ricerca*, quando il narratore evoca i suoi futuri lettori: « giacché questi, come ho dimostrato, non sarebbero stati miei lettori, ma i lettori di se stessi, essendo il mio libro qualcosa di simile a quelle lenti

99 « ...siccome ogni impressione è duplice, per metà inguainata nell'oggetto, prolungata in noi stessi per l'altra metà che soltanto noi potremmo conoscere, ci affrettiamo a trascurare proprio quest'ultima, cioè la sola cui dovremmo attenerci... » [III, p. 891] (p. 187).

100 « Insomma, nell'un caso come nell'altro, sia che si tratti di impressioni quali quelle procuratemi dalla vista dei campanili di Martinville, sia di reminiscenze quali l'ineguaglianza delle due lastre o il sapore della maddalena, io dovevo studiarmi d'interpretare le sensazioni come segni d'altrettante leggi e idee, cercando di pensare, cioè di fare uscire dalla penombra ciò che avevo provato, di convertirlo in un equivalente spirituale » [III, pp. 878-879] (p. 174).

d'ingrandimento che l'ottico di Combray porgeva ad un cliente, il mio libro grazie al quale avrei fornito loro il mezzo di leggere entro se stessi » [III, p. 1033] (p. 321)[101].

Questa alchimia dell'impressione ritrovata pone a meraviglia la difficoltà che il narratore avverte superando la soglia dell'opera: come non sostituire la letteratura alla vita, o ancora, sotto il vocabolo delle leggi e delle idee, come non dissolvere l'impressione in una psicologia o una sociologia astratta, spogliata di qualunque carattere narrativo? Il narratore replica a questo pericolo mediante la preoccupazione di preservare un equilibrio instabile tra le impressioni di cui, dice, la « caratteristica era che io non ero libero di sceglierle, che mi venivan date così come si presentavano » [III, p. 879] (p. 174) e, d'altra parte, la decifrazione dei segni, orientata dalla conversione dell'impressione in opera d'arte. La creazione letteraria sembra dunque tirare nei due sensi contrari.

Da un lato, l'impressione deve mantenere « la garanzia (...) dell'autenticità di tutto il quadro » [III, p. 879] (p. 175)[102]. In questa stessa linea, capita al narratore di parlare della vita come di un « libro intimo di segni sconosciuti » (*ibid.*). Questo libro noi non l'abbiamo mai scritto: ora, « il libro dai caratteri figurati, non tracciati da noi, è l'unico libro nostro » [III, p. 880] (p. 175)[103]. Meglio: è « la nostra vera vita, la realtà quale l'abbiamo vissuta, e a tal punto diversa da ciò che crediamo, da colmarci d'una così grande felicità allorché il caso ce ne porta il vero ricordo » [III, p. 881] (p. 176). Così è sulla « sottomissione alla realtà interiore » [III, p. 882] (p. 178) che si fonda la scrittura dell'opera da fare[104].

101 Ritroveremo questa ultima fase dell'alchimia della scrittura nel corso della nostra quarta parte, nell'ambito della nostra riflessione sul compimento dell'opera nell'atto della lettura.

102 « Non ero andato io a cercare i due ciottoli del cortile dove avevo inciampato. Ma giustappunto il modo fortuito, ineluttabile, con cui ero incappato nella sensazione, garantiva di per se stesso la verità del passato che essa risuscitava, delle immagini che liberava, dato che ne sentiamo lo sforzo per risalire verso la luce, sentiamo in noi il giubilo per la ritrovata realtà » [III, p. 879] (p. 174).

103 Tutta la problematica della traccia è qui contenuta: « Codesto libro, il più arduo a decifrarsi, è anche il solo dettatoci dalla realtà, l'unico 'impresso' in noi dalla realtà medesima. Di qualunque idea si tratti, lasciata in noi dalla vita, la sua rappresentazione materiale, impronta dell'impressione ch'essa ha prodotto in noi, è pur sempre l'attestato della sua indispensabile verità » [III, p. 880] (p. 175). Ritorneremo su questa problematica della traccia nella quarta parte.

104 A tale proposito, l'artista, non meno dello storico, è *debitore* verso qualche

Dall'altro lato, la lettura del libro della vita consiste « in un atto di creazione nel quale nessuno può sostituirci e nemmeno collaborare con noi » [III, p. 887]. Tutto pare ora inclinare sul versante della letteratura. Conosciamo il testo famoso: « La vera vita, la vita finalmente scoperta e tratta alla luce, la sola vita quindi realmente vissuta, è la letteratura; quella che, in certo senso, si può trovare in qualsiasi momento in tutti gli uomini altrettanto come nell'artista. Ma essi non la vedono, perché non cercano di illuminarla » [III, p. 895] (p. 190). Questa dichiarazione non deve metterci fuori strada. Essa non ci riporta affatto all'apologia *del* libro che troviamo in Mallarmé. Ciò che essa pone è una equazione che, al termine dell'opera, dovrebbe essere interamente reversibile tra la vita e la letteratura, cioè finalmente tra l'impressione conservata nella sua traccia e l'opera d'arte che dice il senso dell'impressione. Ma questa reversibilità non è data in nessun luogo: essa deve essere il frutto del lavoro della scrittura. In questo senso, *la Ricerca* potrebbe intitolarsi *Alla ricerca dell'impressione perduta*, dal momento che la letteratura non è altro che l'impressione ritrovata—« il giubilo per la ritrovata realtà » [III, p. 879] (p. 175).

Una terza versione del tempo ritrovato si offre così alla nostra meditazione. Essa non s'aggiunge tanto alle due precedenti, quanto piuttosto le avvolge. Nell'impressione ritrovata si incrociano le due piste che abbiamo seguito e si riconciliano quelli che si potrebbero chiamare i due « versanti » de *la Ricerca*; nell'ordine dello stile, il versante della metafora, nell'ordine della visione, il versante del riconoscimento [105]. Per contro, metafora e riconoscimento esplicitano il *rapporto* sul quale si costruisce, a sua volta, l'impressione ritrovata, il rapporto tra la vita e la letteratura. E ogni volta questo rapporto include l'oblio e la morte.

Questa è la ricchezza di senso del tempo ritrovato, o piuttosto dell'operazione di ritrovare il tempo perduto. Questo senso abbraccia le tre versioni che abbiamo appena esplorato. Il tempo ritrovato, diremo, è la

cosa che lo precede. Riprenderemo questo aspetto nella quarta parte. Nello stesso senso: « ...m'accorgevo che per scrivere quel libro essenziale, l'unico vero libro, un grande scrittore non ha, nel senso comune della parola, da inventarlo, in quanto esiste già in ciascun di noi, ma da tradurlo. Il dovere e il compito d'uno scrittore sono quelli d'un traduttore » [III, p. 890] (p. 186).

105 Meditando sul terminare a Mlle de Saint-Loup dei due 'lati' dove l'eroe aveva fatto tante passeggiate e tanti sogni, il narratore avverte che l'intera sua opera sarà fatta di tutte le 'trasversali' che riunivano le impressioni, i periodi, e i luoghi [III, pp. 1038-1039]. Tanti lati, tante trasversali, tante distanze traversate.

metafora, che rinchiude le differenze « dentro gli anelli necessari di un bello stile »; è ancora il *riconoscimento* che corona la visione stereoscopica; è infine l'*impressione ritrovata*, che riconcilia la vita e la letteratura. Nella misura in cui la vita figura il versante del tempo perduto e la letteratura il versante dell'extratemporale, possiamo a buon diritto dire che il tempo ritrovato esprime la ripresa del tempo perduto nell'extratemporale, come l'impressione ritrovata esprime quella della vita nell'opera d'arte.

I due fuochi dell'ellisse de *la Ricerca* non sono confusi: tra il tempo perduto dell'apprendimento dei segni e la contemplazione dell'extratemporale, resta una distanza. Ma sarà una distanza *attraversata*.

È su quest'ultima espressione che concluderemo. Essa segna in effetti la transizione dall'extratemporale, intravisto nella contemplazione, a ciò che il narratore chiama il « tempo incorporato » [III, p. 1046] (p. 335)[106]. L'extratemporale non è altro che un punto di passaggio: la sua forza è quella di trasformare in durata continua i « vasi chiusi delle epoche discontinue ». Lungi quindi la conclusione secondo la quale la *Ricerca* finirebbe in una visione bergsoniana di una durata priva di qualsiasi estensione, anzi essa conferma il carattere *dimensionale* del tempo. L'itinerario de *la Ricerca* va dall'idea di una distanza che separa a quella di una distanza che congiunge. E questo è confermato dall'ultima fi-

[106] La figurazione che corrisponde a questo tempo incorporato, è la ripetizione, all'inizio e alla fine de *la Recherche*, del medesimo ricordo della chiesa di sant'Ilario di Combray: « Allora, pensai improvvisamente se avevo ancora la forza di portare a termine il mio lavoro, sentivo che la natura delle circostanze che oggi, e proprio durante la matinée della principessa di Guermantes, m'avevano dato insieme l'idea della mia opera e il timore di non poterla attuare, certo avrebbe fatto sì che la mia opera portasse l'impronta da me presentita in passato nella chiesa di Combray, in giorni che avevano tanto influito su di me, l'impronta che per solito ci resta invisibile: l'impronta del Tempo » [III, pp. 1044-1045] (p. 332); per quest'ultima illuminazione retrospettiva il narratore ha riservato il passato remoto unito all'avverbio 'improvvisamente'. Un'ultima volta la chiesa di Combray restituisce la prossimità nella distanza che, fin dal principio de *la Recherche*, segnava l'evocazione di Combray. *Le Temps retrouvé* è allora la ripetizione: « Era questa cognizione del tempo incorporato, degli anni passati non distinti da noi, che avevo ora l'intenzione di porre in così forte risalto nella mia opera... tutt'ora, mentre ero nel palazzo del principe di Guermantes, quel rumore dei passi dei miei genitori che riaccompagnavano Swann, quello scampanellio trabalzante, ferrigno, interminabile, stridulo e fresco della campanella che mi annunciava che finalmente Swann se n'era andato e che la mamma stava per risalire, io li udivo ancora, quei suoni stessi udivo, quei suoni, pur situati così lontano nel passato » [III, p. 1046] (p. 334-335).

gura che *la Ricerca* propone del tempo: quella di una accumulazione della durata, in un certo senso al di sotto di noi stessi. Così il narratore-eroe vede gli uomini come « appollaiati su vivi trampoli, sempre e senza tregua crescenti, a volta più alti dei campanili, tali da render loro arduo e periglioso il cammino, e donde all'improvviso precipitan giù » [III, p. 1048] (p. 336). Quanto a lui, avendo incorporato al suo presente un « tempo così lungo », si vede « appollaiato sul suo apice vertiginoso » [III, p. 1047] (p. 335). Quest'ultima figura del tempo ritrovato dice due cose: che il tempo perduto è contenuto nel tempo ritrovato, ma anche che è in definitiva il Tempo che ci contiene. Ed effettivamente *la Ricerca* non si chiude con un grido di trionfo, ma con « un sentimento di fatica e di spavento » (*ibid.*). Infatti il tempo ritrovato è anche la morte ritrovata. *La Ricerca* ha prodotto soltanto, secondo la parola di H.R. Jauss, un tempo *interim*, quello di un'opera ancora da fare e che la morte può distruggere.

Che in ultima istanza il tempo ci avvolga, come si diceva nei vecchi miti, noi lo sapevamo fin dall'inizio: l'inizio narrativo aveva questo di strano, che rinviava ad un anteriore indefinito. La chiusura narrativa segue la medesima logica: il racconto si ferma quando lo scrittore si mette al lavoro. Tutti i tempi verbali ormai passano dal futuro al condizionale: « Io dovevo scrivere, qualcosa di ben altro, di più lungo, rivolto a ben più di una persona. Lungo a scriversi. Il giorno, tutt'al più, avrei potuto tentar di dormire. Non avrei lavorato che di notte. Ma mi occorrevano molte notti, forse cento, forse mille. E sarei vissuto nell'ansia di non sapere se il Padrone del mio destino, meno indulgente del sultano Sheriar, al mattino, quando avrei interrotto il mio racconto, avrebbe acconsentito a soprassedere alla mia condanna, concedendomi di riprendere il seguito la sera successiva » [III, p. 1043] (p. 331) [107].

È per questo che l'ultima parola è per rimettere l'io e tutti gli uomini al loro posto *nel* tempo? Posto certo « considerevole accanto a quello così angusto che è riservato loro nello spazio » (*ibid.*)—ma comunque posto « nel Tempo » [III, p. 1048] (p. 336).

107 Sulla *questione della scrittura*, ovvero l'impossibilità di scrivere, cfr. Gérard Genette, « La question de l'écriture », et Léo Bersani, « Déguisement du moi et art fragmentaire », in *Recherche de Proust*, Ed. du Seuil, Paris 1980, pp. 7-33.

CONCLUSIONI

Vorrei, al termine di questa terza parte della mia ricerca, fare un bilancio analogo a quello che ho proposto al termine della seconda parte (vol. I, pp. 335-340).

Questo bilancio lo farei anzitutto in rapporto con il modello narrativo elaborato nella prima parte di *Tempo e Racconto*, sotto il titolo della triplice *mimesis*. Lo studio che qui si conclude pretende infatti di stare rigorosamente entro i confini di *mimesis* II, cioè della relazione mimetica che Aristotele identifica con la composizione regolata di una favola. Sono rimasto davvero fedele a questa principale equazione tra *mimesis* e *muthos*?

Vorrei dare libero corso a certi scrupoli che mi hanno accompagnato lungo la redazione di questo volume.

Il più facile da formulare trova ancora la sua risposta nella *Poetica* di Aristotele: il nostro uso del sostantivo *racconto*, dell'aggettivo *narrativo* e del verbo *raccontare*, che io considero rigorosamente intercambiabili, solo con una differenza grammaticale, non soffre forse di un equivoco grave, nella misura in cui sembra ricoprire sia l'intero campo della *mimesis* di azione, sia il solo modo diegetico, con esclusione del modo drammatico? Inoltre, sempre in questa linea di equivoco, non abbiamo forse surrettiziamente trasferito sul modo diegetico delle categorie proprie al modo drammatico?

Il diritto di usare il termine racconto in senso generico, pur rispettando nei contesti propri la differenza specifica tra il modo diegetico e quello drammatico, mi sembra fondato nella scelta stessa della nozione di *mimesis d'azione* come categoria dominante. In effetti il *muthos*, da cui deriva la nostra nozione di costruzione dell'intrigo, è una categoria che ha ampiezza analoga a quella di *mimesis* d'azione. Risulta così da tale scelta che la distinzione tra modo diegetico e modo drammatico passa in secondo piano; essa risponde alla domanda circa il 'come' della *mimesis* e non a quella circa il suo 'che cosa'; ecco perché possiamo trovare esempi di intrighi ben fatti indifferentemente in Omero o in Sofocle.

Lo stesso scrupolo rinasce, comunque, sotto un'altra forma, dall'esame della connessione dei nostri quattro capitoli. Si riconoscerà senza dubbio che allargando e approfondendo la nozione di intrigo, come abbiamo annunciato introducendo i nostri due primi capitoli, abbiamo confermato e affermato la priorità del senso generico del racconto di finzione in rapporto al senso specifico del modo diegetico. Per contro, sarà possibile muoverci il rimprovero d'avere progressivamente chiuso le nostre analisi sul modo diegetico, trattando dei giochi con il tempo. La distinzione tra enunciazione e enunciato, poi l'insistenza sulla dialettica tra il discorso del narratore e il discorso del personaggio, infine la concentrazione finale sul punto di vista e la voce narrativa, non caratterizzano forse di preferenza il modo diegetico? Per prevenire questa obiezione, mi sono preoccupato di cogliere da quei giochi con il tempo solo il loro contributo alla *composizione* dell'opera letteraria, secondo la lezione raccolta da Bakhtine, Genette, Lotman e Uspensky. In tal modo ritengo d'aver 'arricchito' la nozione di intrigo secondo quanto avevo promesso nella mia introduzione, e averla mantenuta al medesimo livello di generalità della *mimesis* d'azione che resta così il concetto cardine. Riconosco di buon grado che la mia risposta sarebbe più convincente se analisi del tipo di quelle che Henri Gouhier ha dedicato all'arte drammatica potessero mostrare che le medesime categorie, accanto a quelle di punto di vista e di voce, sono operanti nell'ordine drammatico; si avrebbe così la prova che la nostra concentrazione sul romanzo non rappresenta altro che una restrizione di fatto, contraria a quella che pratica Aristotele a vantaggio del *muthos* tragico. È un fatto che tale prova manca al nostro lavoro.

Purtroppo, il richiamo appena fatto al *romanzo* restituisce forza allo scrupolo di partenza, per una ragione che attiene alla natura stessa di questo genere. Il romanzo costituisce semplicemente un esempio tra altri di racconto di finzione? È appunto ciò che sembra soggiacere alla scelta delle tre favole sul tempo che occupano il nostro ultimo capitolo.

Ora, noi abbiamo delle ragioni per dubitare che il romanzo si lasci catalogare entro una tassonomia *omogenea* dei generi narrativi. Il romanzo non è forse un genere anti-genere, che per ciò stesso rende impossibile il rimemorare proprio del modo diegetico e del modo drammatico sotto il termine inglobante di racconto di finzione? Tale argomento trova un'impressionante conferma nel saggio che Bakhtine dedica all'epopea e al romanzo nella raccolta di saggi consacrati all'*Immaginazione dialogica.* Il romanzo, secondo Bakhtine, sfugge a tutte le classificazioni omogenee poiché non è possibile collocare, nel medesimo insieme, dei generi, di cui l'epopea è l'esempio perfetto, che hanno esaurito il loro corso, e il *solo* genere ad essere nato dopo l'istituzione della scrittura e del libro, il solo che, non soltanto continua il suo sviluppo, ma non smette di rimettere in cantiere la propria identità. Prima del romanzo, i generi aventi forme fisse tendevano a rafforzarsi reciprocamente e formare in tal modo un tutto armonioso, un insieme letterario coerente, accessibile quindi a una teoria generale della composizione letteraria. Il romanzo, sospingendo gli altri generi, ne disloca la coerenza globale.

Tre aspetti, secondo Bakhtine, non consentono di collocare l'epopea e il romanzo sotto una categoria comune. Anzitutto, l'epopea situa la storia del suo eroe entro un 'passato perfetto', per riprendere l'espressione di Hegel, un passato senza legame con il tempo del narratore (o di chi racconta) e del suo pubblico. Successivamente, questo passato assoluto non è legato al tempo della recitazione se non mediante tradizioni nazionali che sono oggetto di una considerazione che esclude qualsiasi critica e quindi qualsiasi cambiamento. Infine e soprattutto, la tradizione isola il mondo epico e i suoi personaggi eroici dalla sfera dell'esperienza collettiva e personale degli uomini d'oggi. Ora, è dalla distruzione di questa *distanza epica* che è nato il romanzo. Ed è principalmente sotto la pressione del ridere, del ridicolo, del 'carnevalesco' e più generalmente delle espressioni del comico serio—culminanti nell'opera di Rabelais, così brillantemente celebrato dallo stesso Bakhtine—che la distanza epica ha ceduto il posto alla contemporaneità fondata sulla condivisione del medesimo universo ideologico e linguistico, che caratterizza il rapporto tra lo scrittore, i suoi personaggi e il suo pubblico nell'epoca del romanzo. In una parola, è questa fine della distanza epica che oppone decisamente la letteratura 'bassa' al resto della letteratura 'elevata'.

Questa opposizione massiva tra l'epopea e il romanzo rende forse vana una analisi come la nostra, che pretende di raccogliere sotto il titolo generale di racconto di finzione tutte le opere che, in un modo o nell'altro, mirano a creare una *mimesis dell'azione*? Io non lo penso. Per quanto si spinga avanti l'opposizione tra letteratura 'alta' e letteratura 'bassa', per quanto si scavi in profondità l'abisso che separa la distanza epica e la contemporaneità tra lo scrittore e il suo pubblico, gli aspetti generali della finzione non sono cancellati. L'epopea antica era non meno del romanzo moderno una critica dei limiti della cultura contemporanea, come ha dimostrato James Redfield a proposito dell'*Iliade*. Per contro, il romanzo moderno appartiene al suo tempo solo a prezzo di un altro tipo di distanza, che è quella della finzione stessa. Ecco perché certi critici contemporanei possono, senza negare l'originalità del romanzo, continuare, come Goethe e Schiller nella loro famosa opera comune, e Hegel nella *Fenomenologia dello Spirito* e nell'*Estetica*, a caratterizzare il romanzo come una forma ('bassa' se si vuole) dell'epica e a suddividere la letteratura—la *Dichtung*—tra l'epica, il drammatico e il lirico. La fine della distanza epica segna certo una frattura tra il mimetico 'elevato' e il mimetico 'basso'; ma noi abbiamo imparato, da Northrop Frye, a tenere questa distinzione entro l'universo della finzione. Che i personaggi ci siano 'superiori', 'inferiori' o 'eguali', notava Aristotele, essi restano, ad egual titolo, gli *agenti di una storia imitata*. Ecco perché il romanzo ha soltanto reso infinitamente più complessi i problemi di costruzione dell'intrigo. Si può anzi dire, senza cadere nel paradosso, anzi con il supporto di Bakhtine, che la rappresentazione di una realtà in piena trasformazione, la descrizione di personalità incompiute e la referenza ad un presente tenuto in sospeso, 'senza conclusioni', esigono una disciplina formale più grande da parte del creatore di favole che del narratore di un mondo eroico portatore del proprio interno compimento. Ma io non mi limito a questa argomentazione di tipo difensivo. Pretendo che il romanzo moderno esiga dalla critica letteraria molto di più che una formulazione più raffinata del principio di *sintesi dell'eterogeneo*, concetto con il quale definiamo formalmente la costruzione dell'intrigo; esso produce inoltre un *arricchimento* della stessa nozione di azione, proporzionale a quello della nozione di intrigo. Se i nostri due ultimi capitoli hanno dato l'impressione di allontanarsi da una *mimesis dell'azione* in senso stretto del termine a vantaggio di una *mimesis del personaggio*, per arrivare, secondo l'espressione di Dorrit Cohn, ad una *mimesis della coscienza*, la deriva della nostra analisi è solo apparente. Il romanzo contribuisce ad un arricchimento autentico della nozione di azione. Al limite, il 'monologo raccontato' a cui si riduce l'episodio 'Penelope' col quale si conclude l'*Ulisse* di Joyce è la suprema illustrazione di questo che dire è ancora fare, anche quando il dire si rifugia nel discorso senza voce di un pensiero muto che il romanziere non esita a *raccontare*.

Resta da completare questo primo bilancio confrontando le conclusioni del nostro studio della configurazione del tempo nel racconto di finzione con quelle conclusioni che abbiamo ricavato, alla fine del nostro primo volume, riguardanti la configurazione del tempo mediante il racconto storico.

Direi anzitutto che le due analisi consacrate rispettivamente alla configurazione nel racconto storico e alla configurazione nel racconto di finzione si sono rivelate rigorosamente parallele e costituiscono i due versanti di un'unica e medesima investigazione, applicata all'arte di comporre: quella che abbiamo collocato, nella prima parte, sotto la sigla di *mimesis* II. Una delle limitazioni di cui soffrivano le nostre analisi del racconto storico è stata così tolta: è l'intero campo narrativo che è ormai aperto alla nostra riflessione. Al tempo stesso viene colmata una grave lacuna negli studi abitualmente dedicati alla narratività: storiografia e critica letteraria sono chiamate insieme e invitate a ricostituire insieme una grande narratologia, nella quale eguale diritto sarà riconosciuto sia al racconto storico che a quello di finzione.

Abbiamo molteplici ragioni per non essere sorpresi dalla congruenza tra il racconto storico e il racconto di finzione a livello della configurazione. Non ci attarderemo sulla prima di queste ragioni, e cioè il fatto che i due modi narrativi sono preceduti dall'uso del racconto nella vita quotidiana. La maggior parte delle nostre informazioni sugli avvenimenti del mondo è in effetti tributaria della conoscenza per sentito dire. Così l'atto—se non l'arte—di *raccontare* fa parte delle mediazioni *simboliche* dell'azione che abbiamo ricondotte alla pre-comprensione del campo narrativo e poste sotto la sigla di *mimesis* I. In questo senso si può dire che tutte le arti della narrazione, e a titolo eminente quelle che sono derivate dalla scrittura, sono imitazioni del racconto così come è già praticato nelle transazioni del discorso ordinario.

Ma questa comune provenienza del racconto storico e del racconto di finzione non basterebbe da sola a conservare la parentela dei due modi narrativi fin entro le loro forme più elaborate: la storiografia e la letteratura. Bisogna riconoscere una seconda ragione di tale persistente congruenza: la rimemorazione del campo narrativo è possibile solo nella misura in cui le operazioni configuranti in uso nell'uno e nell'altro ambito possono essere misurate col medesimo metro; questo metro comune per noi è stata la *costruzione dell'intrigo.* A questo proposito non è sorprendente che noi abbiamo ritrovato nel racconto di finzione l'operazione configurante con la quale la spiegazione storica era stata confrontata, dal momento che le teorie narrativiste presentate nella seconda parte si basavano sul transfert delle categorie letterarie della costruzione dell'intrigo nel campo del racconto storico. In tal senso, non abbiamo fatto altro che restituire alla letteratura quello che la storia le aveva preso a prestito.

Questa seconda ragione, a sua volta, vale solo se le trasformazioni del modello semplice di costruzione dell'intrigo preso da Aristotele conservano una sorta di parentela individuabile anche nelle loro espressioni più divergenti. Il lettore osserverà, a tale proposito, una grande somiglianza tra i tentativi condotti separatamente nei due campi narrativi per conferire alla nozione di costruzione dell'intrigo una estensione più vasta e una comprensione più radicale di quella del *muthos* aristotelico, che dipende dalla interpretazione della tragedia greca. Abbiamo adottato come filo conduttore di questi tentativi distinti le medesime nozioni di *sintesi temporale dell'eterogeneo* e di *concordanza discordante*, che riportano il principio formale del *muthos* aristotelico al di là dei suoi utilizzi particolari entro generi e tipi letterari troppo determinati per poter essere trasposti, senza avvertenze, dalla letteratura alla storia.

La ragione più profonda dell'unità del concetto di *configurazione narrativa* sta in ultima analisi nella parentela tra i metodi di derivazione invocati da entrambe le parti per dare conto della specificità delle nuove pratiche narrative apparse sia nel campo storiografico che in quello del racconto di finzione. Per ciò che concerne la storiografia, non sono state dimenticate le riserve con le quali abbiamo accolto le tesi narrativiste che facevano della storia una semplice specie del genere *story*, né la preferenza che abbiamo dato alla via lunga dell'« interrogazione a ritroso » presa a prestito dalla *Krisis* di Husserl. Abbiamo così potuto rendere giustizia alla nascita di una *razionalità* nuova nel campo della spiegazione storica, pur mantenendo, per mezzo di questa genesi di senso, la subordinazione della razionalità storica all'*intelligenza narrativa.* E nemmeno sono state dimenticate le nozioni di quasi-intrigo, di quasi-personaggio e di quasi-avvenimento mediante le quali abbiamo tentato di aggiustare i nuovi modi di configurazione storica al concetto formale di intrigo, preso nell'accezione ampia di sintesi temporale dell'eterogeneo.

Il primo e secondo capitolo della terza parte concorrono alla medesima generalizzazione del concetto di intrigo sotto il controllo dell'idea di *sintesi temporale dell'eterogeneo.* Interrogando anzitutto il regime di tradizionalità che caratterizza lo sviluppo dei generi letterari dipendenti dalla narratività, abbiamo esplorato le risorse di devianza che tollera il principio formale di configurazione narrativa, e abbiamo concluso sulla scommessa che, nonostante certi segni premonitori di uno scisma che minaccia il principio stesso di messa in forma narrativa, questo principio sarebbe sempre in grado di incarnarsi in nuovi generi letterari capaci di assumere la perennità dell'atto immemore di raccontare. Ma è nell'esame dei tentativi fatti dalla semiotica narrativa per riformulare le strutture di superficie dei racconti in funzione delle strutture profonde che è possibile osservare il parallelismo più stretto tra l'epistemologia della spiegazione storica e quella della grammatica narrativa. La nostra tesi è stata la medesima nei due casi: è stata ogni volta una difesa del primato dell'intelligenza narrativa rispetto alla razionalità narratologica. Il carattere universale del principio formale di configurazione narrativa si trovava così confermato, nella misura in cui, ciò a cui l'intelligenza deve fare fronte, è la costruzione dell'intrigo, presa nella sua formalità più estrema, e cioè la sintesi temporale dell'eterogeneo.

Ho appena insistito sull'omologia, dal punto di vista epistemologico, tra le nostre analisi delle operazioni di configurazione sul piano del racconto storico e su quello del racconto di finzione. Si deve, ora, mettere l'accento su certe dissimmetrie che troveranno una completa chiarificazione solo nella quarta parte, quando toglieremo la parentesi che abbiamo imposto alla questione della *verità.* Se è proprio questo problema che, in ultima istanza, distingue la storia, in quanto racconto vero, dalla finzione, la dissimmetria che segna il potere proprio del racconto di rifigurare il tempo, vale a dire, secondo la nostra convenzione lessicale, la terza relazione mimetica del racconto nei confronti dell'azione, si annuncia già al livello in cui, come abbiamo appena ricordato, il racconto di finzione e il racconto storico offrono la massima simmetria, cioè sul piano della configurazione.

Abbiamo potuto trascurare tale dissimmetria richiamando i risultati più vistosi dei nostri studi paralleli del racconto storico e del racconto di finzione, nella misura in cui, parlando di configurazione del tempo attraverso il racconto, abbiamo messo l'accento principale sul *modo di in-*

telligibilità al quale può tendere il potere configurante del racconto, piuttosto che sul *tempo* che ne è la posta in gioco.

Ora, per ragioni che appariranno solo più tardi, il racconto di finzione è più ricco di informazioni sul tempo, a livello stesso dell'arte di comporre, rispetto al racconto storico. Non voglio dire che il racconto storico sia di una povertà estrema al riguardo: noi discutevamo a proposito dell'avvenimento e più precisamente le nostre osservazioni finali sul ritorno dell'avvenimento per il tramite della lunga durata hanno fatto apparire il tempo della storia come un campo sufficientemente ampio di variazioni per obbligarci a formare la nozione di quasi-avvenimento. Nondimeno, certi condizionamenti di cui potremo dare conto solo nella quarta parte fanno sì che le diverse durate prese in considerazione dagli storici obbediscano a delle leggi di inquadramento che, nonostante le innegabili differenze qualitative, relativamente al ritmo, al tempo degli avvenimenti, rendono queste durate, e le velocità corrispondenti, fortemente omogenee. Ecco perché la successione dei capitoli della seconda parte non segnava alcuna rilevante progressione nell'apprensione del tempo. Non così per la configurazione del tempo mediante il racconto di finzione. I quattro capitoli hanno potuto essere organizzati in funzione di una apprensione sempre più stretta della temporalità narrativa.

Nel primo capitolo, si trattava ancora solo di aspetti temporali legati allo stile di tradizionalità della storia dei generi letterari che dipendono dal racconto. Abbiamo così potuto caratterizzare una sorta di identità transtorica, ma non intemporale, dell'operazione di configurazione, mediante la connessione delle tre nozioni di innovazione, di perennità, di declino, nozioni le cui implicazioni temporali sono manifeste. Il secondo capitolo s'è spinto più avanti nella problematica del tempo, in occasione del dibattito tra l'intelligenza narrativa e la razionalità narratologica, nella misura in cui quest'ultima rivendica per i modelli della grammatica profonda del racconto una *acronia* di principio, nei confronti della quale la *diacronia* delle trasformazioni, manifestate alla superficie del racconto, riveste un carattere derivato e inessenziale. A questo abbiamo opposto il carattere originario del processo temporale intrinseco alla costruzione dell'intrigo a riguardo dell'intelligenza narrativa, che noi vediamo simulata dalla razionalità narratologica. Ma è con lo studio dei 'giochi con il tempo', nel terzo capitolo, che il racconto di finzione ci è sembrato dispiegare, per la prima volta, delle risorse che il racconto storico sembrerebbe nell'impossibilità di sfruttare, per delle ragioni che, ancora una volta, non potevano essere esplicitate a quello stadio della nostra ricerca. È solo con il racconto di finzione che il creatore di intrighi moltiplica le distorsioni che autorizzano lo sdoppiamento del tempo tra tempo impiegato a raccontare e tempo delle cose raccontate: sdoppiamento a sua volta instaurato dal gioco tra l'enunciazione e l'enunciato nel corso dell'atto di narrazione. Tutto avviene come se la finzione, creando mondi immaginari, aprisse alla manifestazione del tempo una carriera senza limiti.

Abbiamo fatto l'ultimo passo in direzione della specificità del tempo di finzione nell'ultimo capitolo, consacrato alla nozione di esperienza immaginaria del tempo. Per esperienza immaginaria, abbiamo inteso un modo virtuale di abitare il mondo che l'opera letteraria proietta grazie al suo potere di auto-trascendenza. Questo capitolo corrisponde perfettamente a quello che abbiamo consacrato all'intenzionalità storica nella seconda parte. La dissimmetria di cui parliamo ora accompagna dunque in modo esatto la simmetria tra il racconto storico e il racconto di finzione sul piano della struttura narrativa.

Ciò significa che abbiamo superato, sia dal versante della finzione che da quello della storia, la frontiera che abbiamo tracciato fin dal principio tra la questione del senso e quella della referenza, o meglio, come preferiamo dire, tra la questione della configurazione e quella della rifigurazione? Non lo pensiamo affatto. Anche se dobbiamo riconoscere che a questo stadio la problematica di configurazione subisce fortemente l'attrazione della problematica di rifigurazione—e questo grazie alla legge generale del linguaggio secondo la quale *ciò che* noi diciamo è regolato da ciò *a proposito di cui* noi lo diciamo—noi affermiamo con eguale forza che la frontiera tra configurazione e rifigurazione non è ancora superata, fino a quando il mondo dell'opera resta una trascendenza immanente al testo.

Questa ascesi dell'analisi ha la sua contropartita in una ascesi analoga che abbiamo praticato nella seconda parte, quando abbiamo dissociato le caratteristiche epistemologiche dell'avvenimento storico dalle sue caratteristiche ontologiche, che affronteremo solo nella quarta parte, a proposito della *realtà* del passato storico. E come ci eravamo astenuti dal dirimere la questione della referenza dell'avvenimento storico al passato effettivo, così lasciamo in sospeso il potere detenuto dal racconto di finzione, potere di *scoprire* e *trasformare* il mondo effettivo dell'azione. In questo senso, gli studi che abbiamo consacrato alle tre favole sul tempo preparano, senza compierla, la transizione dai problemi di configurazione narrativa a quelli di rifigurazione del tempo mediante il racconto, che saranno oggetto della quarta parte. Il confine che separa una problematica dall'altra è superato solo quando il mondo del testo viene messo a confronto con il mondo del lettore. Solo allora, l'opera letteraria acquista un significato nel senso pieno del termine, nell'intersezione del mondo proiettato dal testo e del mondo di vita del lettore. Tale confronto esige, a sua volta, il passaggio attraverso una teoria della lettura, nella misura in cui quest'ultima costituisce il luogo privilegiato dell'intersezione tra un mondo immaginario e un mondo effettivo. È solo dunque al di là della teoria della lettura, proposta in uno degli ultimi capitoli della quarta parte, che il racconto di finzione potrà fare valere i suoi titoli in ordine alla verità, a prezzo di una radicale riformulazione del problema della verità, nella misura della capacità propria dell'opera d'arte di svelare e di trasformare l'agire umano; ugualmente è solo al di là della teoria della lettura che il contributo del racconto di finzione alla rifigurazione del tempo potrà entrare in opposizione e in composizione con il potere proprio del racconto storico di dire il passato effettivo. Se la nostra tesi circa il problema tanto controverso della referenza nell'ordine della finzione ha qualche originalità, ciò è nella misura in cui essa non separa la pretesa alla verità avanzata dal racconto di finzione, da quella del racconto storico, e si impegna a comprendere l'una in funzione dell'altra.

Il problema della rifigurazione del tempo mediante il racconto sarà quindi portato a buon termine solo quando saremo in grado di *incrociare* le rispettive prospettive referenziali del racconto storico e del racconto di finzione. L'analisi dell'esperienza di finzione del tempo avrà quanto meno segnato una svolta decisiva in direzione della soluzione del problema che costituisce l'orizzonte dell'intera nostra ricerca, dando a pensare qualche cosa come un *mondo del testo*, nell'attesa del suo complemento, il *mondo di vita del lettore*, senza il quale il significato dell'opera letteraria è incompleto.